SP盤落語レコードがひらく近代日本語研究

金澤裕之　矢島正浩 編
KANAZAWA Hiroyuki　YAJIMA Masahiro

笠間書院

目　次

なぜ落語資料なのか──序に代えて　　矢島正浩… *1*

> 1. 本書のねらい ……………………………………………… *1*
> 2. 近代日本語資料としての落語 …………………………… *2*
> 3. 本書の構成 ………………………………………………… *5*
> 4. 広がる落語資料の利用可能性 …………………………… *12*

I　[解説] 録音資料としての落語

1　最初期日本語録音資料史の素描
　　──録音再生装置の開発から出張録音時代まで　　清水康行　*16*

> 要旨 …………………………………………………………… *16*
> 1. はじめに ………………………………………………… *16*
> 2. 録音再生装置の発明 …………………………………… *17*
> 3. 蝋管式蓄音機と円盤式蓄音機の開発 ………………… *18*
> 4. 録音再生装置の日本への紹介 ………………………… *18*
> 5. 欧州で録音された現存最古の日本語録音資料群 …… *19*
> 6. 円盤式蓄音機による最初の日本語録音 ……………… *20*
> 7. 20世紀初期に録音を残した東京落語家たち ………… *21*
> 8. 最初期落語録音を聴く手段 …………………………… *23*
> 9. 復元再生音の忠実度 …………………………………… *24*
> 10. 聞き做しの問題：オバマ広島演説記事を他山の石として ……… *26*

i

2 SP盤落語レコードとその文字化について
金澤裕之　*33*

　要旨 ……………………………………………………………… *33*
　1. はじめに …………………………………………………… *33*
　2. SP盤レコードに遺された日本語 ………………………… *34*
　3. 落語＆演説レコードの資料的性格 ……………………… *35*
　4. 対象とした作品 …………………………………………… *37*
　5. 落語レコードの文字化について ………………………… *39*
　6. おわりに …………………………………………………… *40*
　資料一覧 ………………………………………………………… *44*

Ⅱ　言語資料としての落語

1 各種録音資料に見る、方向・場所を表す「へ」格と「に」格
金澤裕之　*48*

　要旨 ……………………………………………………………… *48*
　1. はじめに …………………………………………………… *48*
　2. これまでの研究状況 ……………………………………… *49*
　3. 録音資料における「へ」格と「に」格の出現状況 …… *51*
　4. 資料の全体から窺える特色 ……………………………… *53*
　5. 詳細な部分の検討 ………………………………………… *55*
　6. おわりに …………………………………………………… *61*

2 近世江戸語における指定表現の否定形
―― 近世上方語および近代東京語・京阪語との比較 　　岡部嘉幸　*70*

   要旨 …………………………………………………………………… *70*
   1. はじめに ……………………………………………………………… *70*
   2. 調査対象と調査資料 ………………………………………………… *71*
   3. 近世語における指定表現の否定形態の実態 ……………………… *72*
   4. 近代語における指定表現の否定形態の実態 ……………………… *78*
   5. まとめと今後の課題 ………………………………………………… *83*

3 SP盤落語レコード資料に用いられた語彙の「近代性」　　小野正弘　*87*

   要旨 …………………………………………………………………… *87*
   1. はじめに ……………………………………………………………… *87*
   2. 方法 …………………………………………………………………… *88*
   3. 分析と考察 …………………………………………………………… *89*
   4. おわりに …………………………………………………………… *107*

4 東京落語と「標準語」　　野村剛史　*110*

   要旨 ………………………………………………………………… *110*
   1. 落語速記録 ………………………………………………………… *110*
   2. 「標準語」とは …………………………………………………… *114*
   3. 東京落語と標準語 ………………………………………………… *118*
   4. 速記録の資料性 …………………………………………………… *125*

5 落語の「会話」と「地」の東西比較
——接続辞使用傾向から見るスタイル　　宮内佐夜香　129

- 要旨 ………………………………………………………… *129*
- 1. はじめに ………………………………………………… *129*
- 2. 先行研究 ………………………………………………… *130*
- 3. 本稿の目的 ……………………………………………… *135*
- 4. 調査について …………………………………………… *136*
- 5. 各地域・各文体における傾向 ………………………… *138*
- 6. 地のスタイルの実態 …………………………………… *145*
- 7. おわりに ………………………………………………… *146*

6 大阪落語SP盤文字化資料における「。」の加点状況——文のあり方を探る　　村上　謙　149

- 要旨 ………………………………………………………… *149*
- 1. はじめに——落語の文構造にせまる ………………… *149*
- 2. 調査方法と注意点 ……………………………………… *150*
- 3. 調査結果 ………………………………………………… *151*
- 4. 上位3項目の分析 ……………………………………… *153*
- 5. 第4位の項目について ………………………………… *159*
- 6. その他の項目について ………………………………… *160*
- 7. 「。」を加点してもよさそうなのに加点されていない場合について ………………………………………… *161*
- 8. 落語の資料性 …………………………………………… *163*
- 9. 最後に …………………………………………………… *164*

7 文体面から見た偶然確定条件の諸相
―― 落語SPレコード・『夢酔独言』・尾崎紅葉の
言文一致体小説を中心に　　　　　　　　揚妻祐樹　*168*

　要旨 ……………………………………………………………………… *168*
　1. はじめに ……………………………………………………………… *168*
　2. 明治後期～大正期落語SPレコード資料の偶然確定条件 ……… *171*
　3. 江戸語・東京語の偶然確定条件――『無酔独言』を中心に …… *175*
　4. 尾崎紅葉の言文一致体小説における偶然確定条件 …………… *179*
　5. まとめ ………………………………………………………………… *186*

Ⅲ　日本語史における落語

1 SP盤落語レコード資料における人の存在文
　　　　　　　　　　　　　　　　　　　　　　　金水　敏　*190*

　要旨 ……………………………………………………………………… *190*
　1. はじめに ……………………………………………………………… *190*
　2. 金水（2006）の整理 ………………………………………………… *190*
　3. 大阪落語の調査 ……………………………………………………… *193*
　4. 東京落語の調査 ……………………………………………………… *195*
　5. 統計と東西の比較 …………………………………………………… *197*

2　SP盤落語資料のダケ・バカリ　　　宮地朝子　200

　要旨 ·· 200
　1. はじめに ·· 200
　2. バカリの歴史概観 ·· 201
　3. SP盤落語資料のバカリとダケ ······································ 204
　4. 近代期のバカリ・ダケとSP盤の位置づけ ···························· 217
　5. おわりに ·· 223

3　上方語と江戸語の準体の変化
　——2つの変化の相違点と共通点　　　坂井美日　228

　要旨 ·· 228
　1. はじめに ·· 228
　2. 先行研究と問題点の整理 ·· 230
　3. 本論の枠組み ·· 231
　4. データ ·· 234
　5. 上方語と江戸語の対照 ·· 241

4　不定の「やら」「ぞ」「か」の東西差と歴史的推移
　　　　　　　　　　　　　　　　　　　　　　　　川瀬　卓　252

　要旨 ·· 252
　1. 問題の所在 ·· 252
　2. 近世後期における不定の助詞 ······································ 254
　3. 明治大正期落語SPレコードにおける不定の助詞 ······················ 256
　4. 助詞使用の地域差と副詞、副助詞の形成との関連性 ·················· 259
　5. 上方・大阪語における不定の助詞の歴史的推移とその背景 ··· 262
　6. まとめ ·· 265

5　近代落語資料における行為指示表現の東西差
　　──上方・大阪と江戸・東京の指向性の異なり　　　森　勇太　*270*

　　要旨 ··· *270*
　1．はじめに ··· *270*
　2．研究の枠組み ··· *271*
　3．落語の行為指示表現の東西差 ··· *273*
　4．落語に見られる行為指示表現の解釈 ··································· *283*
　5．まとめ ··· *287*

6　近代落語資料における順接条件系の
　　接続詞的用法について　　　矢島正浩　*291*

　　要旨 ··· *291*
　1．はじめに ··· *291*
　2．矢島（2013・2016b）より ·· *293*
　3．調査資料における使用状況 ··· *295*
　4．接続詞的用法の詳細 ··· *298*
　5．接続詞的用法の使用状況 ··· *306*
　6．おわりに ··· *312*

あとがき　　金澤裕之… *317*

執筆者略歴…… *322*

なぜ落語資料なのか
――序に代えて

1. 本書のねらい

　明治後期から大正・昭和前期にかけての20世紀前半の時代、音声の記録媒体の主役はSP盤レコードであった。クラシックやジャズを中心とする音楽、落語や浪曲を中心とする芸能、さらには時の指導者らによる演説・講演に至るまで、その収録範囲は多様なジャンルに及び、現代から見れば、当時の言語・社会・文化などの状況を生々しく伝える貴重な歴史的資料となっている。これらの資料群が、近代の日本文化研究にとって、新領域を拓く可能性を秘めた「宝の山」であることは、ここに改めて指摘するまでもないところである。

　SP盤レコードによるそうした録音資料の中で、日本語の歴史を探究する、いわゆる「日本語史」の分野で、比較的早い時期から活用されてきたのが、東京（江戸）と大阪（上方）という、日本における東西の二大文化圏で発展していた落語であった。1980〜90年代には、本書第Ⅰ部の執筆者である清水康行氏・編者の一人である金澤（金沢）裕之氏を中心に、これらの資料を利用した日本語研究が、比較的盛んに行われていた。しかしその後、21世紀を迎えたここ十数年は、必ずしも活発に活用されているとは言い難い状況が続いている。そこには、SP盤に録音される落語がそもそも利用に容易な資料ではないこと、文字化資料の作成も積極的に試みられてきたわけではなかったことなどが関わっていたように思われる。

　こうした研究史の流れを踏まえて、今般、編者の金澤氏が中心となって、これまでに入手してきた明治〜大正期録音・販売の東京と大阪の落語レコード作品（東京分70余、大阪分50余）を対象として、録音の文字化資料を作成し、公開する計画を立てた。目下、国立国語研究所との間で、公開の方法や手続きの検討に入っている段階である。本書は、本格的な公開に先立って、これらSP盤レコードによる落語が近代日本語資料としてどのような有用性や可能性を有するのかを整理し、今後の学界での利用に広く供するべく、また研究の出発点となるこ

とを願いつつ企画したものである。落語を研究資料として利用する際のヒントとして、また近代日本語史理解の一斑として利用いただければと思う。

2. 近代日本語資料としての落語
2.1. 日本語史における落語資料の位置

落語は、近世初期、大名などに仕えた御伽衆による滑稽な話にその起源を求めることが一般的である。近世前期には「咄（はなし）」「軽口」、後期の江戸では「落とし噺（ばなし）」などと呼ばれ、近世後期には現代の寄席興行のスタイルも確立する。滑稽な内容を含む日常的な話題を、「浮世物真似」に「仕種」と呼ばれる身振りを交えて語る伝統的話芸であり、洒落本や滑稽本などとともに舌耕文芸の流れに位置づけることができる。

式亭三馬『浮世風呂』前編冒頭（文化6・1809年版行）には次のようにある。

> 一夕歌川豊国のやどりにて三笑亭可楽が落語を聞く。例の能弁よく人情に通じておかしみたぐふべき物なし。惜かな、其趣向僅に十分が一を述たり。傍に書肆ありて吾とおなじく感笑して居たりしが、忽ち例の欲心発り、此銭湯の話にもとづき柳巷花街の事を省きて俗事のおかしみを増補せよと乞ふ。則需に応じて、前編二冊、まづ男湯の部をこゝろむ。

ここには『浮世風呂』の出版が、「能弁よく人情に通じ」て、「おかしみ」が「たぐふべき物なし」の「落語（おとしばなし）」に触発されたものであったことが記される。「柳巷花街の事を省きて～増補せよ」は、寛政の改革で出版が禁じられた洒落本から、柳巷花街の描写を除き、世間一般のおかしさを増補して文芸化せよということであろう。ここに、それら戯作類と落語とが、内容面でも相互影響関係にあった様子の一端がうかがえる。

2.2. 音声資料としての落語の貴重性

周知のとおり、近世の話し言葉研究の多くは、洒落本・滑稽本・人情本によってなされている。対する近代については、小説の会話文を調査対象とする方法が多くとられてきた。小説は、その受容方法がそれまで音読中心だったものか

ら、近代に入ると次第に黙読へと代わっていく。前田（1973）は、明治中期に、言文一致体の成立期に併行する形で、そういった読書習慣上の変化が進行したという。それまでの「浮世物真似」の系譜に立つ諸文芸は、音読とともにあった。近代以降の話し言葉資料として用いられる小説の言語もまた、明治20年代までは音読を念頭に書かれていたが、明治30年代以降には次第に黙読を前提とした創作物へと変化していく。しかも、特に地の文においては、近代中期に広がりを見せる言文一致によって、語り手を背景化し、第三者の視点から描かれるに至る。こういった文体変化は、言語研究対象として見たときの小説の言語にどのような影響を及ぼすのか。それはそれで問われるべき課題であり、実際、揚妻（2016）のように正面から取り組む研究もある。ここでその議論に踏み込む用意はないが、重要なのは、SP盤に録音された落語は、その大きな推移とは一線を画したところで、一貫して音声による演芸であり続けたということである。近世の戯作類は音読とともにあった。その近世からの連続性という意味でも、また研究対象としての話し言葉が音声言語でしかあり得ない実情と照らしても、ここに落語の言語資料としての固有性、貴重性は自ずと浮かび上がってくるのである。

　落語という演芸は、日常生活を場面設定とし、その土地に根差した言語文化の所産としてある点に大きな特長があった。さらに改めて強調すべきなのが、落語が音声としてたどり得る、最古の部類に属する資料だということである。音声という点では大きな利のあるフィールド調査でも、落語の録音当時の20世紀初頭の言語は、もはや手の届かない対象となってしまった。日常に密着した言語を映す近代語資料として、音声とともに残された落語は唯一無二の存在と言ってよいであろう。

　一方で噺の枕や、場面の説明など、客を聴き手として語られる「地」にはやや異なった言語が用いられる。不特定多数の客を相手とするものである以上、そこにはある種の規範性を意識した表現──スタンダードに通じる言語──が求められる。噺家が語り手として会話場面と地とを行き来することにおいて、どのようにその表現スタイルは切り替えられるのか。それはいわゆる標準語とどのような関係にあるのか。ここにも近代日本語研究に寄与し得る重要な課題があると言えよう。

2.3. SP盤落語資料が抱える課題

一方で、落語で語られる会話文も、東京や大阪で実際に用いられていた会話そのものからなるわけではない。落語は客たる聴き手に不必要な負荷をかけさせることなく、効率的にストーリーを伝えなければならない。話芸として、日常的な会話を装いつつ、文章を練り上げ、推敲を経た、いわば準書記言語ともいうべき側面を持ち合せると見るべきであろう。

そのあたりを踏まえつつ、ここに改めてSP盤による落語の言語資料としての特徴を整理してみよう。

○プラス面と捉えられること
・成立（録音）年、噺家の素性が明確な言語資料であること
・「疑似的談話資料」であること
　　「今、ここ」に対応した個別性・現場性が描かれる
　　双方向性のコミュニケーション構造を有する
　　場面設定があり、位相面からの観察が可能である
・音声アリ～発声・発話の具体的状況（アクセント、イントネーション、プロミネンス、声質・速度・間などによる口調全般まで含む）がわかること
・一定量の東京方言・大阪方言の観察が可能であること

○マイナス面と捉えられること
・「談話」の疑似性に、手放しの評価ができないこと（村上2010に言及アリ。本書の村上論文にも要を得たまとめがある）
　　位相的（登場人物階層・場面設定・噺家の性別や年齢層等）偏りがある
　　噺家が一人で登場人物を描き分けなければならない
　　推敲（修正・検討）を経た台本に基づく言語が描かれる
　　「役割語」（すなわち一種の人工語）の用い方を見極める必要がある
・質・量ともに、十分に整っているとはいえず、計量的研究への寄与に制約があること
・音質的な問題から、正確な聞き取り・語認定に困難な箇所があること

特に最後にあげた聞き取りに関わる問題は、文字化資料を作成するに際して重大な課題となる（詳細については本書第Ⅰ部を参照）。聞き取りが難しい箇所に対して無理に文字列を与えてしまうと、言語研究においては直ちに深刻な問題を引き起こす。この課題がいかに重大であるかを十分に認識し、最大限、誠実に向き合っていくことがまず求められなければならない。その一方で、そうした課題を十分に承知しながら、複数の目に開かれた機会を作り、地道に文字化の精度をあげながら言語資料としての利用可能性を開いていく努力もまた怠ってはならないと考える。

　文献を用いた史的研究においては、元々言語研究のために制作された資料ではないものを便宜的に利用する以上、当然、何らかの制約を引き受けざるを得ない。落語の創作物としての面に注意しながら、その言語に人為的に加工の及んだ範囲やその質を見極めていく作業も、当然必要であろう。落語に限ったことではないが、研究の目的に応じながら、本資料に固有の特性を踏まえた利用法を工夫することが求められる。

3. 本書の構成

　本書を編むにあたって、まずは研究対象の軸として設定した落語資料がいかなるものであったのかについて、第Ⅰ部で紹介し、解説している。第Ⅱ部には、それぞれの関心の所在を切り口として、当資料の言語的な性格にアプローチする議論を配置した。第Ⅲ部は落語を実際に文法史・語用論史の究明に適用する諸論考であり、今後の研究指標となるべき成果を収めている。

　今回の企画においては、第Ⅰ部を除けば、あらかじめ組織的にテーマを配置したり、各執筆者に課題内容を定めたりした上で依頼をしたわけではない。落語資料を用いるという１点を共有する以外は、それぞれの関心に沿って、各人の有する背景から導かれるテーマを取り上げてもらう方針とした。それぞれの論考の全体像・真価は読者一人一人に読み定めていただくとして、ここでは、本書のねらいに対する意義、成果という観点から、以下、全体を捉え直しておく（従って、各論単体の目的や価値づけとは別であることを断っておきたい）。

■第Ⅰ部　[解説] 録音資料としての落語

　最初に、本書が拠りどころとするSP盤落語資料について、その成り立ちや選定基準を解説し、また資料の利用に際して留意すべきことについて整理している。

　「**最初期日本語録音資料史の素描**——録音再生装置の開発から出張録音時代まで」（清水康行）は、日本における録音資料史の初期について取り上げ、20世紀初頭に落語が録音された経緯を整理するものである。最初期落語資料群、またその中における落語について、現在公にされる音源の紹介も含めて詳細に解説している。さらに、音盤の再生時に録音時の回転数を正確に再現することが至難であること、文字化に際して聞き做しがいかに深刻な問題を生ずるかということなどを指摘する。資料のデジタル化が加速する昨今にあって、特に歴史的音源を言語資料に用いる場合に、研究者が何を自覚しどういう姿勢で臨まなければならないかについて、厳しい警告と指針とを与えてくれている。

　「**SP盤落語レコードとその文字化について**」（金澤裕之）は、文字化の対象演目として取り上げた際の基準、文字化の具体的方針、また文字化に際して実際に行った作業や、付随する問題等を記す。文字化資料のいわば「凡例」にあたる情報を盛り込んでいる。合せて、SP盤レコードの歴史整理とともに演説レコードとの比較を行いながら、近代日本語資料としての価値を明らかにしている。文字化の困難さがどういった事情から生じるかについての具体的な記述は、そのまま、文字化資料を言語研究に利用する上での留意事項として読まれるべきものである。今後、落語の文字化資料を言語研究として用いる機会がある方には、ぜひ、それに先立って参照してほしいと思う。

■第Ⅱ部　言語資料としての落語

　Ⅱ-1では、文法・文体・語彙の観点から、落語資料が言語史上どのような特徴をもった資料なのか、そこに示される近代語性はいかなるものなのかを検討する。続くⅡ-2では、落語が固有に抱える、客に語りかける地あるいは改まった会話などに織り込まれる規範指向性について問う。

Ⅱ-1　落語資料が示す近代語性

「各種録音資料に見る、方向・場所を表す「へ」格と「に」格」（金澤裕之）は、文法事項「へ」格と「に」格を指標として、演説と落語の両SPレコード資料中の使用状況を観察する。落語には「へ」格、演説講演では「に」格が多いことを取り上げ、そこには落語および演説それぞれ固有の文体が関与すること、落語内部でも噺家によって使用傾向に違いがあること、さらに資料を超えて文法差（「へ」格の方向・目標、「に」格の着点・存在点など）を共有する部分があることを明らかにしている。落語文体が個別にもつ性質と文法の相互関係性、あるいは優先性をどう問うていくべきか、今後の研究課題も提供する。

一方、「近世江戸語における指定表現の否定形──近世上方語および近代東京語・京阪語との比較」（岡部嘉幸）は、近世からの流れを東西で比較し、さらに同時代の他のジャンルにおける使用状況との相違も踏まえて落語の近代日本語資料としての有用性を検討している。まず詳細な調査に基づき、指定表現の否定形態が江戸洒落本ではジャアネエ中心だったものが、東京落語では代わってジャナイ・ジャネエが優勢になること、一方上方洒落本では比較的デハを（特に京都で）残しつつもジャナイ中心だったのが、大阪落語では大きくヤナイへ、さらにはヤアラヘン類へとそれぞれの道筋で変化が進むことを観察する。さらに、同じ近代東京語資料でも、落語と比べて小説・戯曲の方がジャアを多く残し、否定語にはネエではなくナイを用いるなど、落語との相違があることが示される。近代東京語の諸資料には、単純に文体の古さ・新しさとは結べないやや複雑な使用事情があったことになる。近代語研究にさまざまな資料を併用することの重要性も示唆するところとなっている。

落語の語彙資料としての近代性を問い、近代的な文物・概念の取り込み方を示して見せてくれるのが「SP盤落語レコード資料に用いられた語彙の「近代性」」（小野正弘）である。「日本国語大辞典第2版」の記載情報を一つの指標として、東京落語資料の語彙について語形及び用法のそれぞれの初出年代を見定め、歴史的階層性を可視化しようとするユニークな試みである。この弁別は、落語が当時の世相・文化の取り込みに対してどのような姿勢にあったかを詳らかにし、また他の文献ではすくい取られにくい、生き生きとした口頭語が落語

には描き込まれている側面をも掘り起こしている。「日本国語大辞典」にも未収載の情報を豊富に含むとの指摘も、落語資料の有用性に対して示唆的である。

II-2　落語資料に見える標準語的要素

　「東京落語と「標準語」」（野村剛史）はSP盤落語に先行して刊行される落語速記本を取り上げ、「標準語」形成に関わる資料として位置付ける。落語に取り込まれる標準語要素を整理しながら、江戸期から続くスタンダードの所在や標準語形成の背景を考察することによって、標準語を「東京山の手の教養ある人々の言語」などと限定して捉えるのは妥当ではないことを主張する。また落語速記本を言語研究に利用するにあたり、速記さらにはその反訳に際してどのような手が加わるのか、その成り立ちについてSP盤レコードとの比較などから検討している。この点からの分析は、清水（1983・1998）や金澤（2016）など、これまでもしばしば試みられてきている。速記本・SP盤の両落語資料の持つそれぞれの特徴や強みを正確に把握するためにも、今後も引き続き調査分析が行われるべき問題と言える。

　同様にスタンダードのありかを落語の言語使用の中に見出し、検討するのが「落語の「会話」と「地」の東西比較——接続辞使用傾向から見るスタイル」（宮内佐夜香）である。会話部分に接続辞の地域的特性が顕著に現れ、大きくは近世の戯作類の状況からの史的流れに位置づけられること、特に会話部分に比べて地では、東京落語と大阪落語で差が出ないことなどを具体的に見る。地の表現には標準性・規範性に基づく汎地域性が認められるとし、そこに「標準語」の共有の様が見出せるとする。落語資料については舌耕文芸の流れに位置づく口語的要素の側面がともすれば強調されがちである。が、野村論文と宮内論文は、改まった表現や地における、近世から貫かれて存在するスタンダードとしての標準性・規範性に言及するものであり、その面での価値に気づかせてくれる点で共通している。

　大阪落語の会話と地の相違について、文末形式に着目してその根源的相違を問うのが「大阪落語SP盤文字化資料における「。」の加点状況——文のあり方を探る」（村上謙）である。落語という話芸固有の特性に由来する談話構造、文構成などを考察し、落語の資料的性格に対して豊富な問題提起が行われている。

さらに、文末を取り上げるにあたり、本書の企画に際して執筆者に提供した文字化資料における文認定の在り方やその精度についても検証する。編者が文字化を行うに際しては、音声で直感的に判定される「文」を「。」で示す方法を採ったものの、文の認定基準は自明なものではなく、その判断に際しては、悩ましい決断を絶えず迫られるものであった。「。」の加点状況について具体例を引きながら記述された詳細は、結果として編者が行った文字化における文認定の方針説明にもなっている。

「文体面から見た偶然確定条件の諸相──落語SPレコード・『夢酔独言』・尾崎紅葉の言文一致体小説を中心に」（揚妻祐樹）は、偶然確定条件のト・タラの使用状況を『夢酔独言』と紅葉の小説とで比較し、落語の地と会話の文体的相違・対立の意味を浮き彫りにする。『夢酔独言』のタラの多用、紅葉の小説におけるバの多用などに着目する文体史研究であると同時に、偶然確定条件のバ・ト・タラの用法についての優れた記述研究にもなっている。なお、落語では偶然確定条件に、東京・大阪落語ともに地ではトを等しく多用しており、会話ではタラの多用傾向が大阪＞東京となる。客に語り掛ける（1対複数）、規範性を帯びた表現では東京・大阪の違いを問わずトが選択され、登場人物同士（1対1）の日常的な会話では両地域に固有の特徴が現れる。宮内論文の議論と重なる見解というべきであり、本資料の特性としてのみならず、当時の日本語運用のあり方の一端として押さえておく必要があろう。

■第Ⅲ部　日本語史における落語

　第Ⅱ部は、落語の言語資料としての特性を直接的に問う視点を持った研究であったのに対して、第Ⅲ部は、日本語の歴史の中に落語資料を位置づけ、それを主要資料として用いながら、Ⅲ-1では文法史的観点、Ⅲ-2では語用論的観点からそれぞれ記述研究を行ったものを収めた。落語という同一位相に属する資料の整備が近代東京語と近代大阪語とで進むことの最大の長所は、古代も含めた近世以前からの日本口語史を問う研究において、中央語を単純に連続させて捉えるのではなく、上方関西語・江戸東京語を弁別して捉えるやり方を充実したものにしてくれることであろう。実際に、第Ⅲ部に収載される論考は、いずれも、落語の話し言葉資料としての側面を活用し、近世からの流れを東西差

の観点で浮かび上がらせる手法を取る点で共通している。

Ⅲ-1　文法変化に見る東西差

「SP盤落語レコード資料における人の存在文」（金水敏）は、人を主語とする「いる」「ある」による存在文に着目する。存在文を空間的存在文と限量的存在文とに弁別すると、かつて両存在文ともアリを用いていたものが、次第に有生物主語の場合に空間的存在文からイルが進出し、現代ではそれが限量的存在文にまで広がる流れがある。金水論文では、落語に描かれる近代日本語は、まだ限量的存在文にイルが用いられない段階にあることを見る。ただし東京落語において、「確かに若い衆が百人ぐれえいるからねえ。」のような疑似限量的存在文でイルが広がっている様子を指摘し、大阪落語には見えない変化の兆候が、先んじてうかがえるとする。

金水論文では、まだ限量的存在文にアルが健在である点に、現代語よりも一段階前を映す、落語の言語資料としての姿が捉えられている。一方、ダケの「接語」化という点においても変化という観点からすると"夜明け前"の様相を示すことを指摘するのが「SP盤落語資料のダケ・バカリ」（宮地朝子）である。宮地論文では、落語において、ダケが近世末の用法を維持しているさまやバカリが事態の様相量や存在量を限定する用法で用いられる具体的な実情を明らかにしながら、成立期の近い雑誌『太陽』よりもやや前の段階の言語的様相が見えるとする。そのような近代日本語資料としてのありようや、さらにダケの接語化の兆候が東京落語の方で先行してうかがえるといった指摘などに、取り上げる文法事項の違いはあれ、金水論文と興味深い一致を見せている。

同一の文法形式の用法変化に東京落語＞大阪落語の遅速が認められるという事象の発見は、本論集の大きな成果の一つと言えるかもしれない。準体の形態変化を取り上げる「上方語と江戸語の準体の変化――2つの変化の相違点と共通点」（坂井美日）でも、また不定の助詞から検討する「不定の「やら」「ぞ」「か」の東西差と歴史的推移」（川瀬卓）でも同様の結果が報告されている。

古代語で「散りたるを拾う」と言っていたものを近世以降、次第に「散ったのを拾う」と「の」を取る方法が一般化する。坂井論文は、まず項位置の準体で「の」を取る傾向が江戸語で早く、上方語が後追いであることを観察する。

この準体の一連の形態変化は、東西ともに形状タイプの再解釈を契機に引き起こされ、事柄タイプは形状タイプとの類推で変化する。当論文では、その大きな歴史的流れを合理的に説明している。翻って矛盾なくその歴史に落語の言語が位置付けられることから、本資料が近代日本口語の実態を描くものとして十分な価値を担っていることが確認されている。

　川瀬論文は、不定の助詞を取り上げ、「やら」「ぞ」が近世後期上方で多く、江戸語は「か」を多用することを捉え、落語資料では大阪で「ぞ」一部に「か」、東京では「か」に大きく偏ること、「やら」の後退が両言語でそれぞれに進む様子などを押さえる。これを「か」の拡大史と捉えれば、ここでも東＞西の差があったことになる。同時に、落語資料に見出される、口語レベルの東西差というものが、近世をルーツとしつつ、直接それが流れ込んだものによって成ることも示される。さらに大阪落語の「か」は規範性・標準性を帯びた文体で使用されやすく、地域差を失っている側面も見せる。第Ⅰ部の野村論文・宮内論文が見据える、本資料における地域言語に対する規範言語の溶け込みの実情と、日本語におけるスタンダード言語のありようがここでも問われている。

Ⅲ-2　言語運用に見る東西差

　語用論を扱う2編に、「近代落語資料における行為指示表現の東西差——上方・大阪と江戸・東京の指向性の異なり」（森勇太）、「近代落語資料における順接条件系の接続詞的用法について」（矢島正浩）がある。東西落語をはじめとする両言語に興味深い運用上の差異がみられることを取り上げ、それらの相違が両地域それぞれの表現法の指向性と関わる可能性があることが議論される。

　森論文は、行為指示表現を取り上げ、東西に起こった言語変化を近世後期以降の歴史の中で考える。落語資料に関しては、上方・大阪では近世以来のテ形命令、「～てんか」「おくれんか」をはじめとする否定疑問、「連用形＋ナ」などが多いこと、江戸・東京では条件由来の行為指示（書いたらいい／どう）のほか、敬語・授受付与形式では「お～」「お～尊敬語」、「～ください」や、「終止形＋ナ」「～てはいけない」による禁止表現の多用傾向を明らかにする。詳細な観察に基づき、上方・大阪では対人配慮を詳密に表すべく、豊富な行為式形式が生じ、江戸・東京は少ない形式で意図を伝えようと直接形式は増やさずに、間

接形式を増やしていると説明する。なお、落語も音声資料と速記本とでは、敬語形式のバリエーションは音声資料の方が豊富であり、速記本は比較的に規範的・統一的な敬語選択をすることも指摘する。

　矢島論文では落語と談話・小説を資料として、接続詞的に用いられるソレナラ類の使用状況を東京と大阪の両資料で比較する。各資料ともに、東京ではソレデハ・ソウスルトの多用傾向が見え、大阪ではソレナラ・ソウシタラの多用傾向が見える。それは文化文政期からの流れに位置づくものであり、両地域の談話構成に臨む姿勢の相違から説明可能であることを説く。森論文と矢島論文は特定表現の使用頻度に注視し、実際の言語運用に見える選好傾向を、それぞれの言語文化が有する表現指向の相違から説明しようとする点で同じねらいを持つ。ただし、例えば関西方言について、森論文は「聞き手との関係・距離や行為指示の内容（中略）などに応じた言語的手段を豊富に持ち、配慮を言語化しようとする」特徴を指摘し、矢島論文では「事柄に対する話者の捉え方について、聞き手に共有されようかという姿勢で、状況に依存した説明をしたり、直接性を避ける（ことを装う）態度」を見出す。「聞き手への意識」が特徴の根幹をなすと捉える点で両者に重なりも見えるが、小さからぬ相違点もある。ややもすれば証明の困難な領域に踏み込む議論であるだけに、今後さらなる観察と検討が必要と言える。

4. 広がる落語資料の利用可能性

　以上のように、本書の議論を通じて、落語から得られる言語史的情報が、これまでに明らかにされてきた近代日本語の話し言葉史において、時系列的に矛盾なく配置されること、口語資料の1つとして新たな知見を加え得る、固有の価値を有するものであることが確認されることと思う。

　蛇足ながら、論集を通じて明らかになった落語の資料的性格、落語からうかがえる近代日本語の特徴について、その一部を記してみる。

①落語に描かれる言語運用には、規範意識の発動の強弱を軸に、複数の層が重なり合っている様子が見えること。

②その象徴的な側面として、地には汎地域性（スタンダード言語相）が、会話には東西差（地域密着言語相）がうかがえること。

③文法史の面で見ると、近世から連綿と連なり、かつ現代よりは一段階前の様相を示す、近代日本語の一局面が観察できること。そして、概して東京＞大阪という遅速で捕捉される言語使用の状況が見て取れること。

　この捕捉は、次なる一手をさまざまに想起させる。取り分け印象的なのが、落語という1資料を起点とした議論ながら、日本語史を複層的に把握する必要性が浮き彫りになったことである。編者として本書に関わりながら、一読者として、これから日本語史をどう記述していくのか、この数多あるアプローチの可能性のうちのどこから手をつけようかなど、さまざまな思いとともに当資料に向き合える機会が与えられたことに感謝する次第である。

　言うまでもなく、上記は本書で議論されたうちの限られた部分の、ある切り出し方を示したに過ぎない。落語資料は、それぞれの問題意識を背景とすることによって、無数の利用法が可能である。本論集では文法面のアプローチがやや多めであったが、音声・語彙・文体……とそれぞれまた異なった近代日本語の一面がうかがえるはずである。まずは本書の試みをきっかけに、近代日本語研究が、自在に、広く展開することを願うものである。

矢島正浩

参考文献

揚妻祐樹（2016）「肉声の語り―尾崎紅葉『伽羅枕』における「発話」「心話」「地」の処理―」『藤女子大学国文学雑誌』95

金澤裕之（2016）「現代に繋がる近代初期の口語的資料における言語実態―速記本とSPレコードによる東西の落語を対象として―」『国立国語研究所論集』10

清水康行（1983）「言語資料として見た速記本『怪談牡丹燈籠』における二重性」『創立二十周年記念鶴見大学文学部論集』

清水康行（1998）「速記は「言語を直写」し得たか―若林玵蔵『速記法要訣』に見る速記符号の表語性―」『文学』9-1

前田愛（1973）「音読から黙読へ―近代読者の成立―」『近代読者の成立』有精堂出版

村上謙（2010）「明治大正期関西弁資料としての上司小剣作品群の紹介および否定表現形式を用いた資料性の検討」『近代語研究15』武蔵野書院

I
［解説］
録音資料としての落語

1

最初期日本語録音資料史の素描
——録音再生装置の開発から出張録音時代まで

清水康行

要旨

　最初の録音再生装置は、1877年にエジソンが発明した。1885年に蝋管式蓄音機、1887年には円盤式蓄音機が開発され、実用段階に入る。1890年代には、日本でも、蝋管録音が行なわれるが、当時のものと確認できる録音は未発見である。1900年代初頭、欧州各地の録音アーカイブズで、当地を訪れた日本人たちが吹込み、現存最古の日本語録音となる。最も早いのは、1900年7〜8月、パリで録音された蝋管14本である。1903年2月、英国グラモフォン社による本邦初の円盤録音が行なわれ、東京落語界の第一線で活躍していた落語家たちが録音を残す。古いSP盤を復元再生する際には、再生速度に注意を要する。録音内容を文字化する際には、聞き做しに注意すべきで、オバマ広島演説のような明瞭な音声でさえ、思い込みによる文字化の誤りが起こる。

キーワード：蝋管式蓄音機、円盤式蓄音機、英国グラモフォン、再生速度、聞き做し

1. はじめに

　本書の編者の一人である金澤裕之は、金澤（2015a：pp.133f）で、「1980年代の初頭」に「日本語史研究の分野で実質的に活用され始めた」録音資料群が、「十分には活用されていない［…］最大の要因は、資料そのものやその文字化などが殆ど公開されるものとなっていないという点にある」と述べ、特に、「「東京落語」「演説」に関しては［…］一般の研究者に開かれたものは殆ど無い」と

断じている。これが、1980年代初頭以降、当該資料群に注目した論考を幾つか発表しながら、資料紹介・公開についても、言語内容分析についても、きちんとした纏めを行なわないままでいる本稿筆者を念頭に置いた論難であることは、疑いなかろう。そうした「停滞」状況に痺れを切らした金澤たちが、自ら文字化資料を作成して、演説録音資料群を対象とした論文集である相澤・金澤（編）(2016) を編み、続けて、落語録音資料群を対象とした本書を企画したことには、だらしない先達としては、大いに慶び、優れた成果の集積に期待すると共に、これまでの怠惰・不明を恥じるところでもある。

　本稿は、その罪滅ぼしともならない、19世紀後半の録音再生装置の開発から、20世紀早期の欧米各社による出張録音に至る、日本語録音資料史の素描となる。内容の大半は旧稿の焼き直しだが、些かの新情報も盛り込んである。現存最古の1900年パリ録音に言及する他は、専ら東京落語録音資料群を対象とし、上方落語には触れていない。相変わらず、資料の外側を撫でるばかりで、言語内容情報の分析は、全く行なわないことを、予め、お断りしておく。

2. 録音再生装置の発明

　人間の音声を物理的手段によって記録し、音響として再生する装置は、1877年、アメリカの発明王Thomas Alva Edisonによって作製された[*1]。

　フォノグラフPhonograph（phono〈音〉+ graph〈記録〉）と名付けられた同機は、音による空気の振動を針先の震えに伝え、回転する円筒軸に巻いた錫箔に刻みをつけるのが録音で、再生時には、逆に錫箔の凹凸を針先で拾い、空気を振動させて音を出す仕組みになっていた。空気振動と針先の振動との間で物理的に情報を交換するというアイデアは、メディアが箔から円筒・円盤へと移り、振動方向も縦刻みから横揺れに代わり、後には電気信号による増幅を加えるようになるものの、LP時代に至るまで、長く受け継がれていく。

　ただし、音波を物理的に記録する装置は、既に1850年代に、フランスのÉdouard-Léon Scott de Martinvilleが開発していた。その機械で1860年に録音された音声が、2008年に復元・公開されており[*2]、こちらを人類最古の録音とする立場もある。

3. 蝋管式蓄音機と円盤式蓄音機の開発

エジソンの最初の装置は、再生音質面でも、メディアの操作性・耐久性からみても、余り優れたものではなかったが、エジソン自身は、白熱電球の開発・普及に注力し、蓄音機の改良は、暫く放擲された。

その後、1885年、電話の発明で知られるGraham Bellの研究所のCharles S. Tainterらにより、メディアに蝋を主成分とする円筒を用い、針先にも工夫を施して、再生音質・耐久性・操作性を著しく向上させたGraphophone（Phono+graphの造語成分の逆配列）が開発された。これに激怒したエジソンは、不眠不休でフォノグラフの改良に打ち込み、同じように蝋管を用いた蓄音機を完成させる。

次いで、1887年には、ドイツ生まれのアメリカ人Emile Berlinerが、亜鉛円盤に横揺れの溝を刻む方式によるGramophone（gram〈描いたもの〉＋phone〈音〉：またも似たような命名）を開発する。円盤（ディスク）式蓄音機の誕生である。

この蝋管式と円盤式との相次ぐ開発により、録音再生装置は実用時代に入り、世紀の境目を挟み、両者の競争が暫く続くが、縦刻みより横揺れ方式の方が音の歪みが少なかったこと、円盤型の原盤をプレスすることで大量複製が容易に作れたこと等により、結局、円盤式が、市場での勝利を得ることとなる。グラモフォン側が、シャリアピンやカルーソーといった売り出し中のオペラ歌手の録音に成功したことも大きかった。

4. 録音再生装置の日本への紹介

エジソン発明の翌年秋、東京大学御雇教師の英国人James A. Ewingが、雑誌記事に基づき、エジソン式の機械を製作する。これが日本での録音再生機第一号となった。その翌年、1879年早々には、何度か、公開実験も行なわれたが、同機で録音された音は、現存していない。

蝋管式蓄音機が日本に初めて到来するのは1888年で、1890年代には、各種芸能や演説等が録音され、各地で試聴会が開かれたり、縁日の出し物になったりしたことが、新聞・雑誌記事等に見られる[*3]。

当時の落語界の盟主・三遊亭円朝による『世辞屋』（『花筺』12号、1890年）という小咄にも、「蓄音器」が登場する[*4]。しかし、残念ながら、彼が蓄音機に落語を吹き込んだという記録や証言は、無い。

円朝以外にも、1890年代以前のものと確認できる録音は、これまでのところ、発見されていない。蝋管現物は各地に現存するので、或いは、その中に、19世紀の日本語音声も残されているかも知れないという期待は、ある。
　一方、日本で、円盤式蓄音機による初録音が行なわれるのは、後述の通り、1903年のこととなる。

5. 欧州で録音された現存最古の日本語録音資料群

　海外に目を転じれば、1900年前後の欧州各地で、学術研究の目的で、世界の諸言語を録音する録音アーカイブズ活動が展開されるようになる。そうした中で、当地を訪れていた日本人による録音も、蝋管や円盤に、幾つか残されている。これらは、現存最古の日本語録音資料群となる。しかも、これらには、音声内容と共に、録音時期等が特定できる記録台帳類も現存している[*5]。
　その中で最も早いものは、1900年7月20日を最初に、同年8月末までの間に、フランス・パリで吹き込まれた蝋管14本で、これが、録音年月日が特定できるものとしては、最も古い日本語録音資料群となる[*6]。
　これは、同年に当地で開催された万国博覧会を期に、パリ人類学会が、万博を訪れる世界の人々の言語や芸能を蝋管に収める「音の博物館」という企画によって作製したもの[*7]で、聖書の朗読、いろは、数の唱え、会話、舞台台詞などの日本語音声が、残されている。しかも、現在、それらは、全て、インターネット上での聴取が可能となっている[*8]。
　この中で、最も興味深いのは、男女による1分余りの会話録音[*9]で、パリ万博時の体験が、活き活きとした東京弁で、面白く語られている。主に話しているのは、記録台帳によれば「40歳頃、東京出身、芸者」[*10]とされる女性で、「35歳頃、東京出身、料理人」[*11]の男性は、専ら、相槌役となっている。
　台帳には氏名が記載されていないが、他の記録類に照らすと、この女性は、万博会場内の「世界一周」館に出演していた東京・新橋芸者一行の「監督」であった岩間くに（料亭「扇芳亭」女将、江戸・品川出身、1858-?）であることは、間違いない[*12]。
　また、同じ蝋管の後半で歌舞伎『鈴ヶ森』での幡随院長兵衛の台詞[*13]を聴かせもしている男性の方は、一行に料理番として同行し、後に五代目（V：以下、

代数はローマ数字で示す）三升家小勝として大成する加藤金之助（江戸・麻布出身、1854-1939）であろうと思われる[*14]。残念ながら、この時、落語は録音されていない。

なお、同じ1900年パリ万博時には、上述の芸者衆とは別個の公演を行なって人気を博した川上音二郎一座による円盤録音も残されている[*15]。また、1901年4月14日には、オーストリア・ウィーンの録音アルヒーフで、ウィーン大学留学中の医学者・今村新吉（後に京都帝大・心理学科教授、東京出身、1874-1946）による録音が残され、1901年11月には、ドイツ・ベルリンのアルヒーフで、前年に続いて欧州公演を行なっていた川上音二郎一座による録音も行なわれている[*16]。ただし、これらにも、落語の録音は、含まれていない。

6. 円盤式蓄音機による最初の日本語録音

日本での円盤式蓄音機による録音は、1903年2月に行なわれた、英国グラモフォン社（以下、G社）による出張録音が嚆矢となる。

前述のカルーソー等の録音に成功し、レコード産業隆盛の立役者となったF. W. Gaisberg[*17]は、新市場の開拓と録音レパートリーの拡充を狙って、1902年9月から翌年8月にかけ、同社の同僚と共に、東洋への大旅行を敢行し、カルカッタ（コルコタ）・シンガポール・香港・上海・東京・バンコク・ラングーン（ヤンゴン）・デリー・ボンベイ（ムンバイ）の各地で録音活動を展開した[*18]。その一環として、本邦初の円盤式録音が実現することとなる。

ガイズバーグ自身の日記によれば、彼は、1903年1月11日に上海を出発、翌12日に長崎着、門司・神戸を経て、16日に横浜に着き、グランド・ホテル（山下町：現・中区山下町）に宿泊、録音機材の船荷到着を受け、2月2日に東京へ移動、ホテル・メトロポール（築地明石町：現・中央区明石町）に逗留、同宿の客室に録音装置を設置し、4日・6日・13日・17日・27日・28日の各日、日本の諸芸能を録音した。3月3日には東京を離れている[*19]。

ガイズバーグの回想によれば、約600点もの録音を行なった[*20]そうだが、実際に製品化されたのは、273タイトルとなる。内容は、雅楽・謡曲・狂言・琵琶・義太夫・常磐津・娘義太夫・清元・長唄・俗曲・三曲・吹奏楽・新演劇・浪花節・声色・落語・掛合噺・法界節・詩吟など、多岐に亙り、吹込み者も、東儀

季煕（1831-1914：雅楽師長。明治早々より雅楽局の創設に尽力）、梅若万三郎（1868-1946：能シテ方。伝統芸能界初の文化勲章受章者）、Ⅱ山本東次郎（1864-1935：狂言師。大蔵流狂言を隆盛に導く）、常磐磐津林中（1865-1910：常磐津太夫。常磐津節中興の祖）、Ⅱ竹本綾之助（1885-1959：娘義太夫。一世を風靡した初代の引退に伴い、襲名）、Ⅵ芳村伊十郎（1858-1935：長唄師。家元・伊三郎の前名を大きな名に）、ⅩⅢ杵屋六左衛門（1870-1940：長唄三味線方。歌舞伎座の囃子頭取）、立花家橘之助（1868-1935：俗曲師。浮世節家元を名乗り、寄席界に君臨）、豊年斎梅坊主（1854-1927：俗曲師。唄・踊り・噺、三拍子揃った名人）など、錚々たる面々が並ぶ。変わったところでは、吾妻（東）婦人音楽連中という新吉原の芸妓による吹奏合奏団が、最古の『君が代』演奏録音を残してもいる。これに、後述するように、多くの東京落語家たちの録音が加わる。1990年代末、これら貴重な録音の殆どが製品盤として現存することが確認され、それらを音源とし、2001年、CD『全集　日本吹込み事始』（全11枚組：140頁に及ぶ解説書付き）として復刻された。

　G社録音と前後して、米国コロムビア社による出張録音が行なわれ[*21]、その後も、ドイツのベカ（1906年に訪日）、フランスのパテー（1907年）、米国ビクター（1908年より数次）、ドイツのライロフォン（1912年頃）[*22]といった欧米のレコード[*23]会社が、相次いで来日し、録音を行なっていった。出張録音時代である。

　これら諸社による出張録音でも、東京落語や上方落語が、次々に吹き込まれていく。そして、1909年に始まる国産レコード会社による活動でも、落語レコードは、重要なレパートリーとなる。

7. 20世紀初期に録音を残した東京落語家たち

　前述したG社による本邦最初の円盤録音の際、日本在住の英人落語家・Ⅰ快楽亭ブラック（1858-1923：本名Henry James Black）が、演者の斡旋や演目の選定などに協力し[*24]、自らも、7点（声色等を除く）の落語録音を残している。ブラックは、スコットランド系のJohn Reddy Blackの長男として、オーストラリアで生まれた後、英国に帰るが、日本に立ち寄った父が新聞人として活躍したため、彼も1865年頃に来日し、日本で成長した。演説家・英語塾経営などを経て、1891年、快楽亭ブラックを名乗り、寄席芸人となる。英語を母語とし、流暢な日本語[*25]を話し、芸能界にも通じる彼のことを、ガイズバーグは、"a godsend

演者（芸名）	本名	生年	没年	出身地	親の職業
Ⅰ（Ⅲ）三遊亭円遊	竹内金太郎	1849	1907	江戸・小石川	紺屋
Ⅰ三遊亭円左	小泉熊山	1853	1909	江戸・京橋	幇間
Ⅳ柳亭左楽	福田太郎吉	1856	1911	江戸・浅草	質屋
Ⅱ三遊亭小円朝	芳村忠次郎	1857	1923	江戸	落語家
Ⅲ柳家小さん	豊島銀之助	1857	1930	江戸	武士
Ⅵ朝寝坊むらく	永瀬徳久	1858	1907	？	
Ⅰ快楽亭ブラック	Black, H.J.	1858	1923	オーストラリア	新聞人
Ⅰ三遊亭円右	沢木勘次郎	1860	1924	江戸・本郷	御作事大工
三遊亭小遊三	鈴木定太郎	1861	？	江戸	
Ⅴ雷門助六	和田岩松	1863	1918	江戸	
Ⅲ蝶花楼馬楽	本間弥太郎	1864	1914	江戸・芝	袋物屋
Ⅳ橘家円蔵	松本栄吉	1864	1922	江戸・浅草	古着屋
Ⅳ橘家円喬	桑原清五郎	1865	1912	江戸・本所	葛篭屋
Ⅴ柳亭左楽	中山千太郎	1872	1953	東京	
Ⅳ古今亭志ん生	鶴本勝太郎	1877	1926	東京	
Ⅰ柳家小せん	鈴木万次郎	1883	1919	東京・浅草	音曲師

to us"（Gaisberg（1947：59））であったと称えている。

　ブラックのおかげもあってか、G社の録音には、Ⅰ（Ⅲ）三遊亭円遊が8点、Ⅲ柳家小さんが6点、Ⅰ三遊亭円右が4点、Ⅳ橘家円喬が6点、Ⅵ朝寝坊むらくが5点、三遊亭小遊三（後のⅥ橘家円太郎）が2点、雷門助六（後のⅢ古今亭志ん生）が1点、前掲のブラック7点も合わせて、計39点の落語レコードが残されている。これらが、（録音時期と演者が明らかになっているものとしては）最古の東京落語録音資料群となる。

　ちなみに、前世紀末に盛んであった速記雑誌の代表格といえる『百花園』に登場した回数の多い落語家を並べると、全292席中、円遊55席、禽語楼小さん35席、Ⅵ桂文治33席、円喬29席、小さん24席、Ⅲ春風亭柳枝21席、Ⅰ三遊亭円左20席、Ⅰ三遊亭金馬（後のⅡ三遊亭小円朝）17席、Ⅳ橘家円蔵10席、Ⅲ春風亭小柳枝10席の順となる[*26]。これら、いわば当時の人気落語家ベスト10とG社の吹込み者とでは、円遊・小さん・円右・円喬が重なり、彼らが東京落語界の第

一線で活躍する存在であったことを物語っている。なお、前掲中、円左・金馬（小円朝）・円蔵は、G社録音には参加していないものの、後続他社に録音を残している。また、禽語楼小さん（1898没）・柳枝（1900没）は、前世紀の二大巨頭であった円朝（1900没）・Ⅰ談洲楼燕枝（1900没）と同様、円盤録音時代を待たずに世を去っていた。

さて、ほぼ20世紀の最初の10年に当たる出張録音時代に、落語の録音を残した東京落語家たちを列挙すると、前ページの通りとなる（生年順に排列）。

同表を見れば明らかな通り、彼らの多くは、幕末維新前後の頃、江戸＞東京の町人層の家に生まれており、江戸っ子と言えそうな出自を持つ。

8. 最初期落語録音を聴く手段

これら最初期の東京落語録音を聴くには、どんな手段があるだろうか。

5章で述べた通り、現存最古の日本語録音資料群である1900年パリ録音は、所管するBnFのサイトで、その全てを、容易に聴くことができる。しかし、落語録音資料の音声内容を公開している公共施設は、見つからない。

そもそも、日本には、歴史的な録音資料群を所蔵するアーカイブズが確立されていない。たとえば、国際音響映像アーカイブズ協会＝IASAに、日本から加盟している公的アーカイブズは、存在しない[*27]。同協会サイトがリンクを張る日本国内の公的機関は、国立国会図書館のみである。

その国会図書館が提供する『歴史的音源（れきおん）』[*28]には、全体で5万点近い音源が含まれ、うち4千点弱がインターネット公開されている。演説レコードは、全部で600点余、ネット公開分が400点余あり、調査分析に足る資料音源が得られそうだが、落語レコードは、全体では600点弱あるものの、ネット公開分は12点しか無い[*29]。しかも、これらは、専ら国内製造のSP盤を収録対象としているため、ネット非公開分を含め、全て、1920年代以降の製品盤ばかりで、最初期の出張録音時代のものは皆無である。やはり、最初期の音盤も所蔵する歴史的アーカイブズの存在が、望まれる。

これ以外にも、YouTubeや個人サイトで、歴史的録音を公開しているものがあるが、その多くは、下述の復刻CD等からの無断コピーかと思われる。

LP（現在ではプレーヤーを確保する必要がある）やCDに復刻された音源は、貴重

で実用的な調査資料となる。

　前述したCD『全集　日本吹込み事始』は、本邦最初の東京落語円盤録音39点の音声内容を良好な音質で収めており、質・量ともに、最良の初期落語録音資料群である。残念ながら、既に廃盤となっているが、中古品での入手や、公共図書館等での聴取は、難しくない。

　この他にも、20世紀初期に録音された東京落語の音声を収録したLPやCDは何点もあり、その一部を本稿末に掲げるが、多くは廃盤となっている。

　また、これらの復刻製品間では、同じ音源を重複して利用している場合があり、注意が必要である。たとえば、CD『落語蔵出しシリーズ9　SP盤復刻』の音源は、以前のLP『落語名高座全集』（全13枚組）の12枚目と全く同じで、完全な〈焼き直し〉である。ちなみに、後者のLPは、1981年に、たまたま購入した筆者が、その音声内容の意外な明瞭さに驚き、それまで全く面識の無かったにも関わらず、音源となったSP盤の所蔵者である都家歌六師匠（真野良雄）に、直接に連絡を入れ、師のコレクションを聴かせていただくこととなり、最初期落語録音資料群を扱うきっかけとなったものである。

　次の手段は、上述の歌六師のようなコレクターの知遇を得て、SP盤の現物を聴かせてもらう、或いは、自らがコレクターとなり、中古レコード店などを地道に回って、資料となる音盤を発掘していく道である。1920年代以降のSP盤を入手することは、それほど困難ではないが、1910年以前の音盤を掘り出すことは容易ではない。

9.　復元再生音の忠実度

　最初期東京落語録音資料音盤の音声内容を復元・聴取する場合に、注意しておかなければならない点として、音盤を再生する際の回転数の問題がある。これは、復元再生音が、録音時の口調を、どれだけ忠実に再現しているか否かに直結する問題となる。当該盤の録音時の回転数と異なる回転数で再生すれば、当然、その再生音は、元の録音とは異なるものとなってくる。元より速く回転させれば、より早口で甲高い口調となり、遅めに回転させれば、より落ち着いた低い口調となってしまうだろう。

　本書の題の一部ともなっている「SP盤」の"SP"とは"standard playing"

の略だが、これは、1940年代末に登場した、音盤の回転数を従来盤よりも遥かに遅い毎分33$\frac{1}{3}$回転（3分間で100回転）とすることで、一面当たりの演奏時間を飛躍的に長くした新盤が、"long playing"すなわち"LP"と称したのと対照して、従来盤を、そのように呼ぶようになったものである。

　SP盤の回転数は、毎分78回転が"standard"＝「標準」であるように理解され勝ちであるが、LPが33$\frac{1}{3}$回転を統一規格とするのに対し、SPの方は、78回転が多数派であったに過ぎない。製品により、それより速いものや、逆に遅いものもあった。しかも、1920年代後半以前、つまり本書が主に扱う20世紀早期の段階では、録音・再生時とも、円盤の回転にモーターは使われておらず、ぜんまい動力で駆動していたため、機器によるばらつきが大きかったと考えられ、録音時の回転数を正確に再現することは、至難である[*30]。

　古い落語家たちの録音を聴いた感想として、妙に落ち着かない、せわしない語り口で、名人とは信じ難い、という趣旨の発言が行なわれることがあるが、それらは、より遅い回転数で録音された古い音盤を、毎分78回転の"SP"として扱って再生した結果、元の録音時より、語る速さが増し、調子も高くなってしまったことに起因するかとも考えられる。

　そうしたことを考慮し、前述のG社1903年録音盤をCD復刻する際には、〈自然な〉口調で聴かれるよう、意図的に、回転数を遅めにとった再生音を採録している[*31]。

　試みに、G社盤3点について、筆者が、以前に78回転で再生・録音した際のものと、復刻CD所収のそれとを比較すると、下表のような結果を得る。

演者「演目」	SP再生時間	CD再生時間	速度比
円喬「菖蒲売の咄」	160秒	169秒	95%
円喬「柿と栗の喧嘩」	94秒	108秒	87%
ブラック「蕎麦屋の笑い」	156秒	181秒	86%

（各再生時間は、前後の無音部分を省いた秒数なので、CDトラック表示とは異なる。）

　この場合、CD復刻の際に、いずれも、単純に毎分78回転で再生したものよりも、1割前後、再生時間が長くなっていることが確かめられる。ただし、こ

の再生速度が、元の録音時の速度を正確に再現したものである保障は無く、この程度の方が、より自然な口調に聴かれるというに止まるものではある。

実は、この比較には、もう一つの問題が存する。同表で「SP再生時間」としたものは、1980年代に、筆者が、歌六師のコレクション中の音盤を、師が使用していた蓄音機（LP/SP両用機であったと記憶する）で再生し、それを持参したカセットテープ録音器で録音したものを、後年、カセットからのアナログ再生音をデジタルファイル化し、そのファイル内容を対象に、音声解析ソフトで測定したものである。経験上、カセットの再生速度は、機器の違いや、テープの保存状態により、かなりの異同が発生し得るので、上述の過程を踏んだ産物であるデジタルファイルの再生音を正確に測定したとしても、それが、SP再生時の速さを、どの程度、忠実に反映したものとなっているか、定かではない。

10. 聞き做しの問題：オバマ広島演説記事を他山の石として

本稿冒頭でも引いた通り、本書の編者・金澤は、録音資料内容を「文字化」する重要性を強調している。

たしかに、当該資料の語彙・語法等に関する整理・分析には、言語内容を文字化するのは、必須の基礎作業とはなる。しかし、折角の音声資料を得ながら、分析に際して、専ら、文字化の結果のみを用いるのは、いかにも勿体ない。その都度、音声資料に立ち返って、聴取・確認しながら、作業を進める姿勢が望まれるところである。

また、音声内容の文字化には、〈聞き做し〉への注意が不可避となる。その問題に対する、いわば他山の石として、この章では、敢えて、落語録音でも古い時代の録音でもなく、日本語でさえない、ある「歴史的」な演説の文字化を巡る話題を提示してみよう。

2016年5月27日、現職のアメリカ大統領Barack Hussein Obama II (1961-) が、広島平和記念公園で行なった演説は、広く世界の注目を集めるものとなった。日本の*Japan Times*（以下、JT）[32]や、米国の*New York Times*（以下、NT）[33]は、米大統領府（以下、WH）[34]の公式全文発表を待たずに、それぞれ独自に文字化した演説内容全文を、インターネット版に掲載し、その関心の高さを示している。

明瞭な口調と良好な音質で語られた、全体で17分程度の演説に対し、上掲3者が与えた文字化全文を比較すると、相互に、少なからぬ異同が見つかる。

　段落の区切り方では、WHが21段落とするのに対し、JTは30段落、NTは25段落となる。文数では、WHが81文、JTとNTは共に78文となるが、後2者の区切り位置が全く同じという訳ではない。ただし、これらの異同の多くは、"."等で区切るか、","等で繋げるかによる違いである。

　語数でも、WHが1450語、JTが1455語、NTが1451語と、相異なる。個々の語を対照させると、同一語句を"-"で一語に繋げるか、"-"で区切るか、数を数字で書くか否か等の表記差も相違として数えた場合、WHのみ他2者と異なるものが11箇所、JTのみ異なるのが23箇所、NTのみ異なるのが7箇所となり、3者とも相異なる例は見られない。

　そうした中で、以下の相違は、興味深い〈聞き做し〉事例となろう。演説の開始から12分余り後、WHでの16番目の段落の1文目である。なお、JTとNTは、この文を3文に分けており、問題の箇所は、その2文目となる。

　WHとNTとは、この箇所を、次の上段のように記すのに対し、JTは、下段のように文字化している。

　　WH&NT[*35] : The woman who forgave <u>a pilot</u> who flew the plane that dropped the atomic bomb because she recognized that what she really hated was war itself.

　　JT : The woman who forgave <u>the pilot</u> who flew the plane that dropped the atomic bomb because she recognized that what she really hated was war itself.

　ここでの相違は、下線を引いた部分の冠詞を"a"とするか（WHとNT）、"the"とするか（JT）だけである。

　この文の主語"The woman"は、前の文脈から、特定の一人の被爆者を指す。その彼女が許しを与えた"pilot"は、当然、不特定の人物では無く、広島に原爆を落とした特定の人物となるはずで、その前の冠詞は"the"となるべきだ、と考えられよう。

　しかし、オバマ大統領は、間違いなく、"a pilot"と言っている。YouTubeその他で音声録画を視聴すれば、容易に確認できるだろう。オバマは、特定の

人物に原爆投下の責任を負わせるのを回避するために慎重に言葉を選んだとも、（前提文脈無しの）英文としては"a"の方が自然であるとも、解せる。

それを、日本人かと思われるJTの文字化担当者は、おそらく、上述のような〈思い込み〉から、"the"と聞いてしまったのであろう[*36]。

ここに引いたオバマ演説のような、現代の明瞭な再生音声での発言に対しても、このような〈誤った〉文字化は起こる。まして、時代背景が異なり、再生音質も劣る落語録音資料には、うまく聞き取れない箇所があるのが当然で、そこを、無理な〈聞き做し〉によって、適当な文字化を与えるのは、慎むべきである。これは、必ずしも、文字化資料を公開しないできた者の、単なる言い訳ではない。

注

1）エジソンが最初に録音再生に成功したのは1877年12月6日、同月24日に特許申請、翌1878年2月19日には特許が認められている。そのため、エジソンによる発明年を、1877年とするものと1878年とするものとがある。
2）http://www.firstsounds.org/press/032708/release_2008-0327.pdf
2019年7月1日に最終確認閲覧。以下の諸サイトも同日に確認閲覧。
3）前段落と当段落については、倉田（1979：19f）を参照。
4）清水（2006：7）を参照。
5）清水（2011）参照。
6）清水（2003）、清水（編）（2014）参照。また、当該録音を日本語史研究資料として用いた論考に、長崎（2015）がある。
7）その企画・実行者であるLéon Azoulayによる一連の報告、Azoulay（1900、1901、1902）を参照。
8）当該蝋管資料群を保管するフランス国立図書館＝BnFによる以下のサイトで聴取可能。同ページには、フランス語と日本語とによる解説も示されている。
https://gallica.bnf.fr/html/und/enregistrements-sonores/musique-et-langue-du-japon-enregistrements-historiques-ri-ben-noyin-le-toyan
9）蝋管番号101の前半。なお、各記録台帳には、"N°"と"Phonogramme N°"という、2様の異なる番号が記されており、清水（編）（2014：92）等では前者を掲げているが、本稿では、前注BnFサイトが利用し易いよう、後者の番号を示す。
https://gallica.bnf.fr/ark:/12148/bpt6k1311164r

10) 蝋管101の記録台帳には「40歳頃の女性」としか書かれていないが、同一人物の吹込みと思われる96・97の台帳には、出身地・職業の記載がある。
11) 蝋管101の台帳には職業の記載が無いが、107の吹込み男性には、職業「料理人」との記述があり、これと同一人物と思われる。
12) 清水（2003）、清水（編）（2014：99-106）参照。
13) 歌舞伎史研究家の児玉竜一は、これを、Ⅸ市川團十郎の声色で演じたものと推定している。児玉（2014：150-153）参照。
14) 外交史料館蔵『海外旅券下付（附与）返納表進達一件（含附与明細表）』に見える加藤の生年は「安政元年」＝1854年で、1900年当時は46歳となり、記録台帳に示された年齢とは開きがあるが、会話での相槌の巧みさ、歌舞伎台詞の板の付き方から、役者経験もある彼であろうと思われる。なお、加藤を1858年生まれとする説もあり、こちらを採れば、年齢差は少し縮まる。
15) 1990年代に、同盤が現存することが明らかになり、1997年、詳細な解説付きで、その大部分がCD化された。正確な録音時期は不明だが、都家ほか（1997）は、1900年8月下旬と推定している。なお、日本語史資料として、本録音を取り上げた論考に、井上（1998）と清水（1998）がある。
16) これらの音源は、未だ、インターネット公開されていない。なお、両アルヒーフが所蔵する初期録音資料群は、1999年、揃って、UNESCO「世界の記憶」に登録された。ウィーンのアルヒーフは、現在も、活動中で、現地に赴けば、当該日本語録音を聴取することも可能だが、ベルリンの方は、数年前、それまで所属していた民族学博物館から離れ、現在の所在・活動は不詳となってしまっている。
17) Frederick William Gaisberg（1873-1951）は、ドイツ系移民の子として米ワシントンに生まれる。1891年、円盤式蓄音機グラモフォンの開発者ベルリーナと出会い、1893年、G社の社員となる。1898年、同社が英国に進出する際、同地に派遣され、以降、英国を拠点に、伴奏ピアニスト・録音技師・録音プロデューサ（後二者が重要）として活躍する。1901年、ロシア・モスクワでバス歌手Feodor Chaliapinの録音を行ない、1902年にはイタリア・ミラノでテノールEnrico Caruso、1904年には英国ロンドンでソプラノNellie Melbaといった人気歌手の録音にも成功し、レコード録音の芸術性を高め、販売量も増大させ、レコード産業を隆盛へと導いた。なお、彼の名のカタカナ表記は、以前はドイツ語風に「ガイスベルク」とすることが多く、清水（1981）等でもそうしていたが、後述のCD復刻の際に、より英語風の「ガイズバーグ」と記され、以降、清水（2003）を含め、これに倣うものが多くなった。
18) Gaisberg（1947：52）参照。
19) 山本（2001）による。以前に、清水（1981、1985）で、ガイズバーグ自身の回想録

＝Gaisberg（1947）と当時の新聞記事とを基に行なった推定と大同だが、録音時期が確認できたことは、大きい。ただし、個々の演目の録音日は、これによっても、特定できていない。

20）Gaisberg（1947：59）による。
21）倉田（1979：78-85）参照。同社の録音は、1903年「春」に行なわれたのは確かのようだが、それ以上の具体的な時期等は未詳である。
22）これらの訪日時期は、都家（1987）での推定に従う。
23）録音円盤を「レコード」と呼ぶのは、1908年、当時の大手販売店であった天賞堂が始めたもので、それ以前は「平円盤」「音譜」と呼ばれていた。英語では、"disc"と呼ぶのが普通である（会社名としては、〜 Recordsや〜 Recording Co.という）。
24）Gaisberg（1947：59）参照。
25）ブラックの日本語に関しては、清水（1985）を参照されたい。
26）点数は、暉峻康隆ほか編『口演速記明治大正落語集成』（講談社、1980-81）所収翻刻による。清水（2008：6）に既掲。
27）録音アーカイブズ設立の必要性を訴え、そのための準備調査を標榜する科学研究費補助金を数次に亙って得ながら、未だ具体的な成果を得られていない筆者にも、その責はあると言えよう。ただ、海外でのアーカイブズを視察すると、その活動を維持するためには、せいぜいが毎年度・数百万円程度の科研費等では、到底、必要経費を賄えないであろうことを痛感する。ただし、海外のアーカイブズも、活動基盤を維持するには、色々と苦労をしていて、別注で示した通り、UNESCOのお墨付きを貰っていながら、存続が怪しくなってしまった機関もある。
28）http://rekion.dl.ndl.go.jp/
29）れきおんサイトが示すリストに基づき、算出した。
　http://rekion.dl.ndl.go.jp/ja/aboutRekion.html#about1_5
30）この問題は、蝋管資料についても、同様である。蝋管式蓄音機も、録音・再生時の回転動力は、専ら、ぜんまい駆動である。一応、毎分144回転を標準として扱うが、機器による違いは少なくない。5章で紹介した1900年パリ録音では、記録台帳に、「毎分120回転」で録音した旨が明記されている。
31）都家ほか（2001）参照。
32）https://www.japantimes.co.jp/news/2016/05/27/national/full-text-of-obamas-speech-in-hiroshima/#.XD3bHVwzZPZ
33）https://www.nytimes.com/2016/05/28/world/asia/text-of-president-obamas-speech-in-hiroshima-japan.html
34）https://obamawhitehouse.archives.gov/the-press-office/2016/05/27/remarks-

president-obama-and-prime-minister-abe-japan-hiroshima-peace

35）NTの表記に従う。WHでは、文の途中となっているため、冒頭の"The"は"the"、末尾の"."は";"となっている。また、中間の"because"の前に","が挟まれている。
36）実は、JTでは、WHの公式全文発表を受け、遅くとも2016年6月3日までに、インターネット版での異同箇所の多くを、WHに合うように〈訂正〉している。問題の"the pilot"も"a pilot"に直されてしまい、今や、ネット上で、本稿の指摘を検証することは出来ない（紙印刷版では検証可能。：JT縮刷版（May2016：412））。ネット資料利用の危うさである。

参考文献

相澤正夫・金澤裕之編（2016）『SP盤演説レコードがひらく日本語研究』笠間書院
井上史雄（1998）「近代の言語変化―音声資料の活用―」『日本語学』17-6
金澤裕之（2015）「録音資料による近代語研究の今とこれから」『日本語の研究』11-2
倉田喜弘（1979、2006）『日本レコード文化史』東京書籍、岩波書店
児玉竜一（2014）「芸能史における1900年パリ日本語録音」清水編（2014）所収
清水康行（1981）「快楽亭ブラックと平円盤初吹込」『国文鶴見』16
清水康行（1982）「今世紀初頭東京語資料としての落語最初のレコード」『言語生活』372
清水康行（1984）「東京落語資料の問題点若干」『国文学　解釈と鑑賞』49-1
清水康行（1985）「快楽亭ブラックの日本語の発音」『国文鶴見』20
清水康行（1986a）「二十世紀初頭の東京語子音の音価・音訛―落語レコードを資料として―」『築島裕博士還暦記念国語学論集』明治書院
清水康行（1986b）「二十世紀初頭の東京語母音の音価・音訛―落語レコードを資料として―」『松村明教授古稀記念国語研究論集』明治書院
清水康行（1988）「東京語の録音資料―落語・演説レコードを中心として―」『国語と国文学』65-11
清水康行（1994）「録音資料に聴く二十世紀初めの東京語」『國學院大学日本文化研究所紀要』73
清水康行（1996）「録音資料の歴史」『日本語学』15-5
清水康行（1998）「最も早い日本語録音資料群の出現」『国語学』193
清水康行（2002）「一九〇三年二月録音の東京落語平円盤資料群について」『国語と国文学』79-8
清水康行（2003）「1900年と1901年に欧州で録音された日本語音声資料」『国語学会2003年度春季大会予稿集』
清水康行（2006）「落語と速記と録音と」『新日本古典文学大系　明治編』月報21

清水康行(2011)「欧米の録音アーカイブズ─初期日本語録音資料所蔵機関を中心に─」『国文目白』50

清水康行編（2014）『百年前の日本語を聴く』日本女子大学（非売）

長崎靖子（2015）「パリ万博録音資料の分析─江戸・明治期を中心とした口語資料との比較から─」『近代語研究』18

都家歌六（1987）『落語レコード八十年史』国書刊行会

都家歌六・岡田則夫・山本進・千野喜資（1997）「解説」CD『甦るオッペケペー─1900年パリ万博の川上一座─』東芝EMI

都家歌六・岡田則夫・山本進・千野喜資（2001）「解説」CD『全集　日本吹込み事始─1903年ガイスバーグ・レコーディングス─』東芝EMI

山本進（2001）「ガイスバーグの足跡」都家ほか（2001）所収

Azoulay, Léon (1900) "L'ère nouvelle des sons et des bruits –musées et archives phonographiques," *Bulletins et mémoires de la Société d'anthropologie de Paris* [*BSAP*] V-1, 3 Mai 1900.

Azoulay, Léon (1901) "Sur la Maniére a été constitué le Musée phonographique de la Société d'anthropologie," *BSAP* V-2, 18 Avril 1901.

Azoulay, Léon (1902) "Liste des phonogrammes composant le Musée phonographique de la Société d'anthropologie," *BSAP* V-3, 3 Juillet 1902.

Gaisberg, Fred W. (1947) *Music on Record*, Robert Hale, London.

復刻LP・CD

『寄席演芸名人全集』（LP）日本コロムビア　AL4066〜68

『日本落語大全集』（LP）キング　KR5091〜60

『落語名高座全集』（LP）日本コロムビア　FB7051〜63

『明治大正夢の名人寄席』（CD）日本コロムビア　30CF-834

『落語蔵出しシリーズ9　SP盤復刻』（CD）日本コロムビア　COCF-14828

『甦るオッペケペー─1900年パリ万博の川上一座─』（CD）東芝EMI TOCG-5432

『日本吹込み事始─1903年ガイスバーグ・レコーディングス─』（CD）東芝EMI TOCF59051

『全集　日本吹込み事始─1903年ガイスバーグ・レコーディングス─』（CD）東芝EMI TOCF-39061〜71

『古今東西噺家紳士禄』（CD-ROM）エーピーピーカンパニー

2
SP盤落語レコードとその文字化について

金澤裕之

要旨

　日本語史研究に資する重要な録音資料の一つに、明治・大正・昭和戦前期に制作・販売されたSP（蓄音機）レコードがある。その中でも、東京と大阪という日本の東西で流行していた落語、並びに、最初は選挙応援用に開発された演説や講演のレコードは、話しことばとしての性格は異なるが、ともに貴重な口頭語資料であると言える。ただし、これらの資料を実際の研究の場で広く活用するためには、その文字化・コーパス化が不可欠な作業となるが、対象とする資料の選択や文字化（＝同定）作業においては困難な点も多く、その経緯や状況をよく理解した上での、慎重な利用が必要である。

キーワード：録音資料、資料的性格、落語レコード、文字化、同定作業

1. はじめに

　本稿の中で述べるSP盤落語レコードの文字化作業に関しては、これに先行する、清水康行氏執筆による「最初期日本語録音資料史の素描」（特に、9節と10節）の中にも言及がある通り、その同定や聞き做しなどの点で未だ種々の課題が残されていることを、ここに改めて明記しておきたい。

　また同様に、本稿の中の記述や引用部分では、清水氏による上記論文の内容と重なるところも少なくないが、この点に関してもあらかじめお断りをしておきたい。

2. SP盤レコードに遺された日本語

　1877年のT.A.エディソンによる錫箔式円筒蓄音機の発明以来、音声を音声として記録し再生することが可能となった。そうした録音には、その時その時の人々の口頭語も対象に含まれ、言語研究の資料となっている。ここではまず、そうした録音のうち、SP（平円盤）レコードに遺されて現在も聴取可能な日本語の記録について、主なトピックに限定しつつ歴史的な概略を記してみよう。

　倉田（1979）によれば、SP（平円盤）に先立つ円筒形の蠟管式蓄音機の時代にも、日本人による講演などの録音がいくつか行われた模様だが、残念ながらそれらの音声は（現在のところ）遺されていない。現在、我々が耳にすることが可能な最も古い（と考えられる）日本語の録音は、1900（明治33）年8月末にパリ万博を訪れた川上音二郎一行が、当地のレコード会社スタジオで吹き込んだ合計1時間程度（SPレコード28枚分）の音声で、その内容は、有名な「オッペケペー」を初めとする28の歌謡や語り物と、それらに関する簡単な説明である。この音声については、稿末に掲げた《音盤a》に復刻されており、また、この資料を利用しての研究やその可能性については、井上（1998）に詳しく述べられている。

　そして、これに続く3年後の1903年2月、日本国内で最初の、大々的な各種の音声資料の録音が行われた。英国・グラモフォン社の技師ガイスバーグをはじめとする一行による、蓄音機普及のための東洋への録音旅行の一環で、東京・築地のホテルを会場として約1ヶ月にわたり各種芸能が273枚分録音されたのである。この出張録音において中心的な対象となったのは、雅楽・謡曲・狂言・義太夫・常磐津・清元・長唄等々といった、いわゆる日本伝統の諸芸能であったが、録音の協力者として、オーストラリア生まれの英国人落語家である快楽亭ブラック（ヘンリー・J・ブラック）が関わったことから、当のブラックも含めた8名ほどの東京の落語家たちが、東京落語の音声を遺しているのである。ただし、当時のレコードの録音時間は一面2～3分程度のものなので、噺のほとんどはその時間内のちょっとした小噺のようなものである。

　また、この英国グラモフォン社とほとんど時を同じくして日本での出張録音を行ったのが米国・コロムビア社で、こちらの場合は、東京落語に加えて、5名ほどの大阪の落語家が、大阪落語を吹き込んでいる。そしてそれに続いて明治末期には、独逸ベカ・仏蘭西パテー・米国ビクターなどの各社が、相次いで

日本での出張録音を行っている。(これらの内容については、《音盤b》及び、都家(1987)や清水(1981、1982)などに詳しく述べられている。)

一方、演説・講演レコードの場合は、落語のそれに後れること十年余りの1915(大正4)年に、政治家の選挙運動用や時局演説を中心として始まっている。最初に吹込みを行ったのは当時の大隈内閣の司法大臣であった尾崎行雄で、三月末の第十二回総選挙に向けて各地を遊説中に京都の蓄音機会社で、自派の候補の応援のために演説を録音し、それが各地で応援演説として再生されたことが記録されている。また、この情報を聞いた時の首相である大隈重信も、最初は「妙なものが流行るのう」と言って笑っていたが、すぐにそれを追って、東京・早稲田の私邸で吹込みを行うことになる。この時の収録風景は当時の新聞に写真付きで伝えられていて、正装をして喇叭に向かう姿が活写されており(倉田(1979)を参照)、レコードは数日で製品化され、後援会から全国各地に送られた模様である。

このように、1915年の尾崎および大隈の演説レコードは、自身の選挙区民向けの選挙運動用であると同時に、全国各地において自派の候補者への応援演説用として、全国各地で聴かれることを初めから意識して作られ、実際にそのように聴かれたものであったことが分かる。そしてこれに続き、選挙時はもちろんとして、平時の演説や一般の文化的講演などにも対象が広げられて、多数のレコードが録音・販売されることになる。ちなみに、明治期の終り頃(42年=1909)にひょんなきっかけから録音されたものものとして、日露戦争勝利の功労者として有名な乃木希典(大将)の吹き込んだことばが遺されているが、後に復刻された湯地敬吾によるレコードによると、再生可能で残ったのは「わたくしは乃木希典であります。」という冒頭部分だけである。

3. 落語＆演説レコードの資料的性格

以上に述べてきた通り、各種演芸や音曲の類は別として、SP(平円盤)レコードに遺された日本語の中の主要なものとしては、明治末期以降の東京・大阪の落語と、大正初期以降の演説・講演類を挙げることができる。言うまでもなくこの両者は、その目的や内容が全く異なるものであり、そこで語られることばも、広く「日本語」の範疇に含まれるものであることは間違いないが、その実

態には大きな隔絶が存在する。この点について、当該分野の研究の開拓者とも言える清水康行氏は、研究を始めた1980年代の当初より両者の言語資料的性格について詳しく言及しているので、両者の対照がコンパクトな形で纏められている、第59回近代語研究会での「演説レコード資料の可能性」と題する発表（1988年5月）のレジュメの中から、該当部分を紹介してみよう。〔なお、落語については東京分に限定されている。〕

	「演説レコード」	cf.「東京落語レコード」
@表現の場面	：公的演説（一方的、堅い表現）	大衆芸能（くだけた会話形式）
@想定聴取者	：不特定多数or支持選挙民	不特定多数or贔屓客
@演説者の階層	：社会的指導者層（主に政治家）	寄席芸人
@　〃　の出身地	：さまざま（東京以外が多い）	ほぼ江戸・東京
@録音時期（SP）	：1915年より、主に1920年代以降	1900年代初頭より
@　〃　の特定	：有利←演説者の動向が新聞に記録	主に発売時から推定
@文字言語の介在	：原稿用意・持込みの可能性	定型の原稿・脚本なし

　また、清水氏は清水（1982）の中で、東京落語レコード資料におけることば（日本語）について、次のように記述している。

- ところが、そうしたリスト（引用者注：1903〈明治36〉年、英国グラモフォン社によって日本で最初に出張録音が行われた際のもの）の中に、当時活躍中の落語家達によって吹き込まれた落語レコードが少なからず見られる。以下の人々がこの当時に落語レコードを残している[*1]。

〔中略〕

　これらの落語家たちは、ブラックを例外として、（2名は少し後だが）いずれも江戸末期に生まれ、江戸・東京で育った江戸・東京っ子である。その彼等が、今（＝20）世紀初頭のレコード盤上に、市井の人々の話し言葉による語り芸という形式を持つ、落語という芸能形態で残した音の記録は、我々が現実的に利用しうる、最も古い音声としての音声言語資料群を構成する。この資料群を今世紀初頭の東京語研究資料として利用できる価値、またその可能性は大きい。〔p.51〕

- いったい、当時の落語に登場する風俗、人物は、時に江戸時代を舞台とす

ることもあるが、長屋暮らしにしろ、廓遊びにしろ、人力車にしろ、野幇間やら若い衆にしろ、それぞれ東京の都市生活における或いは特殊な一面であったにしても、明らかに、演者にとっても、聴衆にとっても、同時代のものであった。そこでは、彼等のことばも、地・せりふ共に同時代的＝当時の"現代"的であったことが、期待できる。〔p.53〕

　こうした見方は、直接の言及はない大阪（上方）落語の場合も含めて、十分に妥当なものであると考えられ、個々の演者や演目の特徴や性格に関する詳細については今後に俟つにしても、基本的な立場は動かないものと考えられる。

4．対象とした作品

　さて、文字化作業を始めるに当たり最初に問題となるのは、その対象としてどのような作品（資料）を選ぶかということである。「より古く」「よりたくさんの」「より音質の良い」ものが得られれば申し分ないのだが、資料そのものに量的・質的な限界があるため、そうした理想的な状況は、現実には望み得ないことになる。しかし一方、口頭語の歴史的な探究という目的を考えると、まず第一に、資料の範囲に一定の時代的限定を設けることが不可欠となる。そして落語レコードの場合、時代的な限定をする上での手掛かりとなるものとしては、次の三つが考えられる。

①演者（落語家）の生年
②録音の行われた年
③レコードが発売された年

　もっとも、このうちの②と③については、一般にそれほど大きな開きがあるとは考えにくい[*2]し、かつ、②の点の認定の難しさも考慮に入れ（もちろん、①や③の確定もそう容易なものではないが）、ここでは①と③（或いは②）とについて一定の条件を考えてみることにする。

　まず、②（つまり③）の上限については問題がないと言える。なぜなら、それは日本における平円盤レコードの最初の吹込み時期である1903（明治36）年以前には遡り得ないからである。では、どこを下限とするか。参考までにこの分野の開拓者である清水康行氏による東京語研究の場合を参考にすると、同氏がキーワードとすることの多い「二十世紀初頭」と限定した場合の調査対象は、

1903年から、輸入盤時代の最後と言える1911（明治44）年までに録音・発売されたものであり、実際に調査対象となった作品は約70点、時間にして3時間半程度の分量とのことである[*3]。そこで今回の文字化においても、基本的にはこの清水氏の考え方を踏襲し、東京落語に関しては、後に一覧表で掲げる通り、12名の落語家による69作品（録音時間は、おおよそ4時間程度）を選んだ。この結果、①の点については、先の清水氏からの引用部分の内容ともほぼ重なるが、1名を除いて、明治期より前の江戸末期ということになる。また、あくまでも「参考」としての扱いではあるが、清水氏による上記の引用部分にも現れている英国人落語家・快楽亭ブラックの作品も、こうした時間的限定には合致しているものなので、彼による口演の7作品（時間にして16分余り）の文字化も資料として加えた[*4]。

一方、大阪落語に関しては、この時期の録音が東京で行われたということから容易に想像がつく通り、東京落語の場合と比較すると絶対量が格段に少ないため、理想から言えば東京の場合と同じ内容の時間的限定を付けたいところだが、致し方なく、もう少し範囲を広げざるを得ない状況にあると思われる。

ここで一つ注目しておきたいのが、初代（正しくは二代目であるが、ここでは慣例に従う）桂春団治の存在である。この初代春団治は、現在でも歌謡曲に唄われたり芝居やドラマに描かれたりするなど、一般的に見て大阪落語の歴史上最も有名な落語家の一人であり、SPレコードの吹込み枚数でも東西を通じての随一の地位を誇って、文字通り一世を風靡した人物であると言える。彼の噺は、アクの強い強烈なクスグリに溢れた、まさに笑いの速射砲とも言うべきもので、その活躍以降彼の演出を真似る者が続出し、大阪落語の質を変えた（＝ある意味では、現代にまで通じるイメージを作り上げた）とも言われている[*5]。

ただし、上の「＊5」における引用部分からも明らかな通り、初代桂春団治のことばは、言語研究の立場からするとかなりの留保を付けた上で扱う必要がありそうである。そこで今回は、先の①の点については、初代桂春団治の謂わば前の世代に属する落語家、具体的には、（初代春団治が1878〈明治11〉年生まれなので）明治初年以前に生まれた人々の口演を対象とすることにした。一方、③の下限については、分量の点での絶対的な不足を考慮し、枠をある程度広めに取り、大正末（15〈1926〉）年までを許容範囲とすることにした。

以上のような条件から、その期間に発売されたレコードのうち、当方が録音を入手できたものは、これも後に一覧表で掲げる通り、10名の落語家による51作品（録音時間は、おおよそ3時間半程度）となった。

5. 落語レコードの文字化について

　前節に述べたような経緯で収集した録音資料の文字化は、東京のものも大阪のものも、一貫して金澤が文字化を担当した。なお、大阪分に含まれるもののうちの主要作品については、すでに1991年の時点で真田・金沢（1991）として、その文字化を発表している。文字化を特定の一人の人間が一貫して行ったという点に関しては、ある種の「聴きグセ」や「偏り」のようなことなど、マイナスと捉えられる面も無いわけではないが、一般に音質の良くない録音を、しかもかなり厖大な量聴き続けなければならないという、謂わば時間的・物理的な問題に加えて、出来上がった資料において表記などの点である程度の整合性が必要であろうということなども勘案して、敢えてそのような方法を採用した。ただし、言うまでもなく、一人の人間の聴き取りによる限界や弱点の面を考慮し、一旦終了した文字化資料の全体について、矢島正浩氏による聴き直しチェックを受け、その指摘部分について金澤が再度チェックを行うという形で、現時点での"完成稿"とした[*6]。

　なお、この文字化資料全体の分量は、漢字かな交じり表記（1行アケ）のA4判で約405頁（東京：230、大阪：175）、概算の文字数にして26万字（東京：14万、大阪：12万）となった。

　これまで、SP盤資料による各種のレコード資料を文字化してきた経験から、落語レコードにおける音声の聴き取りについては、例えば演説・講演の場合などと比較すると、その困難さの度合はかなり高いと推測できるが、その理由として考えられるのは次のような諸点である[*7]。

・いくら、ラッパやマイク様のものに吹き込まれているとは言え、地の部分は別としても、会話部分は日常的・自然的な喋りとなるため、ことばの明瞭さは必ずしも高くない。
・一般の会話の場合でも言えることだが、文末部分の音のボリュームが弱くなり易く、聴き取りが難しい場合が多い。

- 会話部分は当然のこととして、複数の人間（登場人物）によることばのやりとりという形をとるため、しばしば、一人一人の会話部分の認定（⇒どこからどこまで、か）が難しくなる場合がある。
- 東京の場合も大阪の場合も、（先の清水氏による引用部分でも言及があるが、）当時の日常生活の"現代"的なことばが喋られているため、聴き取る者には初めて接する語や表現が少なくない。（大阪の場合には当然、そこに方言的な要素が加わる[*8]。）

なお、文字化作業における（語や表現の）同定・精選・確認を助ける資料として、著名な『百花園』を初め明治期に多数出版されている落語の速記資料を活用することも当然考えられるが、今回、文字化の対象とした作品の場合には、その録音時間の制限とも関わって（全体の約70%〈127作品中の88作品〉が録音時間4分以内）、いわゆる「小噺」的な作品が多いため、速記資料を参照できる部分が必ずしも多くはなく、この点でも、音声の聴き取りそのものに頼らざるを得ない状況が生まれていたと言える。

6. おわりに

こうして纏められた、併せて約7時間半に及ぶSPレコードによる東西落語作品の文字化資料は、その後、田中牧郎氏（明治大学）並びに、宮嵜由美氏（国立国語研究所）のご協力により、検索ソフト「ひまわり」に搭載され、そのデータが本書の執筆メンバーに共有され、このデータを活用しての多角的な試みが、個々の論文という形になって今回結実したわけである[*9]。

ちなみに、この落語文字化資料および「ひまわり」搭載データについては、可能ならばその元となる音声資料も併せて、国立国語研究所において現在進行中の「通時コーパス」プロジェクトを通して、一般の研究者や関係の皆さまに、近い将来公開できる形にしたいと考えている。

注

1) ここに挙げられる13名の落語家名は、次の通りである。なお、この13名のうちの12名は、本稿の稿末に掲げる「資料一覧」の中の落語家と重なるものである。

初代三遊亭円遊（1849-1907）、三代目柳家小さん（1857-1930）、六代目朝寝坊む

らく（1858?-1907）、初代三遊亭円右（1860-1924）、三代目古今亭志ん生（1863-1918）、四代目橘家円蔵（1864-1922）、三代目蝶花楼馬楽（1864-1914）、四代目橘家円喬（1865-1912）、二代目三遊亭円遊（1867-1924）、四代目古今亭志ん生（1877-1926）、初代柳家小せん（1883-1919）、三遊亭小遊三（生没年未詳）、快楽亭ブラック（1858-1923）

2）海外からの出張録音盤の場合でも、録音から大体一年以内には発売が行われている模様である。また当然のことながら、録音は販売より先に行なわれる。

3）清水（1986a、1986b）を参照。なお、当時録音・販売されたレコード総数は、約190点（時間にして8～9時間分）ある模様—この点については、清水（1982）を参照。

4）ブラックの日本語の発音については、清水（1985）に詳しい分析がある。そこでの全体的な纏めは、次の通りである。

> 以上、かけ足でみてきたように、ブラックの駆使した日本語の発音は、所々やはり英語人風のくせはあるものの、甘くみれば、かなり流暢な東京式発音と評価できよう。（p.77）

5）初代桂春団治の語り口について、作家で落語・寄席研究家でもある正岡容氏は、「先代桂春団治研究」（『正岡容集覧　全一巻』仮面社1976、に所収）の中で、次のように述べている。

> 御一新以後エスペラントと堕した江戸弁は東京の落語の面白さを半減せしめたが、上方には独自の陰影を有つ市井語が現代近くまで遺つてゐたから、此を自由に使駆〈ママ〉し得た上方落語は、大へんに幸福であつた。さう云ふ意味のことを私は「上方落語・上方芝居噺」の研究に於て述べたが、その陰影満ち溢るる大阪弁へ、酸を、胡椒を、醤油を、味の素を、砂糖を、蜜を、味醂を、葛粉を、時としてサッカリンを、クミチンキを、大胆奔放に投込んで、気随気儘の大阪弁の卓袱料理を創造した畸才縦横の料理人こそ、先代桂春団治であると云へよう。

6）ただし、こうした文字化作業については、厳密な意味での"完成稿"というものはあり得ず、今後も新しい聴き取りや同定による「修正箇所」が発見される可能性は十分に存在する。

7）ちなみに、演説・講演レコードにおける音声聴き取りや文字化の容易点と困難点を、主に落語の場合との比較から説明すると、次のようになる。（相澤・金澤編（2016）p.11を参照。）

［容易点］
・時代的に見ると、（落語の場合より十年以上）遅くなっているために、技術的な面などの影響により、全体に音の明晰性が高い。
・原稿持込みの可能性なども含めて、文章語的な要素がかなり含まれていると考えら

れるため、文や節などの部分の認定が、比較的容易である。
・発言の主語に当たるものが、そのほとんどが話者自身であり、それがたまたま、話者以外のある想定された人物などであっても、発言の中で主語（話者）が交替するような例はほとんどなく、その部分での混乱が少ない。

［困難点］
・語彙的な面で、漢語系の割合が高くなっているため、そうした漢語の語の識別（同音異義語の存在）の問題が頻繁に出てくる。
・堅苦しい内容や持って廻ったような表現が比較的多いことから、重々しく古い表現や用語が多くなって語の認定そのものが難しくなる。
・特に軍人関係の演説の場合、（上記のような）古い表現や特殊な語彙の使用が多いのに加えて、その発音の仕方に特別な傾向が見られ、この点でも語の認定が難しくなりやすい。〔例えばアクセントに関して、東條英機の場合などに顕著だが、現在では平板型で発音されるのが一般的な「光栄」「成立」「障害」などの漢語が、頭高型で発音されることが少なくない。〕

8）本稿の執筆者である金澤は、元来、関西方言の話者ではないため、（母方言との）アクセントの相違などのために、聴き取りや同定することの難しい語や部分がそれなりに存在した。なお、こうした部分をカバーするという点で大きな力となったのは、特に、故・桂米朝師匠および中井幸比古氏（神戸市外国語大学）によるご協力・ご指摘であった。

9）なお、今回のメンバーに共有されたのは、あくまでも「文字化されたデータ」のみであり、その元となる音声に関しては、そうした状態にはなっていない。

参考文献

相澤正夫・金澤裕之編（2016）『SP盤演説資料がひらく日本語研究』笠間書院
井上史雄（1998）「近代の言語変化―音声資料の活用―」『日本語学』17-6
金澤裕之・中井幸比古（1998）『初期落語SPレコードの大阪アクセント―資料と分析―』平成十年度文部省科学研究費《研究成果報告書》
金澤裕之（2015a）「録音資料による近代語研究の今とこれから」『日本語の研究』11-2
金澤裕之（2015b）「明治末・大正・昭和前期のSPレコード資料一覧―東京落語・大阪落語・演説講演分―」『日本語の研究』11-2
金澤裕之・相澤正夫編（2015）『大正・昭和戦前期　政治 実業 文化　演説・講演集―SP盤レコード文字化資料―』日外アソシエーツ
倉田喜弘（1979）『日本レコード文化史』東京書籍　→　岩波現代文庫版（2006）
真田信治・金沢裕之（1991）『二十世紀初頭大阪口語の実態―落語SPレコードを資料と

して』平成二年度文部省科学研究費《研究成果報告書》
清水康行（1981）「快楽亭ブラックと平円盤初吹込」『国文鶴見』16
清水康行（1982）「今世紀初頭東京語資料としての落語最初のレコード」『言語生活』372
清水康行（1985）「快楽亭ブラックの日本語の発音」『国文鶴見』20
清水康行（1986a）「二十世紀初頭の東京語子音の音価・音訛—落語レコードを資料として—」『築島裕博士還暦記念　国語学論集』明治書院
清水康行（1986b）「二十世紀初頭の東京語母音の音価・音訛—落語レコードを資料として—」『松村明教授古稀記念　国語研究論集』明治書院
清水康行（1988）「東京語の録音資料—落語・演説レコードを中心として—」『国語と国文学』65-11
都家歌六（1987）『落語レコード八十年史（上・下）』国書刊行会

参考音盤（CD）
a)『甦るオッペケペー—1900年パリ万博の川上一座—』（1997）東芝EMI　TOCG-5432
b)『全集　日本吹込み事始』（2001）東芝EMI　TOCF-59061〜71

《資料一覧》

〔順序は、基本的に口演者の生没年順〕

【東京落語】

- 三遊亭圓遊〔嘉永二1849?〜明治四〇1907〕「野ざらし（2:57）」「成田小僧」（3:16）」「菅原息子（3:04）」「寿司屋の噺（1:22）」「地獄めぐり（1:22）」「郭巨の釜の唄（1:46）」「湯屋番の鼻唄（1:17）」「裁判の噺（1:53）」「太鼓の当込（2:39）」「地獄旅行（2:58）」「山号寺号（2:45）」
- ④柳亭左楽〔安政三1856〜明治四四1911〕「地口（3:23）」
- ③柳家小さん〔安政四1857〜昭和五1930〕「豊竹屋（2:56）」「小言幸兵衛（3:19）」「みかんや（2:19）」「浮世風呂（2:10）」「葛の葉抜裏（2:00）」「九年母（2:06）」「二階ぞめき（2:22）」「出入帳（2:37）」「浮世風呂（5:10）」「豊竹屋（5:16）」「生酔（5:23）」「粗忽長屋（4:34）」「花色木綿（5:41）」「嘘つき（5:17）」「鉄砲弥八（6:36）」「山号寺号（6:11）」「六尺棒（6:29）」「夜鳴きうどん（6:32）」「成田屋息子（3:21）」「浮世風呂（3:49）」「高砂や（3:33）」「千早振（13:46）」「うどんや（4:28）」
- ⑥朝寝坊むらく〔安政六1859?〜明治四〇1907〕「塩原多助伝（3:22）」「士族の商法（3:11）」「角力将棋の噺（1:34）」「田舎下男（1:59）」「書生幽霊（2:03）」「世辞の悪い権助（2:51）」
- 三遊亭圓右〔万延一1860〜大正一三1924〕「アズサメ（3:05）」「向嶋（1:55）」「仏教の笑（2:00）」「楽屋の穴（1:33）」「まくらや（6:05）」「動物園もぐら芝居（6:42）」「焙じ茶（6:37）」「掛取万歳（6:12）」「鍋草履（6:43）」
- 三遊亭小遊三〔文久一1861〜　？　〕「音曲入噺ヅッコケ（2:50）」「雷獣鍋（2:01）」「菅原息子（3:01）」
- ③古今亭志ん生〔文久三1863〜大正七1918〕「昔話田舎者（2:14）」
- ③蝶花樓馬楽〔元治一1864〜大正三1914〕「長屋の花見（3:11）」「寿限無（2:08）」
- ④橘家圓蔵〔元治一1864〜大正一一1922〕「吉原一口噺（2:43）」「昔の三題噺大根売（1:51）」
- ④橘家圓喬〔慶応一1865〜大正一1912〕「菖蒲売の噺（2:53）」「曽我打小噺（1:18）」「大学　手と足の喧嘩（1:39）」「三題噺佃嶋ほか（1:42）」「角力の噺（2:02）」「柿と栗の喧嘩（1:53）」「魚売人（3:13）」「付焼刃（3:08）」「癖（3:17）」
- ②三遊亭圓遊〔慶応三1867〜大正一三1924〕「素人車（2:47）」
- 柳家小せん〔明治一六1883〜大正八1919〕「専売芸者（5:18）」
- 快楽亭ブラック〔安政五1858〜大正一二1923〕「孝子の人情噺（2:52）」「蕎麦屋の笑（3:

06）」「風土言葉の噺（2：04）」「待身音曲入滑稽噺（1：55）」「滑稽芝居稲川の噺（2：00）」「江戸東京時代の噺（2：00）」「英日結婚の噺（2：09）」

【大阪落語】
※真田・金沢（1991）に文字化されている分については、作品名を斜体で示す。
・②曽呂利新左衛門〔弘化一1844～大正一二1923〕「*馬部屋*（2：52）」「サツマ県のおまわり（2：49）」「*湯屋*（2：37）」「*盲目提灯*（2：56）」「*後へ心がつかぬ*（3：25）」「*鋲泥棒*（3：13）」「*恵美須小判*（2：39）」「*日と月の下界旅行*（3：04）」「*動物博覧会*（2：49）」「*絵手紙*（5：14）」
・②桂文枝〔弘化一1844～大正五1916〕「*近江八景・小噺*（2：05）」「たん医者（2：42）」「*近日息子*（5：11）」
・③桂文團治〔安政三1856～大正一三1924〕「*倹約の極意*（2：23）」「*芝居の小噺*（2：54）」「四百ブラリ（6：28）」
・③桂文三〔安政六1859～大正六1917〕「*天神橋*（2：30）」「滑稽日露戦争の噺（1：43）」「漆山角力の噺（2：52）」「*善は急げ*（2：56）」「*学者と魚売人*（2：57）」「*豊竹屋節右衛門*（3：06）」「*写真屋*（2：08）」
・桂枝雀〔元治一1864～昭和三1928〕「*亀屋左兵衛*（2：53）」「*蛸と猫*（2：24）」「*嫌い嫌い坊主*（3：09）」「*煙管返し*（3：09）」「*蛸の手*（3：13）」「*芋の地獄*（3：01）」「*いびき車*（2：31）」「*さとり坊主*（7：24）」
・桂枝太郎〔慶応二1866～昭和二1927〕「雷の褌（6：07）」
・②林家染丸〔慶応三1867～昭和二七1952〕「*日和違い*（5：56）」「親子酒（6：57）」「電話の散財（14：29）」
・桂文雀〔明治二1869～昭和一四1939〕「長屋議会（6：12）」「口あい小町（6：06）」「狐釣り（7：43）」「滑稽女子〈おなご〉大学（7：37）」
・④笑福亭松鶴〔明治二1869～昭和一七1942〕「一枚起請（2：43）」「魚づくし（2：46）」「竹の子（2：20）」「平の蔭（2：43）」「愛宕参り（2：42）」「神戸飛脚（3：04）」「やいと丁稚（6：30）」「浮世床（6：46）」「天王寺名所（6：21）」「理屈あんま（6：37）」
・③桂米團治〔明治二1869～昭和一八1943〕「大安売り（7：12）」「ぬの字鼠（7：38）」

II
言語資料としての落語

1
各種録音資料に見る、方向・場所を表す「へ」格と「に」格

金澤裕之

要旨
　SP（平円盤）レコードを音源とする録音資料のうち、人々の話しことばを対象とする東京落語・大阪落語・演説類をデータとして、明治後〜昭和前期における、方向・場所を表す格助詞「へ」と「に」の使用実態を調べた。その結果、【落語：演説】というジャンルやスタイルの相違により、【「へ」が優勢：「に」が優勢】という、ある種固定的な傾向が強く表れていることが分かった。また、共起する動詞の意味・性格による分類や、それぞれの資料におけるマイナーな方の出現例に見られる特色を検討することにより、それぞれの発話者や状況により、両者が拮抗しつつも意識的あるいは無意識的に使い分けられているらしい様相の一端を、垣間見ることができた。

キーワード：録音資料、方向、着点、「へ」格、「に」格

1. はじめに
　近代語研究の進展に貢献し得る比較的新しい資料に、いわゆるSP（平円盤）レコードを音源とする各種の録音資料がある。しかしこの資料に関しては、言語（特に話しことば）の研究にとって重要な要素である「音声」を有しているという事実があるにも拘わらず、その活用という点では、これまで必ずしも十分な成果がもたらされてはいないというのが、客観的に見た状況であった。
　しかし近年、『SP版貴重音源　岡田コレクション』という、主に大正〜昭和前期の演説・講演を収録した音源の発売を一つの契機として、金澤・相澤編

(2015) や相澤・金澤編 (2016) といった、この収録音源を活用した文字化資料や論文集が公刊されるようになって、徐々に研究面での広がりの期待できる状況が生まれつつある。

　本稿では、話しことばに関する録音資料という点で、演説・講演と双璧をなすと考えられ、東京と大阪を中心とする日本の東西の中心地で発達を遂げた落語をも対象に加えることにより、それらの録音データから得られる話しことば的な要素の実態について、具体的な面から一つの分析を試みてみたいと思う。以下で具体的な対象とするのは、一般に方向・場所を表す格助詞の「ヘ」と「に」についてである[*1]。

2. これまでの研究状況

　一般に方向・場所を表す格助詞の「ヘ」と「に」の相互関係については、これまでのさまざまな研究により、歴史的な展開の概略は凡そ明らかにされている。この点について、比較的コンパクトに纏められている奥村 (1999) の「はじめに」の部分を引用する。

　　　この「ヘ」格と「に」格を、日本語史的観点から捉えていくと、青木 (1956) でも触れられているように、中古以降、徐々に「ヘ」格の領域が拡がり、中世以降になると、「ヘ」格は「に」格よりも勢力が拡大していることが知られている。
　　　このような「ヘ」格について、近代の状況は原口 (1969)、矢澤・橋本 (1998) 並びに矢澤 (1998) において調査がなされている。原口 (1969) では、多くの近代の文章を用いた調査がなされている。その調査は詳細ではあるが、結論として、「ヘ」格と、「に」格の混同は、文体（作家の個人差も含む）にかかわる場合が多いとしている。また、矢澤 (1998) では明治から現代の小説を用いて調査をしており、明治期に関しては、ほぼ原口 (1969) と同様の結論を得ている。さらに、矢澤 (1998) において、明治から現代になるにつれて「ヘ」格の使用頻度が低くなっていることも指摘されている。これら先行研究の指摘から、中古から中世末期にかけて「ヘ」格の領域は拡がっていくが、現代になると、「ヘ」格に代わり、再び「に」格が進出

していると考えられる。〔139～140頁〕

　歴史的な大まかな流れについてはこれでほぼ理解できるが、研究の歴史の中で近代語と関わる大きなポイントとなっているのが矢澤（1998）なので、その結論の纏めを同論文の「要旨」の中から引用すると、次の通りである。

　　「ヘ」格について、文学作品を中心に近代から現代までの使用状況を調査すると、次のような傾向があることが知られる。
　　1）「ヘ」格の使用頻度は近代から現代にかけて減少する傾向がある。
　　2）「ヘ」格の出現数に占める「ヘの」の使用頻度は増加する傾向がある。
　　3）動詞ごとに場所「に」格と「ヘ」格を比較した場合、かつて「ヘ」格が優勢であった動詞でも、「に」格が用いられる傾向がある。
　　　　　　　　　　　　　　　　　　　　　　　　　　　　〔135頁〕

　一方、「ヘ」と「に」の使用実態に関しては、表による具体的な提示を含めて、矢澤・橋本（1998）の方が詳しいので、その中の該当部分も引用してみよう。

　　さて、『坊ちゃん』の「ヘ」の用例には、次のように、現代語ではむしろ「に」が期待されるところに現れたものも少なくない。【例（10）（11）は省略。下線は引用者による。】
　　（12）何だか水晶の珠を香水で暖ためて、掌へ握ってみた様な心持ちがした。
　　（13）廊下の真中へあぐらをかいて夜のあけるのを待っていた。
　　『坊ちゃん』の「ヘ」の用法が特殊であることについては、既に、赤羽根義章（1987）が指摘しており、「漱石には『で』と『に』の混同に加え、『に』と『へ』といった二重の混同と思われる例がある」とし、「芥川龍之介の『人物記』には、……【中略】……漱石の格助詞『に』と『へ』の混同を伺わせる記載がある。」と注で触れている。
　　このような特殊な用法ではなく、移動動詞の「に」と「ヘ」について見たのが表1である。「ヘ」との共起が多い動詞を中心に、『坊ちゃん』、〔鴎

外］、［芥川］、［五木］、［井上］、［赤川］、および朝日新聞昭和五八年4〜5月の紙面から抽出した新聞データ（約30000文）の「に」と「へ」の共起数を示したものである。

表1

	坊ちゃん		鴎外		芥川		五木		井上		赤川		新聞	
	へ	に	へ	に	へ	に	へ	に	へ	に	へ	に	へ	に
行く	59	8	70	8	14	0	31	11	7	1	66	10	22	33
出る	39	1	17	25	7	0	9	17	0	11	32	16	3	67
はいる	31	8	3	39	8	13	3	9	3	18	56	27	4	170
いれる	11	4	0	10	6	7	1	6	0	9	8	10	0	50
のる	13	9	0	20	3	5	0	21	0	3	1	11	0	65
のせる	5	0	0	8	0	1	0	3	0	2	4	1	0	14
帰る	32	0	6	14	12	3	6	5	2	7	11	3	2	15
向かう	0	5	1	3	3	9	4	6	0	22	19	4	13	31
向く	1	0	5	6	0	0	2	2	0	0	4	0	0	5
計	191	35	102	133	53	38	56	80	12	73	201	82	44	450

この表から、「行く」はいずれの作品でも「へ」が優勢であるが、新聞データでは逆転していること、『坊ちゃん』や［鴎外］［芥川］などで、「へ」が優勢か「に」と拮抗していた「出る」や「帰る」なども、新聞データでは圧倒的に「に」が優勢になっていることなどが分かる。これらの動詞の用法から見ても、やはり、『坊ちゃん』や［赤川］の特異性が見て取れよう。　　　　　　　　　　　　　　　　　　　　〔18〜19頁〕

　この表1の結果からも明らかなように、同じく書きことばの資料においても、書き手やジャンル、具体的な動詞の違いにより、かなりの差が出ていることが理解できる[*2]。

3. 録音資料における「へ」格と「に」格の出現状況

　ここに先立つ2節では、いくつかの先行研究を挙げて、主に近・現代におけ

る「へ」格と「に」格の相互関係の流れを見てきたが、そこで取り上げたいくつかの参考文献では、具体的な調査方法が必ずしも同様のものとはなっていないので、ここで先に、本稿における具体的な調査方法について述べておきたい[*3]。

調査対象は、(a) 明治時代に録音・販売された東京落語69作品（約4時間）[*4]、(b) 明治・大正時代に録音・販売された大阪落語51作品（約3時間半）[*5]、(c) 大正～昭和前期に録音・販売された演説・講演117作品（約14時間半）[*6]、である。そして、それらの文字化資料をテキストとし、この中に出現する方向・場所を表す「へ」格と「に」格の助詞を抜き出して数えた[*7]。その場合、基本的に「へ」と「に」が交替し得る例を対象とすることになるが、この「交替し得る」という基準については、自身の内省に頼ると曖昧な判断が入りやすくなると考えられるため、些か便宜的な方法とはなるが、国立国語研究所作成の「現代日本語書き言葉均衡コーパス（BCCWJ）」をデータベースとし、検索ソフト『少納言』を利用して、「へ」と「に」の両者を交替可能な助詞としてとる例が（たとえ1例でも）実例として存在する動詞の場合、という方法を採用した[*8]。

以上に基づき、(a)(b)(c)の資料別に全体の状況を示すと、結果は次の通りである[*9]。

(a) 東京落語

	「へ」	「に」	小計
地の部分	32 (80.0)	8 (20.0)	40 (100.0)
会話部分	82 (78.1)	23 (21.9)	105 (100.0)
合計	114 (78.6)	31 (21.4)	145 (100.0)

(b) 大阪落語

	「へ」	「に」	小計
地の部分	39 (88.6)	5 (11.4)	44 (100.0)
会話部分	65 (83.3)	13 (16.7)	78 (100.0)
合計	104 (85.2)	18 (14.8)	122 (100.0)

(c) 演説・講演

	「へ」	「に」	小計
大正期	5 (8.8)	52 (91.2)	57 (100.0)
昭和1ケタ	6 (7.1)	79 (92.9)	85 (100.0)
昭和10年代	5 (7.5)	62 (92.5)	67 (100.0)
合計	16 (7.7)	193 (92.3)	209 (100.0)

4. 資料の全体から窺える特色

ここに示した (a)～(c) の三つの表から明らかになったことを先に箇条書きで記すと、次の通りである。

- ⅰ) 全体的に見ると、「落語（東京・大阪）」の場合と「演説・講演」の場合で、対照的な出現数の状況となり、落語においてはかなり「へ」が優勢であるのに対して、演説・講演においては圧倒的に「に」が優勢である。
- ⅱ)「落語」の場合、東京も大阪も「へ」が優勢であることは共通するが、強いて言えば、その傾向は大阪の場合に顕著である。
- ⅲ)「落語」における「地の部分」と「会話部分」の差異については、大阪の場合の地の部分で少し「へ」への偏りが強いが、全体として見ると、両者の間に大きな違いは見られない。
- ⅳ)「演説・講演」においては、三つの時期の間に、大きな違いは見られない。

こうした結果より、その背景にあると考えられる原因や理由を、それぞれについて考えてみよう。

まずⅰ) の点については、文体・スタイルに関わる面と、具体的な動詞に関わる面の、二つの理由が考えられる。文体・スタイル面では、一般にも容易に想像できるように、同じく録音資料であるとは言っても、落語と演説の両者の言語資料的な性格が「対照的」と言ってもいいほどに大きく異なるからである。この点に関しては、清水康行氏が夙に指摘しているところ[*10]であるが、その表現を借りて端的に言えば、「くだけた会話形式」である大衆芸能としての落

語のことばと、「一方的、堅い表現」である公的な演説のことばの違いということである。更に付け加えれば、実際の場合にその通り行われるかどうかはケースによってさまざまであろうが、演説の場合は基本的に文章として書かれた内容を、たまたま口からの発声として表現しているわけで、実質的な内容としては、殆ど「書きことば」と言っても過言ではないと思われる。そして、今回のテーマである助詞の「ヘ／に」の使い分けに関しては、日常のよりくだけた会話においては「ヘ」が使われやすかったり、更には、後続する動詞と音声的に融合したり省略されたりする傾向が強いのに対して、公的な堅い表現においては、文章語的な「に」が使われやすいという傾向が、如実に現われているものと考えられる[*11]。次に、二つ目の理由として上げた具体的な動詞という面では、実際に使用されている動詞自体が、上記のスタイル的な違いとも関わって両者でかなり異なった分布を見せているということである。その典型的な例として、例えば「漢語サ変動詞」が使われる割合を比較してみると、全用例の中で、東京落語では「0.7％」・大阪落語では「1.6％」であるのに対して、演説・講演においては全体で「25.0％」使われており[*12]、こうした特徴も助詞「ヘ／に」の使い分けに影響を及ぼしている可能性が高いものと考えられる[*13]。

　次に、ⅱ）とⅲ）の点を纏めて考えると、大阪落語においては、「地の部分」においても「ヘ」が使用される場合が、東京落語の場合よりも顕著であると言える。この点の具体的な検証は今後の調査に俟つ必要があるが、もしかすると、ロドリゲス『日本大文典』の記述によって著名な《京「ヘ」筑紫「に」坂東「さ」》という表現などに垣間見られる、関西地方における「ヘ」の優位性といったものが、その後の時代においても一般庶民の話しことばの中などで維持されてきた可能性が考えられる。

　ⅳ）の点については、1910～40年代にかけて、この言語現象に関して大きな変化が見られないということから、先にⅰ）の部分でも言及した演説や講演のスタイルといったものが、この時期にはかなり安定した形になっていたのではないかという推測が可能となる[*14]。

　なお、先に2節で見たように、明治から現代になるにつれて「ヘ」の使用頻度が低くなっていることが、書きことばの調査結果から指摘されている。本稿で調査対象とした録音資料の場合は基本的に話しことばが対象であり、また時

代的に見ても明治後期から昭和前期にかけてのいわゆる近代のものであるため、それらと単純に比較・対照することは難しいと考えられる。ただし言うまでもなく、東京や大阪を中心とする落語や演説・講演などの音声資料に関しては、その後の時代の資料が豊富に存在しており、それらの資料の状況と比較・対照することにより、現代に至るまでの話しことば（的な）資料における時間的な変化を描き出すことが今後に期待されるところである。

5. 詳細な部分の検討

先に2節でデータ（表1）を紹介した矢澤・橋本（1998）や、近年のコーパス検索による調査などと比較すると、データの総量が圧倒的に少ない今回の調査ではあるが、ここで抽出した数百という単位の数の例について、可能な限り、より詳細な部分の検討を進めてみることにしたい。

5.1 動詞の意味的な側面との関わり

まずここでは、両者の使い分けに関して、これまで色々な研究において言及されることの多い、動詞の意味的な側面との関わりについて考えてみたい。

この点に関して、同様の内容の指摘は多くのところに見られるが、ここでも一応、矢澤・橋本（1998）の中から、典型的な部分を引用してみよう[*15]。

> 一般に、移動性の動作を表す動詞と共起した場合、「へ」は動作の側面との結び付きが強く、移動の方向や目標を表すのに対し、「に」は結果の側面との結び付きが強く、着点を表すとされる。しかし、「へ」が「方向」という意味しか表さないのに対して、「に」は、共起する動詞によって、相手や着点、存在点など解釈が変わってくる。　　　　　　〔20頁〕

そこで、今回三種類の資料から抽出した合計476の例[*16]について、共起する動詞（全169種）を、二者択一の方式で、「方向」性の方が強いと考えられるものと「着点」性の方が強いものとに分けて[*17]、助詞の分布状況を調べてみることにする。

その集計結果は次の通りである。（なお、全体の用例数が必ずしも多くはないため、

以下の調査では、落語における「地と会話」、演説における「時期別」などの分類は適用していない。)

　（ア）「方向」性の動詞（63種）⇒計252例
　　　　「へ」：152例（60.3%）
　　　　「に」：100例（39.7%）
　（イ）「着点」性の動詞（106種）⇒計224例
　　　　「へ」： 82例（36.6%）
　　　　「に」：142例（63.4%）

　この結果から、これまで一般的に述べられている通り、方向性が強い動詞の場合には「へ」が、一方、着点性が強い動詞の場合には「に」が、それぞれ結びつき易いという傾向は、数値の面では一応肯定されたと考えられる。
　また、この点について、三種類の資料での合計の用例数が10以上となる10種の動詞の場合に限定して、用例数の多い順に更に詳しく見てみると、次のような状況である。

動詞（全用例数⇒分類）	「へ」の数（%）：「に」の数（%）
（1）「行く（40⇒A）」	30（75.0）：10（25.0）
（2）「入る（27⇒B）」	20（74.1）： 7（25.9）
（3）「向かう（18⇒A）」	1（ 5.6）：17（94.4）
（4）「出る（16⇒A）」	15（93.7）： 1（ 6.3）
（5）「来る（14⇒B）」	12（85.7）： 2（14.3）
（6）「参る（14⇒A）」	10（71.4）： 4（28.6）
（7）「上がる（12⇒B）」	11（91.7）： 1（ 8.3）
（8）「与える（12⇒C）」	0（ 0.0）：12（100.0）
（9）「訴える（11⇒C）」	0（ 0.0）：11（100.0）
（10）「入れる（10⇒C）」	5（50.0）： 5（50.0）

　この結果を見ると、「向かう」の場合を除いて、ほぼ順当に、動詞の意味的

な面での性格が、「ヘ／に」両者の使い分けに反映している傾向が見て取れる。なお、「向かう」における「に」への偏りについては、たまたまということではあろうが、「向かう」の出現数がかなり演説資料に偏っている（18例中の15例で、83.3％）という特徴が、使い分けの割合の結果に反映しているのではないかと推測される。

5.2　各資料における、マイナーな出現例に見られる特色

　先に3節において、（a）（b）（c）の表の形で、三種類の資料における「ヘ」と「に」の出現数の状況を記してきたが、4節での分析部分でも触れた通り、ここで見られる最も顕著な特徴は、【落語：演説】というジャンルやスタイルの違いに起因すると考えられる、それぞれの資料における、「ヘ」への偏り（東・西の落語の場合）と「に」への偏り（演説の場合）である。

　以下では、そうした一般的な状況を前提とした上で、両者の使い分けに関する何らかの示唆やポイントを探ろうとする試みの一つとして、それぞれの資料におけるマイナーな（方の）出現例に焦点を当てて、そこに窺うことができる何らかの特色をきっかけとして、更なる考察を進めてみることにしたい。

(a) 東京落語の場合

　東京落語の場合は、先に示した表（a）からも分かる通り、マイナーな側としての「に」も2割以上の出現数（31例⇒21.4％）となっており、極端な違いとはなっていない。

　共起する動詞の例を見ても、用例数の多い「行く（5）」「入る（3）」などの場合にも、「ヘ」との共起の例の方がそれよりずっと多く（それぞれ、17と15）なっており、また、先の注17に拠る意味的な分類に関しても、三種類のものが平均的に分布しており（全体で20種類のうち、A：5、B：9、C：6）、特に際立つ特徴は見られないと言える。

　また、話者による違いに関しても、使用例の比較的多い、③小さん（13）、円遊（4）、円右（3）などの場合でも、「ヘ」と共起する例はそれより更に多く（それぞれ、50、15、15）なっており、この面からも顕著な特色は見られないところである。

(b) 大阪落語の場合

大阪落語の場合は、先に示した表（b）の通り、マイナーな側としての「に」は18例（14.8％）の出現数となっており、東京落語の場合と比較すると、ある程度希少な出現例であると言える。
　共起する動詞の例では、この18例の中に、重複しているものは見られないが、東京落語の場合と同様の意味的な分類に照らしてみると、全体で18種類のうち、A：1例、B：8例、C：9例と、Cの方向への偏りが見られ、着点性の強い動詞の場合に「に」が使われやすいという、ある意味で一般的な傾向が、少ない用例数の中にも窺える結果となっている。
　一方、話者による違いに関しては、使用例の比較的多い曽呂利（6）、文雀（3）などの場合でも、「へ」と共起する例はそれより更に多く（それぞれ、34、8）なっており、この面からは顕著な特色は窺えない。

(c) 演説の場合

　演説の場合は、先に示した表（c）からも分かるように、マイナーな側としての「へ」は全体の7.7％の16例のみであり、かなり希少な例であることが分かる。ここでは、数は少ないながら、（或いは、数が少ないからこそ、）特徴的な現象をいくつか指摘することが可能である。
　先に16の用例を、全て掲げてみることにしよう[*18]。

① 人文の発達に伴えば、自ずから輿論がここへ成り立つんである。（大隈重信「憲政ニ於ケル輿論ノ勢力」p.17、1915）
② 輿論の勢力を歴史的に、いささかここへ述ぶる必要を感じますんで…。（大隈重信、同上、p.18）
③ この輿論の勢力が議会へ集中されて、初めて帝国議会の威厳、帝国議会の信用がここに成り立つんである。（大隈重信、同上、p.21）
④ 社会が堕落すれば政治も、凡（すべ）て国家の進運がここへ止（と）まるんである。（大隈重信、同上、p.22）
⑤ ここにおいて輿論の大なる勢力は、ここへ現るることを望むんである。（大隈重信、同上、p.23）
⑥ 条約尊重・国際信義というレールの上へ乗って、初めて日支親善の目的は達し得るのである。（鳩山一郎「犬養内閣の使命」p.24、1931）

⑦ 犬養内閣は、このルールの上へ乗らなければ真の日支親善はないということで…（鳩山一郎、同上、p.25）
⑧ 陛下の御齢お十にならせられ給うた時、ある日お呼び出しを蒙り、御殿へ上がりますると、…（間部詮信「大行天皇の御幼時を偲び奉りて」p.31、1927）
⑨ 例えば輸入が輸出に超過してその平均が失われた時は、金貨を外国へ輸出することによって…（浜口雄幸「経済難局の打開について」p.37、1929）
⑩ 元の通りの全ての経済政策・外交政策、一切のものが元へ返ってくる、と。（犬養毅「強力内閣の必要」p.50、1931）
⑪ このままこの政府の方針の通りに行くんであるか、また元へ返って、前内閣のようになるんであるか、と…（犬養毅「新内閣の責務」p.53、1932）
⑫ さて五十も来たが、まだゴールへ着いた気もしないで、ただ疲れたとなると、…（矢野恒太「人生のゴール」p.130、1935頃）
⑬ しからば四十までは遊んでおればよいかと言うと、四十までの猛練習がゴールへ来て物を言うのだ。（矢野恒太、同上、p.131）
⑭ 遅れ馳せに駆けつけても、若い人の中へ交じりながら、またゴールを目がけて息を切らせております。（矢野恒太、同上、p.132）
⑮ 幾万年とも分からぬ古より、限りなき未来へ変わらざる神業を続けております。（橋本郷見「不動心」p.144、1935頃）
⑯ 船長がこれを見、「あれ、波間に漂う人あり。早く助けてやれ」と指揮船を傍へ漕ぎ寄せる。（服部三智麿「真宗の安心」p.148、1935頃）

さて、この16の用例に関しては、使用者ごとに事情が異なるように考えられるため、以下では、8名の使用者それぞれの場合について、詳しく検討してみたい。

その中でまず先に、「へ」の例はたまたま現れたもので、特に大きな意味を持つものではないと考えられる場合を挙げておく。それは⑧・⑨・⑯の、間部・浜口・服部によるもので、『少納言』による検索においてもある程度の割合で「へ」の用例が見られるため[*19]、これらについては詳しい検討からは除くこととする。

使用者の中で最も気になるのは、5例と用例数の最も多い、大隈重信の場合

である。しかも①〜⑤の五つの用例ともに、共起する動詞に関して、『少納言』の検索における「ヘ」の用例がほとんど見られず、中でも①「成り立つ」、②「述ぶる（述べる）」、④「止まる」の三語については1例も出現していない。先に注8で示した『坊っちゃん』の場合につながるような、明治期あるいはそれ以前の、古い形での用法の名残があるのかもしれない。

また大隈重信の場合、残された録音は1作品のみであるが、録音時間は17分余りと比較的時間の長いものなので、彼に関しては、「ヘ／に」の使用に関するデータ全体の様相を確認すると、「ヘ」5：「に」6となり、両者の使用が拮抗していることが分かる。そして、更に興味深いことは、次の⑰〜⑲に挙げるように、先に示した「ヘ」の場合の共起動詞と同一の動詞が、「に」の場合にも三種類出現しているのである。

⑰ 初めて帝国議会の威厳、帝国議会の信用がここに成り立つんである。（大隈重信、同上、p.21→上掲の③と同一例）
⑱ 国民が集合して、而して国民的勢力が議会に集中さるるんである。（大隈重信、同上、p.20）
⑲ 法制禁令は社会の表面に現れた行為を支配するものである。（大隈重信、同上、p.21）

こうして用例の全体を見ると、この問題に関して、一方からは、大隈におけるかなり特異な使用法と考えることも可能ではあるが、他方からは、明治期につながるような比較的早い時期には、「ヘ」と「に」がほぼ同一の位置付けで拮抗して用いられていたという可能性も充分に考えられるところである。

次に鳩山一郎の場合は、例⑥⑦に見られる通り、共起動詞「乗る」の場合が際立っている。同じ資料の中のその他の3例（共起動詞は「与える」「流出する」「進軍する」）はいずれも「に」であるのに、『少納言』の検索でも「に」の割合が極端に高い「乗る」の場合（「ヘ」10：「に」1635）に「ヘ」が出現している。なお、例⑥については、これの繰り返しに近い形（「…というそのレールの上ヘ乗って、」）であったために、用例数からは省いたという例も出現しており、こうした「〜の上ヘ（乗る）」というような固定的な形式が口癖のように発言されていたとい

う可能性も考えられる。

これと同様の傾向は、例⑩⑪の犬養毅の場合にも窺うことができ、鳩山の場合と同様にその他の共起動詞の場合には「に」となっているのに対して、「(元へ)返る」の場合には、「へ」が慣用的に使用されていたのかもしれない。

次に、大隈に次いで「へ」の使用数が多い矢野恒太の場合（3例）も、なかなか興味深い。彼の分は録音時間が6分足らずであまり長いとは言えないが、「へ」3：「に」2と、両者が複数回現れている。しかも、これまた大隈の場合と似通って、次に挙げる⑳に見られる通り、同一の共起動詞「着く」の場合に「に」の例が出現しているのである。

⑳　即ちその人は、貧富貴賤いかなる天命を持っておるかが決まるべきゴール、即ち決勝点に着く。（矢野恒太、同上、p.130）

矢野は、主に明治後～大正期に活躍した実業家（保険事業）であり、出身や経歴などの点で、大隈と共通するところはほとんど見られないが、このテーマに関して類似した振る舞いをみせており、こうした話者が当時の日本には、確実に存在していたらしいことが明らかとなっている。

最後に、橋本郷見の場合は全用例も少なく（「へ」1：「に」1）、また、⑮の例自体の意味内容も曖昧なところがある（→「未来へ」が何処につながるのか不明）ため、ここでは例外的なものとしておきたい。

このように見てくると、圧倒的に「に」への偏りが強い演説の場合においても、個々の使用者の別にはよるが、「へ／に」の両者が拮抗しつつ用いられているという様相の一端も、窺うことができるように思われる。

6．おわりに

以上、SP（平円盤）レコードを音源とする各種録音資料のうち、人々の話しことばを対象とする三種類の資料である東京落語・大阪落語・演説類をデータとして、明治～昭和前期における、一般に方向・場所を表す格助詞「へ」と「に」の使用実態を見てきた。その結果、3節・4節で見てきたように、全体の状況としては、【落語：演説】というジャンルやスタイルの相違により、【「へ」が

優勢:「に」が優勢】という、ある種固定的な傾向が強く表れていることが分かった。また、その一方で、5節で詳しく見てきたように、共起する動詞の意味・性格による分類や、それぞれの資料におけるマイナーな方の出現例に見られる特色を検討することにより、それぞれの発話者や状況により、両者が拮抗しつつも意識的あるいは無意識的に使い分けられているらしい様相の一端を、垣間見ることができたようにも思われる。

今回調査対象とした三種類の録音資料に関しては、現時点では色々な点での制約もあり、音声資料そのものや録音文字化のデータ全てを公にする段階には至っていない[*20]。しかしこの点に関しては、そう遠くない将来に問題が解決される可能性が充分にあり、その暁には、国立国語研究所などの公的な機関を通じて一般の研究者たちにデータが広く公開され、更なる研究の進展が期待されるところとなる。現時点では資料的な面において些か隔靴掻痒の感を拭いきれない状況ではあるが、将来の発展のための一里塚として、こうした試みの積み重ねが礎となってゆくことを期してゆきたい。

注

1) 落語と演説を中心とする、明治後〜昭和前期の話しことば的な録音資料の詳細については、清水 (1988)、清水 (1996)、井上 (1998)、金沢 (2000)、金澤 (2015)、及び、本書の第Ⅰ部の内容をご参照いただきたい。
2) なお、着点を表す助詞「に」と「へ」の使い分けに関して、現代の状況をさまざまな方向から調査・検討した論文として森 (2011) があるが、各種コーパスなどを利用したこの研究における調査方法は、2節で挙げた先行研究や本稿での方法とはかなり異なるものであり、また、研究のそもそもの狙いや意図も基本的に異なる (⇒初級の日本語教育において、「に」と「へ」をアウトプットで使い分けられるように教える必要があるか、ということ) と考えられるため、今回は敢えて参考にはしなかった。
3) 基本的な考え方は、後発の論文で、且つ、調査対象に関する説明が比較的具体的で分かりやすい奥村 (1999) の場合に準ずることとする。参考のために、奥村 (1999) における当該の中心部分を次に引用しておく。

　　調査・考察対象となる用例は、「へ」格、「に」格、「さ」格、無格である。ただし、「へ」格はすべて調査・考察対象としているものの、「に」格、「さ」格、無格は、「へ」格と文法的に交替可能と判断される場合の用例のみ考察対象としている。具体的

には、「に」格の場合には、方向・場所を表す場合の他にも、使役、変化、受け身、動作の目的などを表す場合があるものの、これらは、「へ」格では表すことができないので調査対象外としてある。〔139頁〕
4）演者〔生没年〕と作品名は、本書の解説部分の末尾に掲げた資料一覧の通りである。ただし、生没年に関しては、諸説ある場合も存在する（以下同様）。
5）演者〔生没年〕と作品名は、本書の解説部分の末尾に掲げた資料一覧の通りである。なお、大阪落語の場合に、（東京落語の場合とは異なり、）大正期の作品も対象に含めているのは、明治期の作品の数が相対的に少ないためである。
6）講演者〔生没年〕と作品名（＝演題）は、本稿末の資料一覧の通りである。なお、演説・講演の場合、明治期の資料は存在していない。また、先に言及した『岡田コレクション』のうち、児童生徒や作家などによる朗読や、ラジオ放送で流されたと考えられる作品などは、対象から除いた。
7）この点に関わって、先に一点、記しておきたい。録音文字化の作業において、今回対象とするような格助詞の聴き取り部分については、それが「へ」なのか「に」なのか、判断に困る場合が少なくないことは事実である。ただし、聴き取り者の立場としては、可能な限り（聴こえる音に）忠実な姿勢から最終的な判断を行っているので、今回は、そうした判断に拠って「テキスト」に明記されている形を、抜き出しの基準とすることにする。
8）なお、先に掲げた矢澤・橋本（1998）からの引用部分の冒頭でも触れられているように、明治期には、現代にはほとんど見られないような「へ」格の使用例があるため、そうした例については、『少納言』の中に「へ」格の用例が無い場合でも、数に数えた――この点に関しては、注3も参照。このような例の典型的なものとして、大正5年の大隈重信の演説の中から、次に一例を挙げておく。
　　　・人文の発達に伴えば、自ずから輿論がここへ成り立つんである。
　　また、演説や講演においては、類似した表現や動詞が繰り返し発言されることが少なくないので、そうした場合は重複しては数えないこととした。
9）次に掲げる三つの表からも分かる通り、東京落語と大阪落語については、「地の部分」と「会話部分」の出現数を分けて示した。一方、演説・講演については、対象となる期間が比較的長いので、期間を三つ（大正期、昭和1ケタ、昭和10年代）に分けて示した。
10）清水氏は、第59回近代語研究会（1988.5.20、於：國學院大学）において「演説レコード資料の可能性」と題して行った発表のレジュメの中で、両者の言語資料的性格について次のように纏めている。〔なお、ここでの落語資料は東京に限定されている。また、項目の一部（録音時期に関する2項目）を省略する。〕

	「演説レコード」	「東京落語レコード」
@表現の場面	公的演説（一方的、堅い表現）	大衆芸能（くだけた会話形式）
@想定聴取者	不特定多数or支持選挙民	不特定多数or贔屓客
@演説者の階層	社会的指導者層（主に政治家）	寄席芸人
@演説者の出身地	さまざま（東京以外が多い）	ほぼ江戸・東京
@文字言語の介在	原稿用意・持込みの可能性	定型の原稿・脚本なし

11) 此島（1973）には、「今泉忠義氏が指摘しているように、口頭語では自然に「へ」を使いながらも、文章語であることを意識するとやはり「に」に落ち着いてしまうことが多いのである（「国語学概論」215ペ）。」（85頁）という言及が見られる。

　　また、清水（2002）によると、明治後期（36年＝1903）の日本での最初期吹込みの東京落語資料群の場合も、全体として見ると、「〜へ」の方が優勢だとのことである。

12) 全体で28種の52例。なお、これらのうち助詞に「へ」をとるのは2例（3.8％）のみで、その具体例は「集中する・輸出する」である。また、よく出現する漢語サ変動詞を頻度順に示すと、上位5語は次の通りである。（末尾の括弧内は、それぞれの頻度数。以下の注13、16の場合も同様。）

　　　①達する（9）　②提出する（6）　③到着する・報告する・貢献する（3）

13) なお、和語動詞の場合でも、例えば次に示すようなそれぞれの資料における出現頻度の高い例（上位5語ずつ）からも分かる通り、よく使用される動詞は両者の間でかなり異なっており、見るからに日常的な語が多い落語の場合と比較すると、必ずしもそうではない語が目に付く演説の場合の異質性が窺える。

　　東京落語：①行く（22）　②入る（18）　③出る（9）　④参る（7）　⑤来る（6）
　　大阪落語：①行く（14）　②来る・出る（7）　④上がる（6）　⑤入る・参る（5）
　　演説・講演：①向かう（15）　②与える・訴える（11）　④至る・陥る（7）

14) こうした推測と関わりそうな近年の研究に野村（2013）があり、そこでは、演説の表現とも深く関わる明治時代以降の知識層に共有される「明治スタンダード」（更に時代が下ると、「現代スタンダード〈共通語〉」）の存在に焦点が当てられている。

15) 基本的には、こうした従来からの一般的な考え方に従うものだが、次のような杉村（2005）の捉え方も、興味深いものである。

　　　・このように「に」は事態の収束を表し、「へ」は事態の発散を表すという特徴がある。これは従来の〈着点〉と〈方向〉という区別に似ているが、このように捉えたほうが「へ」の場合に話し手の視点が起点側に来ることが明示的になる。
　　　　　　　　　　　　　　　　　　　　　　　　　　　　　　　　　　〔63頁〕

16) 共起する動詞の種類で見ると、全体で169種476例（うち、東京落語分：61種145例、大阪落語分：61種122例、演説分：94種209例）となる。

ちなみに、頻度順の上位5語は次の通りである。
　　　①行く（40）　　②入る（27）　　③向かう（18）　　④出る（16）
　　　⑤来る・参る（14）

17) この場合の分類については、客観的な基準を設けるのが難しいため、あくまでも筆者自身の感覚によって判断した。なお、補助的な意味として、「方向」性が強いものの方には「接触が無い」「動きが強い」「事態が発散」などの特徴を、一方、「着点」性が強いものの方には「接触がある」「動きが弱い」「事態が収束」などの特徴を、加味した。
　　その分類結果は、次の通りである。
　　　A：「方向」性が強いもの：21種類
　　　　　　　　　　　　　　　　（「行く」「送る」「進む」「発つ」「向かう」など）
　　　B：ある程度「方向」性があるもの：42種類
　　　　　　　　　　　　　　　　（「落ちる」「上る（のぼ）」「下る（くだ）」「引く」「寄る」など）
　　　C：「着点」性が強いもの：106種類
　　　　　　　　　　　　　　　　（「当たる」「付く」「届く」「乗る」「寄る」など）
　　そして、このうちの「AとB」を《方向》性の方に、また、「C」を《着点》性の方に、と二つに分けた。
18) 用例の所載データは、参考文献の中の国立国語研究所（2012）に拠る。
19) ⑧、⑨、⑯の用例に出現する共起動詞について、『少納言』での検索結果は、次の通りである。
　　　⑧「上がる」⇒「へ」36：「に」370　　⑨「輸出する」⇒「へ」9：「に」42
　　　⑯「漕ぎ寄せる」⇒「へ」1：「に」1
20) こうした録音資料に関しては、口演者自体の版権所有が切れた場合でも、音盤の所有者であるSPレコード収集家の方々を、実質的な版権所有者に当たるものとして考えるのが一般的であるため、音声の公開については、そうした方々からのご協力が不可欠な条件となる。

参考文献

相澤正夫・金澤裕之編（2016）『SP盤演説レコードがひらく日本語研究』笠間書院
青木伶子（1956）「「へ」と「に」の消長」『国語学』24
赤羽根義章（1987）「格助詞「に」と「で」について」『日本語学』6-5
井上史雄（1998）「近代の言語変化—音声資料の活用—」『日本語学』17-6
奥村彰悟（1999）「江戸語における「へ」格・「に」格—『浮世風呂』の登場人物別使用傾向—」『筑波日本語研究』4
金沢裕之（2000）「録音資料の歴史とその可能性」『日本語学』19-11

金澤裕之（2015）「録音資料による近代語研究の今とこれから」『日本語の研究』11-2
金澤裕之・相澤正夫編（2015）『大正・昭和戦前期　政治 実業 文化　演説・講演集―SP盤レコード文字化資料』日外アソシエーツ
国立国語研究所（2012）『岡田コレクション「演説音源集」文字化資料【カテゴリ順】』
此島正年（1973）『国語助詞の研究（増訂版）』桜楓社
清水康行（1988）「東京語の録音資料―落語・演説レコードを中心として―」『国語と国文学』65-11
清水康行（1996）「録音資料の歴史」『日本語学』15-5
清水康行（2002）「一九〇三年二月録音の東京落語平円盤資料群について」『国語と国文学』79-8
杉村泰（2005）「文の正しさとは何か」『日本語学』24-10
野村剛史（2013）『日本語スタンダードの歴史』岩波書店
原口裕（1969）「近代の文章に見える助詞「へ」」『北九州大学文学部紀要』4
森篤嗣（2011）「着点を表す助詞「に」と「へ」における日本語母語話者の言語使用について」森・庵編『日本語教育文法のための多様なアプローチ』ひつじ書房
矢澤真人・橋本修（1998）「近代語の語法の変化―『坊ちゃん』の表現を題材に―」『日本語学』17-6
矢澤真人（1998）「「へ」格と場所「に」格―明治期の「へ」格の使用頻度を中心に―」『文藝言語研究　言語篇』34

資料一覧
【演説・講演】（生年順）
- 大隈重信〔天保九1838〜大正一一1922〕「憲政ニ於ケル輿論ノ勢力（17：13）」
- 渋沢栄一〔天保一一1840〜昭和六1931〕「第七十五回誕辰祝賀会（5：38）」「御大礼ニ際シテ迎フル休戦記念日ニ就テ（11：34）」「道徳経済合一説（11：11）」
- 東郷平八郎〔弘化四1848〜昭和九1934〕「連合艦隊解散式訓示（6：13）」「軍人勅諭奉戴五十周年記念（6：35）」「日本海海戦　第一報告と信号（1：05）」「軍人勅諭（0：47）」「三笠艦保存記念式祝辞（1：49）」
- 島田三郎〔嘉永五1852〜大正一二1923〕「非立憲の解散・当路者の曲解（18：25）」
- 高橋是清〔安政一1854〜昭和一一1936〕「金輸出再禁止に就て（10：44）」
- 下田歌子〔安政一1854〜昭和一一1936〕「皇太子殿下ご誕生を祝し奉る（13:39）」「喜寿記念碑除幕式に際して所感を述ぶ（5：03）」
- 犬養毅〔安政二1855〜昭和七1932〕「強力内閣の必要（4：09）」「新内閣の責務（5：53）」

- 穂積陳重〔安政三1856〜大正一五1926〕「法律の進化（5：37）」
- 佐藤範雄〔安政三1856〜昭和一七1942〕「普通選挙国民覚醒（4：44）」
- 後藤新平〔安政四1857〜昭和四1929〕「政治の倫理化（12：53）」
- 長岡外史〔安政五1858〜昭和八1933〕「飛行機の大進歩（7：08）」「太平洋横断に際し全国民に愬ふ（3：25）」
- 斎藤実〔安政五1858〜昭和一一1936〕「憲政の一新（2：40）」
- 尾崎行雄〔安政五1858〜昭和二九1954〕「司法大臣尾崎行雄君演説（28：09）」「普選投票に就て（21：31）」「正しき選挙の道（7：17）」
- 高田早苗〔万延一1860〜昭和一三1938〕「新皇室中心主義（5：59）」
- 木村清四郎〔文久一1861〜昭和九1934〕「私の綽名『避雷針』の由来（7：06）」
- 田中智学〔文久一1861〜昭和一四1939〕「教育勅語の神髄（19：23）」
- 有馬良橘〔文久一1861〜昭和一九1944〕「国民精神総動員の強調の記念録音レコード（5：26）」
- 徳川家達〔文久三1863〜昭和一五1940〕「済生会の使命に就いて（3：28）」
- 阪谷芳郎〔文久三1863〜昭和一六1941〕「人間一生の信念（5：09）」
- 町田忠治〔文久三1863〜昭和二一1946〕「総選挙ニ際シテ国民ニ愬フ（5：26）」「政界の浄化（3：02）」
- 青木庄蔵〔文久三1863〜昭和二二1947〕「国家的禁酒注意（5：36）」
- 徳富猪一郎〔文久三1863〜昭和三二1957〕「ペルリ来航の意図（10：39）」
- 安達謙蔵〔元治一1864〜昭和二三1948〕「選挙粛正と政党の責任（3：14）」「地方政戦に直面して（12：37）」
- 安部磯雄〔元治二1865〜昭和二四1949〕「選挙粛正と政府の取締り（3：03）」
- 木下成太郎〔慶応一1865〜昭和一七1942〕「御挨拶に代へて（6：47）」
- 小泉又次郎〔慶応一1865〜昭和二六1951〕「理由ナキ解散（6：40）」
- 佐々木清麿〔慶応二1866〜昭和九1934〕「仏教講演俗仏（17：51）」
- 広池千九郎〔慶応二1866〜昭和一三1938〕「モラロジー及び最高道徳の特質（6：17）」
- 松井茂〔慶応二1866〜昭和二〇1945〕「『火の用心』の講演（3：12）」
- 若槻礼次郎〔慶応二1866〜昭和二四1949〕「総選挙に臨み国民に愬ふ（6：51）」「地方政戦に直面して（7：51）」
- 矢野恒太〔慶応二1866〜昭和二六1951〕「人生のゴール（5：53）」
- 武藤山治〔慶応三1867〜昭和九1934〕「政党ノ政策ヲ確ムル必要（6：06）」
- 頼母木桂吉〔慶応三1867〜昭和一五1940〕「総選挙ニ直面シテ（4：56）」
- 小笠原長生〔慶応三1867〜昭和三三1958〕「日本海海戦に於ける東郷大将の信仰（6：

35）」「乃木将軍の肉声と其想出（2：55）」
- 岡田啓介〔慶応四1868〜昭和二七1952〕「総選挙に際して（7：36）」「愛国の熱誠に愬ふ（3：21）」
- 宇垣一成〔慶応四1868〜昭和三一1956〕「伸び行く朝鮮（3：11）」
- 田中義一〔元治一1864〜昭和四1929〕「護国の礎（6：48）」「国民ニ告グ（5：50）」
- 井上準之助〔明治二1869〜昭和七1932〕「危ない哉！国民経済（6：31）」「地方政戦に直面して（7：02）」
- 増田義一〔明治二1869〜昭和二四1949〕「立候補御挨拶並ニ政見発表（12：28）」
- 浜口雄幸〔明治三1870〜昭和六1931〕「経済難局の打開について（19：34）」
- 山本悌二郎〔明治三1870〜昭和一二1937〕「対英国民大会（25：36）」
- 津下紋太郎〔明治三1870〜昭和一二1937〕「石油事業について（3：08）」
- 加藤寛治〔明治三1870〜昭和一四1939〕「日本の軍人は何故強いか（6：05）」
- 服部三智麿〔明治三1870〜昭和一九1944〕「真宗の安心（5：34）」
- 弘世助太郎〔明治四1871〜昭和一一1936〕「我等の覚悟（3：23）」
- 山室軍平〔明治五1872〜昭和一五1940〕「世界を神に（3：20）」
- 杉村楚人冠〔明治五1872〜昭和二〇1945〕「湯瀬の松風（2：37）」
- 星一〔明治六1873〜昭和二六1951〕「ホシチェーン会議に於ける星先生の講話（12：50）」
- 加藤直士〔明治六1873〜昭和二七1952〕「皇太子殿下御外遊御盛徳謹話（6：40）」
- 内田良平〔明治七1874〜昭和一二1937〕「日本の天職（6：36）」
- 牧野元次郎〔明治七1874〜昭和一八1943〕「神守不動貯金銀行（5：08）」「貯金の三徳（4：45）」「ニコニコの徳（5：41）」「良心運動の第一声（10：48）」
- 芳澤謙吉〔明治七1874〜昭和四〇1965〕「対支政策（4：38）」
- 松田源治〔明治八1875〜昭和一一1936〕「挙国一致ノ力ヲ以ッテ難局ヲ打開スベシ（5：50）」
- 大谷光演〔明治八1875〜昭和一八1943〕「戦いなき世界への道（6：39）」
- 高原操〔明治八1875〜昭和二一1946〕「訪欧大飛行航空講演（3：34）」
- 林銑十郎〔明治九1876〜昭和一八1943〕「国民諸君ニ告グ（6：12）」
- 永田秀次郎〔明治九1876〜昭和一八1943〕「総選挙に就て（3：12）」
- 多門二郎〔明治一一1878〜昭和九1934〕「凱旋後の所感（5：26）」
- 野間清治〔明治一一1878〜昭和一三1938〕「武道の徳（3：54）」「私の抱負（2：06）」
- 間部詮信〔明治一一1878〜昭和三六1961〕「大行天皇の御幼時を偲び奉りて（4：49）」

- 岸本綾夫〔明治一二1879〜昭和二一1946〕「昭和十八年武装の春（3：18）」
- 秦真次〔明治一二1879〜昭和二五1950〕「弥マコトの道に還れ（6：10）」
- 松岡洋右〔明治一三1880〜昭和二一1946〕「青年よ起て（5：49）」「日本精神に目覚めよ（30：25）」
- 桜内幸雄〔明治一三1880〜昭和二二1947〕「総選挙ニ際シテ（5：23）」
- 米内光政〔明治一三1880〜昭和二三1948〕「政府の所信（9：03）」
- 永井柳太郎〔明治一四1881〜昭和一九1944〕「普通選挙論（11：45）」「第二維新の理想（12：51）」「正シキ政党ノ進路（6：29）」「独善内閣勝つか国民大衆勝つか（5：43）」「強く正しく明るき日本の建設（5：35）」「逓信従業員諸君に告ぐ（6：54）」
- 秋田清〔明治一四1881〜昭和一九1944〕「皇軍感謝決議趣旨弁明（1：30）」
- 森恪〔明治一五1882〜昭和七1932〕「日本外交は何処へ行く（3：47）」
- 山道襄一〔明治一五1882〜昭和一六1941〕「地方政戦に直面して（7：17）」
- 鳩山一郎〔明治一六1883〜昭和三四1959〕「犬養内閣の使命（4：32）」
- 東條英機〔明治一七1884〜昭和二三1948〕「皇軍感謝決議に対する東條陸軍大臣謝辞（2：22）」「東條陸軍大臣閣下御訓示（6：37）」「大詔を押し奉りて（7：16）」
- 田澤義鋪〔明治一八1885〜昭和一九1944〕「国家の為に我々の為に（3：28）」「選挙の真精神（6：06）」
- 中野正剛〔明治一九1886〜昭和一八1943〕「総選挙と東方会（11：34）」「米英撃滅を重点とせよ（6：24）」「国民的政治力を集結せよ（7：00）」
- 重光葵〔明治二〇1887〜昭和三二1957〕「重光総裁（6：39）」
- 賀川豊彦〔明治二一1888〜昭和三五1960〕「恋愛と自由（6：51）」
- 麻生久〔明治二四1891〜昭和一五1940〕「新体制準備委員会委員の言葉（2：33）」
- 近衛文麿〔明治二四1891〜昭和二〇1945〕「新東亜の建設と国民の覚悟（13：44）」「時局に処する国民の覚悟（17：01）」「日独伊三国条約締結に際して（10：25）」

その他、講演者の生没年が不明の分
- 古田中博「東郷元帥（6：38）」
- 成瀬達「創業五十周年に際して（3：17）」「我等の信条（3：21）」「二十億円達成に際して（3：23）
- 橋本郷見「不動心（6：30）」

2

近世江戸語における指定表現の否定形
―― 近世上方語および近代東京語・京阪語との比較

岡部嘉幸

要旨

　本稿は、近世江戸語における指定表現の否定形態の特徴を、同時代の上方語や近代東京語と比較・対照することで、明らかにするものである。近世語資料としては『洒落本』を、近代語資料としては『近代SP盤落語レコード』文字化資料を主要調査資料として調査を行い、各期における指定表現の否定形態の実態を記述した。その結果、近世江戸語ではジャアネエという形態が一般的に用いられたことがわかった。近世上方語ではジャナイという形態が、近代東京語ではジャナイ・ジャネエという形態が一般的に用いられていたということと比較すると、指定辞部分にもっぱら長呼形（ジャア）を用いること、否定辞部分に音訛形（ネエ）を優先的に用いることが江戸語の特徴であると結論付けられる。

キーワード：江戸語　上方語　東京語　指定表現　否定形態

1. はじめに

　筆者は近世期江戸語に興味をもって研究をすすめているが、江戸語の特徴を考えるにあたっては、大きく二つの観点からの対照が有効だと考えている。一つは同時代の上方語との比較・対照という観点であり、もう一つは江戸語と文法体系の似通っている近現代の東京語との比較・対照という観点である。

　本稿は、指定表現の否定形態（たとえば、〜デナイ、〜ジャナイなどの形態）を対象として、上に述べた二つの観点から比較を行い、近世江戸語における当該形

式の特徴とはどのようなものだったのかを明らかにしたい[*1]。より具体的には、近世語資料である『洒落本』および近代語資料である『近代SP盤落語レコード』文字化資料を主要調査資料として用例調査を行い、それぞれ、近世の江戸語および上方語、近代の東京語および京阪語における指定表現の否定形態の実態を明らかにした上で、上記二つの観点から近世江戸語の指定表現の否定形態の特徴を明らかにしたいと考える。

調査対象として指定表現の否定形を取り上げるのは以下の理由による。

まず一つ目に、指定表現の否定形は形態的なバリエーションが豊富である。たとえば「犬だ」という指定表現の否定形としては「犬でない」の他、「犬ではない」（助詞ハの介入形）、「犬じゃない」（デハの融合音訛形[*2]）、「犬じゃねえ」（否定辞ナイの音訛形）などが考えられる。このうちのどれが江戸語において一般的に使用された形態なのかは気になるところである。

また、近世期において江戸語と上方語で使用される形態に相違があったことはよく知られている。たとえば、小松（1985）は「東西の相違として、断定のダとヂャが有名である。ヂャは、現在の京阪語では用いられないが、後期上方語では使われていた。江戸語では主として「ダ」を用いたが、少数ながらヂャも一定の範囲を守って使用された。打ち消しの助動詞に、江戸語では上方語と違って、ナイを使う。上方語と共通のヌ・ンの用法は、江戸語ではしだいに狭くなってく。」(pp.39-40)とし、指定辞にはダvs.ヂャ、否定辞にはナイ（ネエ）vs.ヌ（ン）という東西対立があったことを述べている。

それでは、指定辞と否定辞が組みあわされた指定表現の否定形態にはどのような東西対立があったのだろうか（あるいはなかったのだろうか）。管見のかぎり、この点について正面から取り上げた研究はそれほど多くないようである[*3]。この点からも指定表現の否定形を取り上げる価値はあるものと考える。

2. 調査対象と調査資料

本稿で調査対象とする指定表現の否定形態は、デナイ、デハナイ（助詞ハの介入形）、ジャナイ（デハの融合音訛・短呼形）、ジャアナイ（デハの融合音訛・長呼形）さらに、近代京阪語になって現れる[*4]ヤナイ、ヤアレ（ラ）ヘンおよび、以上の形態の否定辞部分が音訛したデネエ、デハネエ、ジャネエ、ジャアネエ、ヤ

ネエである。デハゴザリマセヌ、ジャアリマセンなど待遇的要素を含む形式に関しては調査対象から除外した。本稿の関心は、いわゆる「常体」において指定表現の否定形態として一般的に使用されるのはどの形態かということにあるからである。また、それぞれの形態には、「～でない。」のような現在形終止法の場合以外に、「～でなかった。」のような過去形終止法や「～でないが、…」、「～でなければ、…」のような非終止法（接続法）や「～でない［名詞］」のような連体修飾法などが存在するが、それらをすべて調査対象に含めた。なお、デナイカ、デハナイカ、ジャ（ア）ナイカの用例の中には、

（1）〈祝鶴〉新ぼう帰らう<u>じやアね</u>へか。行（いつ）てもよしか。
（『美地の蛎殻』安永8・江戸）

のように、動詞述語に直接接続し、聞き手への働きかけや確認要求などを表すものもあるが、これらの例についても今回の調査ではすべて用例として数えることとした。

次に、本稿における調査資料について述べる。近世期の資料としては、東西の比較が容易である『洒落本』を主要資料として用いる。『洒落本大成』所収の作品から、江戸を舞台とする洒落本（以降、江戸洒落本と呼ぶ）28作品、大阪を舞台とする洒落本（以降、大阪洒落本と呼ぶ）18作品、京都を舞台とする洒落本（以降、京都洒落本と呼ぶ）18作品、計64作品を取り上げ調査対象とした[*5]。その他、必要に応じて、滑稽本も参照した。

近代東京語および京阪語の資料としては、東京落語と上方落語の双方が収録されている『近代SP盤落語レコード』文字化資料を主要資料としたが、必要に応じて、明治・大正期の小説や戯曲も参照した。

3. 近世語における指定表現の否定形態の実態

本節では、近世語における指定表現の否定形態の使用状況を、江戸語と上方語にわけて見ていく。調査資料は、2. で述べたように洒落本64作品である。指定辞部分をデ、デハ、ジャ、ジャアの4つ（上方語の場合、これにヤを加えた5つ）に区別した上で、それぞれの否定辞部分を非音訛形ナイと音訛形ネエとに区別

して用例数を数えた。また、調査した作品は宝暦6（1756）年から嘉永6（1853）年までおおよそ100年の間に出版された作品であることから、作品群を便宜的に、Ⅰ期（宝暦～明和：1751-1771年）、Ⅱ期（安永：1772-1780年）、Ⅲ期（天明～享和：1781-1803年）、Ⅳ期（文化～文政：1804-1829年）、Ⅴ期（天保～嘉永：1830-1853年）に分けて、用例数を調査している。江戸洒落本の場合、Ⅰ期が4作品、Ⅱ期が18作品、Ⅲ期が1作品、Ⅳ期が5作品、Ⅴ期が「該当なし」となる。また、上方洒落本（大阪洒落本と京都洒落本を合わせてこのように呼ぶ）の場合、Ⅰ期が8作品、Ⅱ期が3作品、Ⅲ期が12作品、Ⅳ期が9作品、Ⅴ期が4作品（Ⅴ期はすべて京都洒落本）となる。

3.1　江戸語の場合

以上のような観点から江戸洒落本における指定表現の否定形態の用例数を調べたのが、表1である。

表1　江戸洒落本における指定表現の否定形態別用例数

	デ		デハ		ジャ		ジャア	
	ナイ	ネエ	ナイ	ネエ	ナイ	ネエ	ナイ	ネエ
Ⅰ期（4） 1751-1771	2	1	1		4			6
Ⅱ期（18） 1772-1780	8	3	8	1	10	4	15	45
Ⅲ期（1） 1781-1803	2				3			6
Ⅳ期（5） 1804-1829	7	1	3	1		1	1	26
Ⅴ期（0） 1830-1853	―	―	―	―	―	―	―	―
小計	19	5	12	2	17	5	16	83
総計	24		14		22		99	

※各期の横にあるカッコ内の数字は、その期に該当する作品数を表す。

この調査結果から見えてくることをまとめる。まず、指定辞部分に注目しよう。当代の指定表現の否定形態にはデ＋（ナイ／ネエ）のように、指定辞デが単独で使用される場合と、それに助詞ハが介入してデ＋ハ＋（ナイ／ネエ）となる場合、さらに、そのデハの部分が融合音訛を起こしジャ＋（ナイ／ネエ）あるいはジャア＋（ナイ／ネエ）となる場合とが存在する。デハ、ジャア、ジャという形態は助詞ハが融合しているか否かの違いはあるが、実質的にデに助詞ハが接続した形である。これらの形式について、表1を見ると、江戸語の場合、助詞ハが融合音訛し、その部分が長く発音される長呼形ジャアの使用率が他の2つよりもかなり高くなっていることがわかる。デハ＋（ナイ／ネエ）、ジャ＋（ナイ／ネエ）、ジャア＋（ナイ／ネエ）の全用例数は135例であるが、そのうち、99例がジャアの形態で使用され、その使用率は全体の73.3％である。また、デハの融合音訛という点に注目すれば、短呼形ジャの使用率は低く、圧倒的に長呼形ジャアが使用されている（使用率は81.8％）。

　次に、否定辞部分に注目してみよう。江戸語での使用率が高いジャアの否定辞部分は、ナイの音訛形であるネエの使用が圧倒的（使用率は83.8％）である。以上のことから、近世江戸語における指定表現の否定形態としては、以下に示すようなジャアネエという形が一般的であったと考えることができる。

（2）〈縫〉わつちかへちつとお障（さは）りもふしいせう〈東〉そんならかみさんじやアねへ姉（あね）さんあいをしてくんな
（『深川新話』安永8・江戸）

（3）〈鉄〉やかましいやらうだ。しかしおめへたちには猫（ねこ）に小判（こばん）じやアねへ。アノソレ何（なん）とかいつたツけな。
（『潮来婦志』文政12・江戸）

　ところで、江戸語において相対的に使用頻度の低いデ、デハ、ジャの否定辞部分に注目してみると、それぞれ、非音訛形ナイの使用が音訛形ネエの使用を上回っており、ジャアと対照的である。たとえば、ジャ＋（ナイ／ネエ）の全用例数は22例であるが、そのうち、ジャナイは17例で、全体の77.2％をしめる。ジャナイの用例17例の発話者に注目してみると、用例（4）のように江戸者を発話

者とする例もあるが、侍を発話者とするもの（用例（5））や「上方者」を発話者とするもの（用例（6））、さらに地の文の例（用例（7））などが多く見られ、全体として発話者が典型的な江戸者でない場合にジャナイという形態が用いられる傾向にあることがわかる[*6]。この点からも、逆説的に、当時ジャアネエという形態が江戸語における一般的な形態であったことが確かめられる。

（4）〈太〉コリヤ旦那一チごんもないぞ〈客〉ナニ〳〵おれでも声があツてふしを上手にけいこするとめツたにまけることじやない

『郭中奇譚』明和6・江戸）

（5）忠臣（ちうしん）の心にめんじて其（その）分（ふん）に差（さ）しおくケ（か）程（ほと）に存（ぞんす）る身どもを等閑（なをざり）にせらるゝは何（なに）とも其意（ゐ）得ぬ事じやないか　　　『南客先生文集』安永8・江戸）

（6）上がた店のむすこ雷義（らいぎ）といへるできぼし…【中略】…〈らい〉何女じやない。男しやはい手まへの手ににある男じや

『妓者呼子鳥』安永6・江戸）

（7）小めろどもさゝやきて。あれはいつぞや。ソレときうさんに付てきて。脇（わき）ざしをぬいて。七郎平のまねした人じやないかと。そしる

『風俗三石士』天明1・江戸）

3.2　上方語の場合

次に、上方洒落本における状況を見る。調査結果は表2のとおりである。

この調査結果から見えてくることをまとめる。まず、指定辞部分に注目する。デハ、ジャ、ジャアの使用割合を見ると、ジャという助詞ハの融合音訛・短呼形の使用が多く（使用率は76％）、ついでデハという非融合形の使用が多い（使用率は22.6％）[*7]。江戸語において使用率が高かった融合音訛・長呼形のジャアの用例はわずかに3例であり、さらに、そのいずれもが用例（8）に示すような江戸者の発話で用いられている。つまり、長呼形ジャアは上方語としてはほとんど用いられなかったと考えられる。

表2 上方洒落本における指定表現の否定形態別用例数

	デ		デハ		ジャ		ジャア		ヤ	
	ナイ	ネエ	ナイ	ネエ	ナイ	ネエ	ナイ	ネエ	ナイ	ネエ
I期(8)	3		7		19					
	1		10		1					
II期(3)			9		7					
III期(12)	2		6		47					
	8		7		20	1	1	1		
IV期(9)	1		5		43	1		1		
	6		5		29	1				
V期(4)	2		2		2					
小計	19	0	51	0	168	3	1	2	0	0
総計	19		51		171		3		0	

※各期の下にあるカッコ内の数字は該当する作品数を示す。
※各期の上段は大阪洒落本における用例数、下段は京都洒落本における用例数を示す。

(8) 隣坐敷(となりざしき)は江戸化言(なまり)の諸生(しょせい)。…【中略】…斑毛斎(はんもうさい)犬順(けんじゅん)。…【中略】…〈犬〉自慢(じまん)<u>じやアねエ</u>が。おいらはまた。さのみ男ぶりもゑいといふ<u>じやアない</u>がどうだか。
（『阿蘭陀鏡』寛政10・京都）

なお、ヤ＋（ナイ/ネエ）という形は調査の範囲では近世上方語に見られなかった。
　次に、否定辞部分に注目してみる。全体としていえるのは、どの形態においても音訛形ネエの使用がほとんど見られないという点である。ネエの形が現れるのは、ジャアという融合音訛・長呼形とジャという融合音訛・短呼形の場合であるが、前者については、すでに述べたように、江戸者の発話に現れるもので、上方語の例とすることはできない。また、後者についても、すべて以下に

示すような江戸者の発話内に現れるものである。よって、近世上方語においては、ネェという音訛形はほとんど用いられなかったということができる。

(9)〈江戸〉これ手前（てめへ）。そんなに肩（かた）を未（ひつじ）申（さる）の方（ほう）からちよんまげて。いきすじを鬼（き）もんからひつばつて御（ご）てへそうを。ならべたてる。こたアねへじやねいか。

(『北川蜆殻』文政9・大阪)

(10)爰（こゝ）に東都（とうと）浅草（あさくさ）辺（ほとり）の秋風（あきかぜ）なる者貧（ひん）を学（まな）ばんとして既（すで）に古郷（こけう）を去（さつ）て京師（けいし）に登（のぼ）る。…【中略】…。〈秋〉何さかくれるじやねヱが…

(『窃潜妻』文化4・京都)

以上から、近世上方語における指定表現の否定形態としては、以下に示すようなジヤナイという形態が一般的であったと考えられる。

(11)〈半〉どふして。おまへがたの来るところじやないもの

(『短華薬葉』天明6・大阪)

(12)〈亀〉わたしやちやらじやないしんけんじやへ（『箱まくら』文政5・京都)

3.3 近世上方語からみた江戸語の特徴

以上見たように、近世語においては、江戸語では、ジヤアネヱという助詞ハの融合音訛・長呼形にナイの音訛形ネヱが接続した形が一般的に用いられたのに対し、上方語では、ジヤナイという助詞ハの融合音訛・短呼形にナイという非音訛形が接続した形が一般的に用いられるという違いがあった。つまり、上方語と比較した場合、指定辞部分が長呼形になること、また、否定辞部分が音訛形になることが、江戸語の特徴であったということになる。

ここで述べた、江戸語ではジヤアネヱを用い、上方語ではジヤナイを用いるという認識は、当時の戯作者の中にもあったようである。たとえば、式亭三馬の滑稽本『浮世風呂』における指定表現の否定形態の分布状況を調査すると表3のようになる。

表3　『浮世風呂』における指定表現の否定形態別用例数

	総数
デハナイ	22
デハネエ	0
ジャナイ	17
ジャネエ	6
ジャアナイ	12
ジャアネエ	92
デナイ	19
デネエ	2

江戸洒落本の場合と同様、ジャアネエが多く使用されていることがわかる。ジャナイという形も17例使用されているが、このうちの16例は以下の用例に示すような上方者の発話内に現れる。つまり、戯作者としての三馬には、江戸者であればジャアネエ、上方者であればジャナイを使用するという使い分けの意識があったと考えられるのである。この点からも本稿で述べたことは妥当性を持つと思われる。

(13)　<u>かみ</u>「最（も）う百人一首（ひやくにんし）じや。アレハ首（し）<u>じやない</u>百人一（ひやくにん）、首（しゆ）じやはいな。」　　　　　（『浮世風呂』）

4. 近代語における指定表現の否定形態の実態

本節では、『洒落本』から約100年後の近代東京語および京阪語における指定表現の否定形態の使用状況を、『SP盤落語レコード』文字化資料を主要資料としてみていく。SPレコードには明治期に録音されたものと、大正期に録音されたものがあるので、明治期と大正期とに分けて用例数を示すこととする。

4.1　東京語の場合

近代東京語における使用状況は表4のとおりである。

表4　東京落語における指定表現の否定形態別用例数

	デ		デハ		ジャ		ジャア	
	ナイ	ネエ	ナイ	ネエ	ナイ	ネエ	ナイ	ネエ
明治期	16	1	13	2	45	64	17	13
大正期						5		1
小計	16	1	13	2	45	69	17	14
総計	17		15		114		31	

※この他に「ヤアラヘン」という大阪出身者の用例が1例ある。

　この調査結果から見えてくることをまとめてみよう。まず、指定辞部分に注目すると、デハ、ジャ、ジャアのうち、融合音訛・短呼形ジャが多く使用されていることがわかる(用例(14)(15))。デハ＋(ナイ/ネエ)、ジャ＋(ナイ/ネエ)、ジャア＋(ナイ/ネエ)の用例数の合計160例に対し、ジャ＋(ナイ/ネエ)の用例数は114例であり、使用率は71.2％となる。江戸語において、融合音訛・長呼形ジャアが72.7％と多く使用されていたのとは対照的である[*8]。また、用例(16)のように、同一の登場人物が短呼形ジャと長呼形ジャアを併用する例も確認された。

(14)「何を言ってやる、馬鹿野郎。キルイったって、材木じゃないよ。着類テェのは、身体へ着るもんだ」　　　(柳家小さん「花色木綿」明治44・東京)

(15)「馬鹿野郎、馬鹿にすんねェ。手前(てめえ)たちに、エーぐずぐず言われるようなお兄(あに)いさんじゃねえや。
　　　　　　　　　　　　　　　(柳家小さん「二階ぞめき」明治39・東京)

(16)「アッ、おやおや、オホホホ、お前はアノ、吉原の、夫婦約束…、小しんじゃないか。お前、亡くなったんじゃァないか」
　　　　　　　　　　　　　　　(三遊亭圓右「焙じ茶」明治44・東京)

　次に、否定辞部分に注目してみると、使用頻度の高いジャ＋(ナイ/ネエ)に関しては、音訛形ネエの使用が非音訛形ナイの使用に比べて若干優勢(使用率は60.5％)であるものの、江戸語ほどその差は顕著ではない(江戸語の場合、ネエ

の使用率が83.8％)。一方、相対的に使用頻度の低いデ、デハ、ジャアに関しては、デ、デハの場合、否定辞部分は非音訛形ナイが圧倒的に多く使用され、ジャアの場合、非音訛形ナイの使用が若干優勢(使用率は54.8％)という結果になっている。

以上のことから、近代東京語においては、ジャネエという形態が一般的に用いられたが、ジャナイという形もほぼそれと同じ頻度で併用されたと考えることができそうである。

ところで、落語における発話者は下町の人物であることが多く、これらの発話者の用例だけをもって、近代東京語の実態とするのはやや躊躇されるところがある。そこで、同時代の小説・戯曲における指定表現の否定形態の使用状況を、ジャ＋(ナイ/ネエ)、ジャア＋(ナイ/ネエ)に限って調査してみた。具体的には、雑誌『太陽』の明治34 (1901) 年から大正14 (1925) 年にかけて掲載された小説・戯曲[*9]で、東京(あるいは東京周辺)出身の作者が書いたものを選び、ジャ＋(ナイ/ネエ)、ジャア＋(ナイ/ネエ)の使用状況を調査した[*10]。調査資料は、内田魯庵(東京都出身、1868-1929)『投機』(『太陽』1901年5号)、巌谷小波(東京都出身、1870-1933)『喜劇　まぜっかへし』(『太陽』1909年1号)、長田秀雄(東京都出身、1885-1949)『戯曲　生きんとすれば―二幕―』(『太陽』1917年1号)、里見弴(神奈川県横浜市出身、1888-1983)『恐ろしき結婚』(『太陽』1917年4号)、三上於菟吉(埼玉県春日部市出身・1891-1944)『長篇小説　蛇人(第七回)』(『太陽』1925年9号)の5作品である。結果は表5のとおりである。

まず、指定辞部分に注目してみると、巌谷小波、長田秀雄、三上於菟吉はジャという短呼形のみを用いているが、内田魯庵と里見弴は、ジャとジャアの両方を併用し、かつ、長呼形ジャアをより多く使用している。なお、両形を併用する内田魯庵も里見弴も、以下に示すように、同じ発話者に短呼形と長呼形の両方を使用させている。

(17)『氣に入るやうにしてくれと云ふのぢやない。…』

(里見弴『恐ろしき結婚』・『太陽』1917年4号・発話者：A子爵)

(18)『…。柔順だと云ふことだけで愛が計れるものぢやアない。…』

(里見弴『恐ろしき結婚』・『太陽』1917年4号・発話者：A子爵)

表5 雑誌『太陽』小説・戯曲におけるジャ・ジャアの用例数

		ジャ		ジャア	
		ナイ	ネエ	ナイ	ネエ
内田魯庵	1901年5号	8		17	
巖谷小波	1909年1号	6			
長田秀雄	1917年1号	26			
里見弴	1917年4号	2		25	
三上於菟吉	1925年9号	6			
	小計	48	0	42	0
	総計	48		42	

　総数としてもジャとジャアにそれほど大きな差はなく、『SP盤落語レコード』の調査とはやや異なる結果になっている。しかし、すべての作者がジャという短呼形を使用しているということを考えると、この時期において短呼形ジャは長呼形ジャアに比べてより一般的な（あるいは優勢な）形態だったと判断してよいように思われる。

　次に、否定辞部分を見てみると、『SP盤落語レコード』とは異なり、音訛形ネエが一切使用されていないという結果になっている[*11]。

　以上の調査結果と『SP盤落語レコード』の調査結果を考え合わせると、この時期の東京語の指定表現の否定形態について以下のように結論づけられるのではないかと考える。

　まず、指定辞部分については、短呼形ジャの使用が優勢であったが、江戸語以来の長呼形ジャアも使用されない訳ではなく、この時期は長呼形ジャアから短呼形ジャへの変化の過渡期であったと考えられる。次に否定辞部分については、非音訛形ナイと音訛形ネエとが併用され、どちらかの形態がより一般的だったということはできないと思われる[*12]。つまり、近代東京語における指定表現の否定形態としては、ジャナイ・ジャネエという形がより一般的な形として用いられたが、ジャアナイ・ジャアネエという形も劣勢ながら用いられたということになる。

4.2 京阪語の場合

　この節ではごく簡単に近代京阪語の状況を『SP盤落語レコード』を資料に確認しておきたい。調査結果は以下の表6のとおりである。

表6　上方落語における指定表現の否定形態別用例数

	デ		デハ		ジャ		ジャア		ヤ	
	ナイ	ネエ	ナイ	ネエ	ナイ	ネエ	ナイ	ネエ	ナイ	アラ(レ)ヘン
明治期	5				9				11	1
大正期			1		10				42	4
小計	5	0	1	0	19	0	0	0	53	5
総計	5		1		14		0		58	

※この他にジャアラセンという形が1例ある。

　まず指定辞部分について見る。融合音訛・短呼形ジャが使用され、融合音訛・長呼形ジャアが使用されないという点は近世上方語と同様である。また、ヤ+（ナイ/アレヘン/アラヘン）という新しい形態の使用が見られ、用例数としてはジャの使用数を上回っている[*13]。

　否定辞部分についてみると、近世上方語と同様、音訛形ネエは使用されず、すべて非音訛形ナイが使用されている。なお、アラヘン・アレヘンの用例数は調査の範囲では5例と少ない。以下、ジャナイ、ヤナイ、ヤアラヘンの例を示しておく。

(19)　「降るような日和<u>やない</u>、ちゅうたやないかい」「さあ、降るような日和<u>じゃない</u>によって、傘を持って行きゃっしゃれ」

(林家染丸「日和違い」大正12頃・大阪)

(20)　生でバリバリバリッとやって御覧（ごろう）じ（ろ）。口も腹も喉も、えぐうてえぐうて、たまるやつ<u>やない</u>。　（桂枝雀「芋の地獄」明治42・大阪)

(21)　な、けどなあ、番頭、まあ、そこへ座りィ。これは決して、のろけ<u>やあらへん</u>で、まあ話や、聞いとくれ。（林家染丸「電話の散財」大正12・大阪)

以上の結果から、近代京阪語においては、近世上方語の典型的な指定表現の否定形態であるジャナイが勢力を維持しつつ、新形ヤナイが勢力を伸ばしつつある状態であったことが確かめられた。

4.3　近代東京語から見た近世江戸語の特徴
　すでにみたように、近世江戸語においては、ジャアネエという形態が一般的に用いられた。一方、近代東京語では、ジャネエとジャナイが一般的な形態として併用されていたと考えられる。したがって、近代東京語と比較した場合、指定辞部分が長呼形ジャアになること、また、否定辞部分が音訛形ネエに特化していたことが、江戸語の特徴であったということになる。

5.　まとめと今後の課題
　以上、簡単にではあるが、近世上方語および近代東京語と比較・対照することで見えてくる近世江戸語における指定表現の否定形態の特徴を述べてきた。この節では、ここまで述べてきたことを、指定表現の否定形態の東西対立という観点から捉え直しておきたい。
　近世語の指定表現の否定形態については、

	東		西
①指定辞部分	ジャア	⇔	ジャ
②否定辞部分	ネエ	⇔	ナイ

という二つの対立軸（①、②）からなる東西の形態対立が存在していたと捉えることができる。しかし、近代に入ると東においても次第に融合音訛・短呼形ジャが優勢的に用いられるようになり①指定辞部分の対立軸が消滅していったと考えられる。一方、②否定辞部分の対立軸は、西では音訛形ネエを使用しない、東では音訛形ネエを使用する（が非音訛形ナイも併用する）という緩やかな形での対立として残存したと考えられる。このことは近代になって短呼形ジャが近世期に持っていた上方語的な性格をもつ形式ではなく、東でも西でも用いら

れる標準語的な性格（あるいは東京語的な性格）を持つ形式として捉え直されたということを意味すると考えられる。そして、ジャが標準語的（あるいは東京語的）な性格をもつ形式として意識されたことが、近代京阪語において、新たにヤナイやヤアラヘン・ヤアレヘンなど、指定辞部分にヤという形式を含む指定表現の否定形式を生み出す一つの契機になったのではないだろうか。

　以上、非常に大雑把ではあるが、東西の比較が可能である『洒落本』と『SP盤落語レコード』を主要な調査資料として、対照的な観点から近世江戸語における指定表現の否定形態の特徴と、近世から近代にかけての指定表現の否定形態の東西対立の変遷について述べた。しかし、積み残した問題も多い。第一に、本稿では調査対象から除外した待遇的要素を含む指定表現の否定形態の状況はどのようになっているのか。これについては稿を改めたいと思う[*14]。また、根本的な問題として、近世江戸語から近代東京語にかけて指定辞部分がジャアという長呼形からジャという短呼形に変化した理由も考えなければならない。この点について、現時点で答える術を筆者は持ち合わせない。今後の課題としたい。さらに、注12でも述べたが、近代東京語における指定表現の否定形態として、ジャナイとジャネエが併用されたとして、この二つの形式の間に何らかの使い分けはなかったのか（たとえば、発話者の階層や属性による使い分けなど）という問題もあるがこれには触れることができなかった。この点についても今後の課題としたい。

注

1 ）岡部・村上（2012）では、洒落本を調査資料として、江戸語と上方語との比較を行い、上方語ではジャナイ、江戸語ではジャアネエ（ナイ）という形態が一般的であったことを示した。その意味において、本稿は岡部・村上（2012）の調査結果の再検証という側面も有する。

2 ）さらに、融合音訛形が長呼形（ジャア）か短呼形（ジャ）かという違いも存在する。この点は本稿における大変重要なポイントになるので、後に詳しく述べる。

3 ）すでに述べたように、岡部・村上（2012）ではこの問題を取り上げている。また、小松（1974）は、助詞連接上における音節の融合転訛というより大きな視点から、融合音訛形が長呼形（例えば、ジャア）となることが江戸語の特色であることを指摘している。また、小松（1985）33頁から34頁の記述からも、江戸語ではデハの融合音訛

形としてジアアという長呼形が用いられ、上方語ではジャという短呼形を用いられるということを読み取ることは可能である（ただし、その旨が明言されているわけではない）。

4）京阪語におけるヤの成立と使用の拡大についての詳細については、前田勇（1952）、金澤裕之（1998）、村上謙（2013）などを参照のこと。

5）具体的な作品名については、論文末の［調査資料一覧］をご参照いただきたい。なお、用例調査にあたっては、国立国語研究所が構築中の『洒落本コーパス』の試作テキストデータを、国立国語研究所のプロジェクト共同研究員の立場で、利用させていただいた。記して、感謝申し上げる。

6）デハナイ、デナイの用例については検討していない。今後の課題としたい。

7）村上（2013）も参照。

8）本調査資料は、SP盤落語レコードの音声を聞き取って文字化したものである。長呼形ジアアか短呼形ジャかというのは、相対的な差であって、文字化の際にどちらとして聞き取るかという点に聴取者の判断が大きく関わってくる。現代標準語においてはジャナイという短呼形が一般的であり、ジアアナイという長呼形があまり用いられないという環境においては、あからさまに長呼であるものを除いては、すべて短呼形として聞き取られたという可能性も否定できない。本調査資料において、ジャという短呼形が多い理由はその点にあるかもしれない。そこで、該当する用例についてすべて筆者は実際の音声を聴取してみた。その結果、当該資料で短呼形とされている用例は、筆者の感覚においては、すべて短呼形と認定できる（長呼形としなくても問題ない）例であると確認できた。実際の音声聴取に際しては、金澤裕之先生に多大なご配慮をいただいた。記して御礼申し上げる。

9）主に東京を舞台とし、発話者も東京語を話していると推定できるものを選んだ。ただし、三上於菟吉『長篇小説　蛇人（第七回）』のみは千葉県銚子市を舞台としている。

10）調査にあたっては国立国語研究所編『太陽コーパス』を使用した。

11）ただし、雑誌『太陽』掲載の小説・戯曲等全体の用例の中には、ジアアネエやジャネエの例が少なからず見受けられるので、当時、これらの形が小説・戯曲等で使用されなかった訳ではないと思われる。

12）発話者の階層や属性によってナイとネエの使い分けがあったという可能性を考えることができるが、この点については今後の課題としたい。

13）京阪語におけるジャからヤへの変化の様相とその原因については、村上（2013）が詳細に論じている。ご参照いただきたい。

14）この点に関しては、本稿脱稿後に岡部（2019）で少しく述べた。あわせてご参照いただけると幸いである。

参考文献

岡部嘉幸・村上謙（2012）「デハナイ、デナイ、ジャナイ ―近世における否定表現一斑―」『通時コーパスプロジェクト・オックスフォード大VSARPJプロジェクト合同シンポジウム予稿集』

岡部嘉幸（2019）「洒落本の江戸語と人情本の江戸語―指定表現の否定形態を例として―」『国語と国文学』96-5

金澤裕之（1998）『近代大阪語変遷の研究』（和泉書院）

小松寿雄（1974）「『一読三歎 当世書生気質』の江戸語的特色」『埼玉大学紀要（教養学部）』9

小松寿雄（1985）『江戸時代の国語　江戸語』（国語学叢書7、東京堂出版）

前田勇（1952）「指定助動詞「や」に就て」『近畿方言』12

村上謙（2013）「ジャからヤへ―明治大正期関西弁指定表現体系における「標準化」の影響―」『近代語研究　第十七集』（武蔵野書院）

[調査資料一覧]（SP盤落語レコードについては省略）

○洒落本：【江戸】郭中奇譚（明和6）、南江駅話（明和7）、両国栞（明和8）、侠者方言（明和8）、南閨雑話（安永2）、婦美車紫鹿子（安永3）、寸南破良意（安永4）、甲駅新話（安永4）、当世左様候（安永5）、ことぶき草（安永6）、北遊穴知鳥（安永6）、妓者呼子鳥（安永6）、三幅対（安永7）、南客先生文集（安永8）、深川新話（安永8）、美地の蠣殻（安永8）、酔姿夢中（安永8）、多佳余宇辞（安永9）、芳深交話（安永9）、遊婦里会談（安永9）、真女意題（安永10）、雲井双紙（安永10）、通人三国師（天明1）、花街鑑（文政5）、青楼女庭訓（文政6）、花街寿々女（文政9）、潮来婦志（文政12）、潮来婦志後編（文政13）【大阪】穿当珍話（宝暦6）、月花余情（宝暦7頃）、新月花余情（宝暦7）、聖遊廓（宝暦7）、陽台遺編・妣閣秘言（宝暦8）、異本郭中奇譚（明和末頃）、短華蘂葉（天明6）、左登能花（寛政以降）、北華通情（寛政6）、粋のすじ書（寛政6）、十界和尚話（寛政10）、南遊記（寛政12）、なにはの芦（文化4？）、一文塊（文化4）、水の行すえ（文化12）、粋の曙（文政3）、北川蜆殻（文政9）、色深狭睡夢（文政9）【京都】原柳巷花語（宝暦頃）、夢中生楽（宝暦頃）、無論里問答（安永5）、風流裸人形（安永8）、虚辞先生穴賢（安永9）、うかれ草紙（寛政9）、阿蘭陀鏡（寛政10）、身体山吹色（寛政11）、昇平楽（寛政12）、後涼東訛言（享和2）、嘘之川（享和4）、窃潜妻（文化4）、誰か面影（文化9）、箱まくら（文政5）、興斗月（天保7）、思増山海の習草紙（天保10）、風俗三石士（弘化1）、千歳松の色（嘉永6）（以上、『洒落本大成』による）

○滑稽本：浮世風呂（文化6-文化10）（岩波書店『日本古典文学大系』による）

○雑誌『太陽』（国立国語研究所編『太陽コーパス』による）

付記　本稿は、科学研究費補助金（基盤研究(C)課題番号18K00606）による研究成果の一部である。

3

SP盤落語レコード資料に用いられた語彙の「近代性」

小野正弘

要旨

　SP盤落語レコード資料に用いられた語彙について、録音された時期と、それが用いられ始めた時期との差を求めながら、そこにどのような「近代性」が見出されるのかを調査・考察した。その結果、録音された時期と用い始められた時期の差が50年以内の語群には、総じて、いかにも近代的な文物や概念を表わす語とともに、近代発の生き生きとした口頭語を含んで現代語の先駆けとなっている語が共存していることが分かり、改めて、本資料の有用性が確認された。

キーワード：近代語彙・使用の時代差・口頭語・語種・『日本国語大辞典』第二版

1. はじめに

　SP盤落語レコード資料（以下、「落語SP」と略記）が作成された近代は、言うまでもなく、他ならぬ落語SPをも含む新しい文物や概念が生み出された時期でもあった。また、落語は、古典落語の場合でも、マクラなどに、その当時流行しているものや話題となっているものを巧みに取り入れることが知られている。もちろん新作落語ともなれば、当代のものを取りこんだ噺になることもごく普通である。そこで、本稿では、落語SPに用いられた語の中に、どのように近代性が反映されているかを探ることを目的とする。

　なお、落語SPの語学的研究といえば、従来は、音声資料であるための当然

の方向だったといえるが、例えば、清水康行（1982・1985）等に見られるように、発音上の特徴を記述・分析するといった方向性が強く、使用されている語がどのような性格であるかという点については、まだまだ十分な分析が行われていなかったと思われる。

2. 方法

例えば、次のような件りがあるとする。

（1）こないだも、エー上野公園へ運動に行って御馳走をするからと言うから、全くだと思うてェと、エー宝丹水(ほうたん)の施しをたんと食らえという、ああいうことでは誠に困りますんで（三遊亭圓遊「成田小僧」1903）

このなかの、「(上野)公園」という語は、『日本国語大辞典』第二版（以下「日国第二版」と略記。なお、Japanknowledgeの検索システムを利用した）で確認すると、渋沢栄一「航西日記」1867からの例が掲載されている。とすれば、「成田小僧」が録音された1903年との差は36年ということになる。すなわち、概略、36年前の語が用いられているわけである[*1]。

一方、「運動」という語を日国第二版で確認すると、〈物体が時間とともに位置を変えること〉という意味では「禅竹伝書―六輪一露之記注」1456から、〈健康のために体を動かすこと〉という意味では「養生訓」1713から用いられている。が、(1)の例は、そのような意味で解釈しようとすると違和感がある。ここで、さらに日国第二版を閲していくと、〈散歩すること〉といった意味で用いられていたことが分かり、それは(1)の「運動」をうまく説明できる。そして、この意味の初出例は、歌舞伎「川中島東都錦絵」1876である。とすれば、この「運動」は、意味から言うと、27年前から用いられていた語ということになるが、語自体は前述のように1456年から、すなわち447年前からあるということになる。

ただし、こんなに単純なものばかりではない。例えば、「電気」という語は、

（2）エーまず、ガスも電気もランプも行灯(あんどん)もローソクも点けないで、明る

くなるでげす　（三遊亭圓遊「郭巨の釜の唄」1903）

のように用いられている。ここでの「電気」は、あとで「明るくなる」といっていることから、〈放電や電流などのエネルギー現象〉という一般的な意味ではなく、〈電力によって発光する機器〉すなわち〈電灯〉の意味で用いられていると判断される。そこで、日国第二版を閲すると、〈電灯〉の意味での例は、「夏目鏡子宛夏目漱石書簡―明治三四年三月八日」1901の例が挙げられている。一方、〈放電や電流などのエネルギー現象〉のほうは、「遠西奇器述」1854〜59の例があるので、これは意味変化した例に属する。ただし、〈電灯〉のほうには「「でんきとう（電気灯）」の略」ともあるので、「電気灯」も閲すると、「朝日新聞―明治一二年一二月二七日」1879の例が挙げられているので、元になった語と比較すると24年の差になる。今回は、あくまでも「電気」という語形のみに着目して、録音年1903から〈電灯〉の意味の初出年1901を引いた２年を、使用年の差と認定する。なお、さらにいえば、〈電灯〉には事物としての起源があり、それが出現した時期と、落語SPに録音された際に使用された時代との幅を見るという考えかたもありえ、そのほうが文献に採用された用例という不安定なものよりも、確実な年代幅が求められる。しかし、事物であればある程度その起源は求められるが、新しい概念などは、同様のものを求めることは難しい。そこで、今回は、日国第二版を統一基準として、あくまでも、この範囲（制約）のなかで考察を進めていくことにする。

　本稿では、このような計測を重ねながら、落語SPに用いられている語が、どれほど前から用いられているかによって階層化して、その特徴を見出そうとするものである[*2]。なお、今回は、対象を「東京資料」のみにとどめ、「大阪資料」との本格的な比較は、日を改めることにしたい。

3．分析と考察
3.1　時代差10年以内の語群

　まず、録音年とほぼ同時代の語がどれぐらいあるのかを見るため、録音年と「日国第二版」初出例の差が10年以内のものを取り出すと、次の30語になる。

1 　勘定　威張(えば)る
2 　電気
3 　おとこっぷり
4 　半値段　ぼんやり　ぽちゃぽちゃ　母(かあ)ちゃん
5 　鉄道会社　天狗煙草　乱暴　露探　お目通り
6 　電車　専売局
7 　立ち話　交番　嫉妬深い　貧乏性　カーキ色　受領書　頭取　せいせい　実際
8 　お節介　警察
9 　売り出し　改良服
10　面倒くさい　ビューティフル　　[数値は、録音年から初出年を引いたもの]

　一見して、予想通りという感覚とともに、意外の感にも打たれるのではないだろうか。たしかに、「電気」「鉄道会社」「天狗煙草」「露探」「電車」「専売局」「交番」「カーキ色」「受領書」「頭取」「警察」「改良服」「ビューティフル」等は、近代になって生まれた事物や制度、概念を反映して、いかにも近代的な語であると言えそうである*3。例えば、「天狗煙草」は、明治10年（1877）に発売された日本初の紙巻き煙草であるし、「交番」も近代になって設けられた施設である。
　しかし、それだけではない。一方で、「おとこっぷり」「ぼんやり」「母ちゃん」「立ち話」「嫉妬深い」「貧乏性」「お節介」「売り出し」「面倒くさい」のような、現代語においても、ごく口頭語的な語が含まれていることも目に付く。また、現代では「半値」といわれるものが、当時では「半値段」といわれていたことも分かる。このような語は、果たして、この時期に新たに生み出された語であったのだろうか。

3.1.1

　そこで、これらの語が、この当時に生み出されたものなのか、それとも、この時期に意味変化を生じて、新たな意味が形成されたものなのかを区別してみる。日国第二版で、当該用法しか存在しないか、または、当該用法以外のものがあってもそれより古い用法が見出せないという条件を満たすものは、次の19

語である。

　　威張る　おとこっぷり　半値段　母ちゃん　鉄道会社　天狗煙草
　　露探　電車　専売局　立ち話　嫉妬深い　貧乏性　カーキ色　受領書
　　せいせい　お節介　改良服　面倒くさい　ビューティフル

　例えば、「おとこっぷり」だと、落語SPは快楽亭ブラック「江戸東京時代の噺」1903に録音、日国第二版は初代三遊亭金馬「両手に花」1900が初出、「半値段」だと、落語SPは三代目柳家小さん「山号寺号」1911に録音、日国第二版は泉鏡花「婦系図」1907初出となる。ただし、例えば、「威張る」の場合、「いばる」であれば、日国第二版初出は「雑俳・芥子かのこ」1716〜36なのであるが、落語SPの四代目橘家圓喬「角力の咄」1903における「えばる」だと、内田魯庵「社会百面相」1902であることを反映している場合もある。

　さしあたり、上記の語が、この時期に生まれ、そして、最先端の語として落語SPに取り込まれたものの候補となる。それにしても、例えば、「母ちゃん」とか、「貧乏性」「せいせい（する）」「立ち話」「お節介」「面倒くさい」のような生き生きとした口頭語と見られるものが、もし、この時期に生まれたものとして間違いなければ、興味深い。けれども、一方では、生き生きとした口頭語は、実際に行われていたとしても文献にすくい取られにくいという事情も考慮しておく必要があろう。本当はもっと以前にあったものが、近代の文献で初めて掲載された可能性もあるからである。したがって、これらは、そのような問題をも提起する語群であるとも位置づけられよう。

　次に、この時期以前に語そのものはあるけれども、用いられている意味が異なるという場合を見てみたい。そのとき、噺に用いられた意味と、最も古い意味との年代差も併せみる。その例は、11語ある（数字は、最も古い意味の用例年から、録音年を引いた値）。

　　勘定1139　実際620　ぽちゃぽちゃ301　頭取277　ぽんやり215
　　お目通り215　売り出し212　交番67　乱暴63　電気49　警察26

これを見ると、最も年代差が開くのは、「勘定」である。「勘定」は、日国第二版によれば、「続日本紀―天平宝字八年七月丁未」764の例から見える。このときの意味は、〈いろいろと考え合わせて判断すること〉の意である。落語SPの例は、三代目柳家小さん「豊竹屋」1903のもので、

（3）わしの方も出鱈目の浄瑠璃、お前さんの方から何か言ってくれなきゃァ、こちらでつまり語れないとこういったような勘定で

という例である。これは、日国第二版に照らすと、「いろいろな事情を考え合わせて出る結論。わけ。活用語の連体形や「…という」の形を受けて用いられる。」の例に当たる。この意味の例は、日国第二版では、国木田独歩「酒中日記」1902の例なので、3.1に示したように、年代差は1ということになる。
　また、上記のリストの中で、やや意外なものの一つは「頭取」である。これは、いかにも近代の銀行制度を反映するように思われるが、この語自体は、古くは〈武士の頭領〉という意味で、「三河物語」1626に用例がある。落語SPの例は、快楽亭ブラック「孝子の人情噺」1903の、

（4）かねて申し上げました通りに、岩出茂雄という銀行の頭取、紙入れ盗まれたことについて、証人として警察呼び出されますと、

のように、近代の〈会社や銀行の主席の取締役〉の意で用いられている。この意味における日国第二版の初出例は「大新ぱん浮世のあなさがし」1896なので、年代差は7年ということになるが、そもそもの語自体の用例との年代差は277年ということになる。さらにもう一つ意外なものを挙げると、「交番」である。「交番」は、本来は文字通りの〈交代で事に当たること〉という意味であって、「交番する」というサ変動詞でも用いられていた。日国第二版には、「江戸繁昌記」1832〜36の例がある。落語SPでは、六代目朝寝房むらく「士族の商法」1903に、

（5）ああ、番地その他を聞くなら、向こうの交番で聞け

という例があり、これは、〈警官の詰め所〉の意である。この意味での日国第二版の例は樋口一葉「たけくらべ」1895〜96の例であり、年代差は7年になる。ちなみに、〈警官の詰め所〉の意味の「交番」は日国第二版では「「こうばんしょ（交番所）」の略」とされ、「交番所」の例は歌舞伎の「三題噺魚屋茶碗」1882が挙げられている。これだと録音年との差は21年となる。

3.1.2

　さて、近代の語彙の出自的特徴として挙げられるのは、漢語である。池上禎造（1957）にも、

> 文明開化は西洋の風習や文物をとりいれることである。しかるに言葉に関してだけは、文脈は勿論、単語も初めから西洋のはそう優勢にならなかった。まず漢語の流行を見るのである。

と述べられている。
　そのような目で、3.1に挙げた30語を見るとどうなるか。

```
和　語9　威張る　おとこっぷり　ぼんやり　ぽちゃぽちゃ　母ちゃん
　　　　　お目通り　立ち話　売り出し　面倒くさい*4
漢　語15　勘定　電気　鉄道会社　天狗煙草　乱暴　露探　電車　専売局
　　　　　交番　貧乏性　受領書　実際　せいせい（清清）　警察　改良服
外来語1　ビューティフル
混種語5　半値段　嫉妬深い　カーキ色　頭取　お節介
```

　以上のように、たしかにちょうど半数に達してはいるが、和語に比して圧倒的に優位なわけでもない。けれども、こうして漢語だけを抽出してみれば、池上（1957）にいう「西洋の風習や文物」という特色が現れているようにも思われる。
　次に、このような語をよく用いる噺家というものがあるのかどうかを確認する。上記の語を使った噺家が誰であるのかを見てみると、次のようになる。

三代目柳家小さん	9	売り出し　お節介　勘定　詐欺　立ち話　半値段　面倒くさい　乱暴　露探	
快楽亭ブラック	7	おとこっぷり　お目通り　母ちゃん　警察　実際　せいせい　頭取	
四代目橘家圓喬	4	威張る　嫉妬深い　貧乏性　ぼちゃぼちゃ	
柳家小せん	4	カーキ色　改良服　受領書　専売局	
三遊亭圓遊	3	鉄道会社　電気　電車	
六代目朝寝房むらく	2	交番　ビューティフル	
四代目柳亭左楽	1	天狗煙草	
三遊亭圓右	1	ぼんやり	

　こうしてみると、誰かに集中しているというわけではなさそうだが、三代目柳家小さんと快楽亭ブラックは、比較的最近の言葉を用いている、といえそうである。特に、快楽亭ブラックは、イギリス人であることを勘案すると、当代の言葉によくアンテナを張っていたといえるのではないだろうか。

3.2　時代差11〜30年の語群

　次に、録音年と日国第二版初出年の差が、11年以上30年以内の語を見てみたい。30年以内とした理由は、1世代といえば30年を指し、世代が変われば言葉も変わるといわれることと、録音年のほぼ30年前が、明治の始まりであるということによる。つまり、次の語群が、日国第二版では、明治期からの用例（意味上の）があるということになる。3.1のように、1年刻みにはせず、10年刻みにして示すと、次の通りになる（なお、配列は、録音年に、より近い順にして、同じ語が現れる場合は、もっとも近い時期のものだけを残して、異なり語数を求めている）。

　　［11〜20年］51語
　　特長　対等　買いかぶる　電話　電車　フェイス　修業　王様　梶棒
　　水道　売り物　面食らう　ベル　おじいさん　ご免下さい　通りすがる
　　呼吸　ぽかりぽかり　やり損ない　斥候兵　サーベル　オムレツ
　　カツレツ　郵便屋　真似方　ころころ　蓄音機　工学　ウーマン　非常

なんだかんだ　のべつ　夢中　稼業　紙入れ　花魁　空き樽買い
ポーン（擬態語）　新体詩　角店　若大将　見込み　一般　満員　月形
金ボタン　バイオリン　レール　親不孝　書生　鮪包丁

［21〜30年］57語
野暮用　桂(けい)（将棋の駒）　世界　俥屋　つまらない　手続き　すみません
処理　のぼせ症　号令　官吏　賛美歌　紙入れ　どうも　召喚状
ライスカレー　ダイヤモンド　警察　かっぽれ　番地　旦的　軍歌　運動
幼稚園　ガス　お巡りさん　売り上げ　酔っ払う　生意気　適宜　開化
演説　忘れ物　奮発　呼出状　睨めっこ　蝶蝶髷　裁判　軍人
鍋焼きうどん　ドン　号砲　ポーン　習慣　角灯　外人　盗難届け　代理
汽車　体裁　時間　原告　唱歌　証人　懲役　内国勧業博覧会　被告

　この語群を見ても、3.1におけるものと同様の感想を持つのではないかと思われる。すなわち、「電話」「斥候兵」「サーベル」「オムレツ」「カツレツ」「郵便屋」「蓄音機」「工学」「新体詩」「バイオリン」「レール」「書生」「俥屋」「ライスカレー」「ダイヤモンド」「警察」「軍歌」「幼稚園」「ガス」「開化」「演説」「裁判」「軍人」「ドン」（正午の「号砲」）「汽車」「唱歌」などは、いかにも近代の概念や文物と思われる一方[*5]、「面食らう」「おじいさん」「ご免下さい」「ころころ」「なんだかんだ」「のべつ」「夢中」「若大将」「親不孝」「野暮用」「つまらない」「すみません」「お巡りさん」「睨めっこ」「鍋焼きうどん」「盗難届け」などは、極めて口頭語あるいは日常的な言葉なのである。そういったものが混在しているのは、一見奇妙だが、むしろ、近代は、単に新しい概念や文物を生んだ時代だけなのではなく、現代の生き生きとした言葉を準備した時代なのでもあると考えたほうがいいのではなかろうか[*6]。そして、まさにこの時期の落語（いや、むしろ、「落語とは」、と一般的にいうべきか）は、その新しく生き生きとした言葉を用いて演じられたのである。

3.2.1
　上記の語群が、それでは、当代において生まれたものなのか、それとも以前からあったものが、新たな意味を獲得したものなのかについて、見てみたい。

まず、当代に生まれた（可能性の高い）語は、次の通りである（50音順）。

[11～20年] 35語
空き樽買い　ウーマン　オムレツ　親不孝　買いかぶる　稼業　カツレツ
角店　金ボタン　工学　サーベル　修業　書生　新体詩　斥候兵　対等
蓄音機　電車　電話　通りすがる　特長　なんだかんだ　のべつ
バイオリン　フェイス　ベル　ポーン　ぽかりぽかり　鮪包丁　満員
面食らう　やり損ない　郵便屋　レール　若大将
[21～30年] 27語
お巡りさん　角灯　かっぽれ　汽車　伸屋　軍歌　警察　賛美歌　召喚状
処理　ダイヤモンド　代理　旦的　蝶蝶髷　盗難届け　鍋焼きうどん
生意気　睨めっこ　のぼせ症　番地　ポーン　野暮用　幼稚園　酔っ払う
呼出状　ライスカレー　忘れ物

　具体的な語を指摘はしないが、やはり、3.2で述べたような、いかにも近代の概念や文物に属するものと、口頭語あるいは日常的な概念に当たるものとが混在していることが見てとれよう。個々の用例を確認していくときりがないが、若干のコメントをすると、まず、「なんだかんだ」などがこの時期にあるのは、不思議な感じもする。落語SPの具体例は、四代目橘家圓喬「三題咄　佃島・三月節句・囲者」1903にある。

（6）ごくこの嫉妬深いご新造(しんぞ)があります。それに女中が一人ついて、これがマァなんだかんだとやるのでげすが。

　日国第二版の初出例は、饗庭篁村「当世商人気質」1886であるから、年代差は17年である。また、「睨めっこ」は、快楽亭ブラック「江戸東京時代の噺」1903に見え、

（7）「サァ、お前の方には斬り道具があっても、こっちの方には飛び道具だ」二人の方で、まるで睨めっこをして、通りすがるような有り様だ。

のように用いられている。日国第二版の初出例は、仮名垣魯文「西洋道中膝栗毛」1876であるから、年代差は27年ということになる。なお、「睨めっこ」は、その以前には、「睨めっくら」（日国第二版の初出例は、洒落本「品川楊枝」1799）、「睨みくら」（同じく、洒落本「魂胆惣勘定」1754）などの言いかたがあり、これで見ると、「睨めっこ」は新しい語形であることが分かる。

次に、近代に意味変化を起こした語で、古くから存在する語を確認すると次の通りである（いずれも、録音年から最古年を引いた値が100年以上のものに限定した）。

[11〜20年]
非常1149　夢中1090　一般1003　呼吸846　真似方781　売り物682
ころころ640　月形446　水道441　見込み224　紙入れ221　王様200
梶棒137　花魁133　ご免下さい101

[21〜30年]
軍人1185　号令1154　官吏1152　世界1085　唱歌1011　演説919　証人919
外人904　裁判880　桂731　体裁543　運動447　奮発426　俥屋353
つまらない240　紙入れ229　どうも199　売り上げ158　済みません111

こうしてみると、「水道」「軍人」「号令」「官吏」「唱歌」「演説」「外人」「裁判」「運動」のような、一見いかにも近代の風習や文物を表わしているような語が、実は古くからあったことが確認される。近代は、このような古くからの語に新しい概念を担わせて鋳直したものが用いられていたわけである。また、「ご免下さい」「すみません」のような挨拶言葉も、実は起源が古く、この近年になって意味変化を起こしたものであったということになる。いくつか落語SPの用例を引くと、「水道」の例は、三遊亭圓遊「太鼓の当込」1903に、

（8）また落ちてた、大きな敷布団が一枚落ちてたと思ったら、水道(すいど)の蓋でございますよ、ヨイトサ。

という例がある[*7]。この〈近代的な飲料水配給施設〉の意の例は、日国第二版では、「水道条例（明治二三年）」1890が引かれるから、その差は13年であるが、〈水

の流れる筋道〉(「紀伊水道」などというときのもの)という意味では、「蔭凉軒日録―寛正三年六月八日」1462の例が引かれるから、その差は441年ということになる。また、「ご免下さい」は、落語SPでは、三遊亭小遊三「ヅッコケ」1903に、

　　(9)　いえもゥ、どうも、あァいや大丈夫で、〈ヒック〉ご免下さい。いえいえどう…。有難うございます。

という例があり、これは、〈(酔態の)許しを請うときの挨拶〉の例である。この意での日国第二版の例は、二葉亭四迷「浮雲」1887〜89のものでその差は14年となるが、日国第二版でこれよりも古い例は、滑稽本「東海道中膝栗毛」1802〜09における〈他家を訪問したときの挨拶〉であり、こちらだと101年の差になる*8。さらに、「すみません」は、落語SPでは、柳家小せん「専売芸者」1911に、

　　(10)「貴方がた、我々に向かって姐さんなど呼ばわったら失敬でしょうッ」／「どうも済みませんでした。つい知らないもんでござんすから、失礼致しましたが、まァこちらへいらっしゃい」

とあり、これは、芸者が公務員になるというナンセンス噺で、その公務員たる芸者に「姐さん」と呼びかけて叱られ、それに〈許しを請うときの挨拶〉として「済みません」を用いている場面である。日国第二版での〈許しを請うときの挨拶〉の初出例は、二葉亭四迷「めぐりあひ」1888〜89であり、その差は22年であるが、日国第二版は〈気持のうえで納得がいかない〉の意の例を洒落本「松登妓話」1800から引いているので、その差は111年である。

3.2.2

　次に、語種別に見る。3.1.2のときのように、語例を挙げず数値のみにとどめる。

	和語	漢語	外来語	混種語
11〜20年	17	17	8	9
21〜30年	14	33	3	7

　これを見ると、21〜30年の漢語が突出して多いように思われる。落語SPが盛んに録音された明治30年代から21〜30年さかのぼるということは、とりもなおさず明治初期ということになり、これは、さきに引いた池上（1957）のいう「漢語流行の一時期」に相当する。こうして見てくると、この落語SPが示すものは、漢語で新しい概念や文物を表わした明治初期からだんだん下るにつれて、なにか新しいことであれば漢語を用いる、というしばりが薄れていったということなのかもしれない。逆にいえば、落語SPに用いられた語で近代的な特徴が最もあるのは、21〜30年前の語を用いている場合、ということになろう（後述するように、さらに、31〜40年前のものも、併せ加わる）。

　次に、噺家別に見てみる。これも、具体的語例は挙げず、数値のみにとどめる。11〜20年だと、

　　三代目柳家小さん14　六代目朝寝房むらく9　快楽亭ブラック8
　　四代目橘家圓喬7　三遊亭圓遊6　柳家小せん6　三遊亭圓右3
　　三遊亭小遊三2　三遊亭小圓遊2　四代目橘家圓蔵1　蝶花樓馬楽1

21〜30年だと、

　　三代目柳家小さん12　三遊亭圓遊11　柳家小せん10
　　六代目朝寝房むらく9　快楽亭ブラック6　四代目橘家圓喬4
　　三遊亭圓右3　三代目古今亭志ん生1　四代目柳亭左楽1
　　三遊亭小遊三1　三遊亭小圓遊1　蝶花樓馬楽1

というようになる。三代目柳家小さんは、これまでのすべての年代に亘って、最も近代の語を用いていた噺家であるということになる。それに対して、馬楽、小圓遊、小遊三などは、あまり新進の語に興味を持たないということがいえそ

うである*9。また、3.1.2でも指摘したことであるが、快楽亭ブラックは当代の新進の語に、かなり興味を持っていたようであることは特筆しておきたい。

3.3　時代差31〜50年の語群

時代差が30年を超えれば、もはや「近代」の語とはいえなくなるかもしれない。が、これまで見てきたところと対比する上でも、この語群を確認しておきたい。

[31〜40年] 57語
あいのこ　花色木綿　割烹店　吾輩　重禁固　巡査　小新聞　郵便　洋行
肋膜炎　こぼす　恐れ入る　銀行　四海兄弟　酌量　勉強　サナダ虫
官員　商法　文明開化　ぐずぐず　華族　鞄　警察　士族　前町　帽子
本局　なさすぎる　ランプ　下らない　会計　生意気　土産話　本籍
おばあさん　英学　公園　担ぎ出す　馬車　朗読　些事　体操　無闇
カッポレ　マッチ　当て込み　給仕　細君　処刑　配達　会社　軽便
見本　新発明　余計　腕組み

[41〜50年] 23語
どんどん　動物園　ぐずぐず　継続　無闇　お婆さん　ずうっと
すっぱだか　殴り倒す　外国人　梯子段　別段　世辞　当節　心配
英語　おかげさま　銚子　露国　条約　座布団　別嬪　未熟者

これを見て、まず気づくことは、41〜50年の語群に属するものの数が急に少なくなったことである。実は、このあとも同様で、具体例は示さないが、[51〜60年] 11語、[61〜70年] 16語、[71〜80年] 15語、[81〜90年] 19語、[91〜100年] 31語というようになっている。あるいは、このちょうど「中むかし」ぐらいに当たる語はあまり需要がないということなのであろうか。なお考えてみたい。

31〜40年のほうは、その前とそう変わらない。「重禁固」「巡査」「小新聞」「郵便」「洋行」「銀行」「官員」「商法」「文明開化」「華族」「警察」「士族」「英学」「公園」「体操」「給仕」「会社」などは近代的な概念や文物であり、「こぼす」「恐

れ入る」「ぐずぐず」「下らない」「生意気」「土産話」「おばあさん」「担ぎ出す」などは生き生きとした日常の言葉だと判断される。それに比べると、41〜50年のほうで、近代的な文物や概念を表わすものを探すと、「動物園」「外国人」「露国」「条約」程度であろうか。また、落語SPが、ものによっては明治40年前後の録音があることも、このような様相を呈している理由のひとつとはなろう。

3.3.1

これまでの分析と同様に、まず、当代に生まれた（可能性の高い）語を見ると、以下のようになっている（50音順）。

[31〜40年] 34語
あいのこ　当て込み　腕組み　英学　担ぎ出す　割烹店　カッポレ　鞄　銀行　警察　公園　小新聞　些事　サナダ虫　四海兄弟　酌量　重禁固　巡査　商法　処刑　新発明　なさすぎる　生意気　配達　馬車　花色木綿　文明開化　前町　マッチ　土産話　洋行　ランプ　朗読　肋膜炎
[41〜50年] 13語
英語　おかげさま　外国人　継続　座布団　ずうっと　すっぱだか　世辞　当節　殴り倒す　梯子段　未熟者　露国

なかに、31〜40年の「花色木綿」は、落語ファンなら、この語はそんなに古い言葉ではなかったのかと興がるかもしれない。落語SPでは、三代目柳家小さん「葛の葉抜裏」1903に、

(11)「佃島てのがあるかい。帷子はどんなんだい」／「表は唐草、裏は花色木綿」

と用いられている（サゲの部分）。日国第二版では、仮名垣魯文「安愚楽鍋」1871〜72の初出例が掲げられているから年代差は31年である。

一方、語自体は古くからあるが、意味変化を起こしたのちの用例が用いられていて、なおかつ録音年と意味変化前の初出年との年代差の大きいものは次の

通りである（いずれも100年以上に限定）。

　　［31～40年］
　　本籍1206　こぼす1188　官員1144　帽子934　給仕801　華族770
　　恐れ入る657　細君467　吾輩444　見本426　余計346　ぐずぐず283
　　勉強278　会計127　士族120　おばあさん103
　　［41～50年］
　　見本426　余計346　ぐずぐず291　おばあさん111

　両方の時期に同じ語が入っているものは、録音年との関係でそうなっていることは、さきにも述べたとおりであるが、ここでは、31～40年の語群が興味深い。ここにも、3.2.1で見たような、いかにも近代の概念や文物を表わしているかに見えながら、はるか以前から用いられていて、それを近代に意味的に鋳直して用いた語が多く含まれている。「官員」「給仕」「華族」などは、その例となろう。また、漱石の「猫」で有名な「吾輩」も意外に古いことが目を惹く。落語SPでは、柳家小せん「専売芸者」1911に、

　　（12）「まァ、十分愉快をしなさい。吾輩は次の間に居って監視をしておるから」／「驚いたねェ、こりゃァ。お役人が次の間で監視をしているてえのは手ひどいねェ。またこの芸者もそうだねェ、あんまり愛想が無さすぎるわ。

と、威張った役人の発話のなかで用いられている。日国第二版では、〈男性自称複数〉の例として、「漢書列伝綿景抄」1467頃が掲げられているから、その差は444年である。一方、（12）と同じ〈男性自称単数〉の例は、仮名垣魯文「安愚楽鍋」1871～72であるからその差は39年となる。

3.3.2
　次に、語種別に見る。数値のみ示すと、次のようになる。参考のために、これまでの数値もあわせて示す。

	和語	漢語	外来語	混種語
1～10年	9	15	1	5
11～20年	17	17	8	9
21～30年	14	33	3	7
31～40年	15	34	3	5
41～50年	8	13	0	2

　こうしてみると、31～40年の傾向は、21～30年の傾向と類似していることが分かる。「漢語流行の一時期」の影響は、この年代の語にも及んでいるようである。そして、ここまでは、／1～10年／11～20年・21～30年／31～40年・41～50年／というように区分して記述してきたのだが、落語SP使用語彙の出自の近代性という観点からは、むしろ、／1～10年／11～20年／21～30年・31～40年／41～50年／の区切りのほうがしかるべきなのかとも思われる。また、41～50年の傾向が、1～10年に類似していることも興味深い。
　次に、噺家別に見ると、31～40年では、

　　三代目柳家小さん19　三遊亭圓遊11　柳家小せん11
　　六代目朝寝房むらく6　快楽亭ブラック5　三遊亭圓右4
　　四代目橘家圓喬3　三遊亭小遊三2　三代目古今亭志ん生1
　　四代目柳亭左楽1　蝶花樓馬楽1

41年～50年では、

　　三遊亭圓右5　三代目柳家小さん4　快楽亭ブラック4
　　六代目朝寝房むらく3　三遊亭小圓遊2　三代目古今亭志ん生1
　　三遊亭圓遊2　蝶花樓馬楽2　四代目橘家圓喬1　三遊亭小遊三1
　　柳家小せん1

となっており、3.2.2で見たものと比べても、やはり、三代目柳家小さん、六代目朝寝房むらく、三遊亭圓遊あたりが、安定した上位を占めている。柳家小せ

んは、11〜40年あたりまでは上位を占めていたが、41〜50年になると下位になっている。また、快楽亭ブラックは、31〜40年になると、やや下位に沈む。やはり、少し以前の日本語ということになると習得が追いつかなかったのかもしれない。

3.4 小括

以上、3.1から3.3を小括すると、1〜40年に属する語は、総じて、新しい時代の概念や文物を表示する語である一方、生き生きとした口頭語に属する語も混在していて、現代語への前段階を示していたということができる。なお、40年を超える語は、語数も減少し、語としての傾向も異なってくる。また、語種別に見ると、21〜30年・31〜40年にもっとも漢語が集中している様子がうかがえ、これは、いわゆる「漢語流行の一時期」を反映しているのではないかと考えられた。また、新しい語・用法をよく採りいれる噺家とそうではない噺家がいて、前者には、三代目柳家小さん、六代目朝寝房むらく、三遊亭圓遊・快楽亭ブラック等が数えられることが分かった。

3.5 日国第二版の用例

今回は、落語SPにおける使用語を日国第二版で確認するという方法を採ったのであるが、日国第二版に見出し語はあるが用例のないもの、日国第二版の初出例が落語SPより後のものが多く見つかった。これは、日国第二版が、近代の語においても、さらなるブラッシュアップが可能であることを示す一方、近代語（語彙）資料としての落語SPの資料性の優秀さも証することになろう。

3.5.1

まず、日国第二版に見出し語はあるが用例が掲げられていない語例を挙げると、「日清戦争」「のっぺらぼう」「督促手数料」等になる。

このなかで、「のっぺらぼう」は、落語SPでは、四代目橘家圓喬「魚売人」1906に、

(13) そうではない。魚を売しながらハクギョ(ぎょばい)を知らんとは、俗物ノッペラ

ボー、ふいごの向こう面野郎、徳利に目鼻立ちあって大小便の通ずるのみ。

と、漢学先生風が怪しい説教を垂れる場面なのだが、ここの「のっぺらぼう」は、単なる〈凹凸のない様子〉ではなく（その意味の実例ならば日国第二版に収載）、日国第二版での③「間の抜けていること。おろかなこと。うっかりしていること。また、その人。」の意味になるものと思われる。しかるに、日国第二版には、その実例が載っていない。これは、それを補うことのできる貴重な例である。

また、日国第二版の初出例が落語SPより後のものは、次の通りである。

語	日国第二版初出例・年代	落語SPとの差
うろちょろ	巷談本牧亭・1964	－53
秘儀	われ深きふちより・1955	－44
現物	親友交歓・1946	－35
十二時	在りし日の歌・1938	－35
親切味	若い人・1937	－34
ちんちんかもかも	現代文化百科事典・1937	－34
さっ引く	続あにいもうと・1934	－26
ナイス	音引正解近代新用語辞典・1928	－25
下駄	かくし言葉の字引・1929	－23
つっかえ棒	白い壁・1934	－23
首ったけ	不在地主・1929	－20
睨み	漫談集・1929	－20
不美人	訂正増補新らしい言葉の字引・1919	－16
ごつん	明暗・1916	－13
現住所	江戸から東京へ・1921	－10
ゴミ舟	見果てぬ夢・1910	－ 7
情状	刑法（明治四〇年）・1907	－ 4
願い書	最後の一句・1915	－ 4
呉服店	三四郎・1908	－ 2

こうしてみると、「うろちょろ」「ちんちんかもかも」「さっ引く」「首ったけ」などのような、いわゆる俗語に類するもの、「現物」「現住所」「情状」「願い書」のような日常的な語の用例が、かなりさかのぼることができることが分かる。なかに、「下駄」という語があることが不審を招きそうだが、これは、落語SPでは、四代目橘家圓喬「魚売人」1906に、

(14)「変なこと言うものでない。どうだ価(あたい)は幾許(いくばく)だ」／「そうだね、下駄目に売って来たんだ、下駄に負けとくから」

とあるもので、これは〈木製の履き物〉のことではなく、日国第二版における当該語の④「(下駄には三つ穴があいているところから)数字の三をいう、青物商仲間などの隠語。」に当たるものと思われる(「三文に負けておく」という意味なのであろう)。この例は、「かくし言葉の字引」1929を挙げるのみで、実例はないから、やはり貴重な例となる。

3.5.2

　最後に、日国第二版では、見出し語として立項されてはいないものの、その候補となってよさそうなもの2点を指摘して、稿を終えたい。まず一つは、「懐中鉄砲」である。これは、落語SPでは、快楽亭ブラック「江戸東京時代の噺」1903に、

(15) 用心のために持っておりまする懐中鉄砲(てつぽう)を出し、「サァ、お前の方には斬り道具があっても、こっちの方には飛び道具だ」

とあるもので、ピストルのことを、このように表現したものと思われる。「懐中鉄砲」という語は、例えば、青空文庫を検索してもヒットせず、あるいは、ブラックの創作なのかもしれない(刀を「斬り道具」といっているところも併せ考えられる)が、実は、現代のブログ小説などでは用いられないでもない語のようである(「丹下左膳」の例もGoogleではヒットする)。知らずにたまたま同じ語を造ったのか、それとも、なにかの機会で目にしたか、興味深いところである。また、

もうひとつは、「すいません」である。日国第二版は、前述のように「すみません」は立項しているが、「すいません」は立項せず、「すいません」については、[埼玉方言]の〈なまり〉という説明をしている。落語SPでは、快楽亭ブラック「滑稽芝居　稲川の噺」1903に、

(16) 甚だすいませんが、これでご免頂戴致しまして、後(あと)のものと替わり合います。

という、高座を交替するときの挨拶に用いられている。「すいません」は、青空文庫でもそこそこヒットするし、初代林家三平を持ち出すまでもなく、落語でもそれなりの位置を持つ語であろう。補訂する意義はあるのではないか。

4.　おわりに

　以上、落語SP（東京資料）を題材にして、使用語彙の近代性について見てきた。3.4における小括をそのまま繰り返すことはしないが、落語SPの「近代性」といったとき、そこには、新しい時代の概念と文物、および、現代の口頭語への前段階、といった二つの側面があることに注意しておく必要があるのではないかと思う。そのようなことを考え直す資料として、落語SPは極めて有用な資料といえる。このような資料が作られ残っていたことを、改めて喜びたい。
　また、近代の語彙を掲載する資料としての日国第二版についても、まだまだ考え、調査すべき点は多いことも分かってきた。日国第二版が、近代からの用例だけを示している語というものが、果たしていかなる性格のものであるのかを、さらに考えていく必要がある。何度かくり返したことだが、日国第二版に近代からの用例があるからといって、簡単に、近代に生まれた言葉だと即断せず、慎重な態度を保持していく必要もあると思う。今回は、その点はある程度不問にしたが、むしろ、これをもとにしてさらなる考察を深めていく課題となっているのである。
　また、今後は、今回採りあげなかった大阪資料を調査して、東京資料の様相と比較するということも課題になる。

注
1）日国第二版の初出例は、特に近代の用例の場合、まだまだ厳密な意味での初出例とは言えないかもしれないが、いま、大体の見当を付けるために利用することにする。また、録音年から資料の成立・刊行年を減じた数は、厳密には年号差にはならないのだが（さらに1を減算する必要がある）、ここではそこまでの厳密さを追求する意味はないと考えた。なお、以下に記す語義説明は、日国第二版を直接引用する必要がある場合以外は、独自に書き起こしたものである。
2）これは、小野正弘（2012）ですでに試みた方法である。なお、「遠西奇器述」1854〜59のように、成立・出版年に幅がある場合は、最も新しい方（この場合だと1859年）を採用する、「〜年頃」とあった場合は「頃」を無視した年数にする等も、小野（2012）を踏襲している。
3）中に、「天狗煙草」「露探」は、固有名詞あるいは固有名詞の要素（露西亜）を含む語であるが、排除しなかった。
4）「面倒」は「目だうな」に由来するという和語語源説に従った。
5）「電車」と「警察」は、3.1と重複するが、録音年との差の計算上、そうなる場合もあるということである。また、11〜20年と21〜30年に、「ポーン」が重複しているのも、同様の事情による。
6）もちろん、ここに現れたものが、そのまま使用開始時期を表わしていると単純に信じているわけではない。日国第二版の、また、文献というものの限界があるのかもしれない。しかし、文献にすくい取られて表現されるということは市民権を得るにいたったのだと考えることもできよう。
7）この例は、厳密には「すいど」の例である。「すいど」は日国第二版には立項されているが、方言の例のみで、文献の例はない。したがって、これは、貴重な例である。
8）日国第二版の語釈の順は、①〈許しを請うときの挨拶〉、②〈他家を訪問したときの挨拶〉のように並べられているが、実例の古さは、②→①の順である。単純に得られた用例の古さだけで配列されていないことに注意しておく必要がある。
9）ただし、三代目柳家小さんの噺しが、この落語SPには最も多いことは、考慮しておくべきであろう。

参考文献
池上禎造（1957）「漢語流行の一時期―明治前期資料の処理について―」『国語国文』26-6、池上禎造（1984）所収
池上禎造（1984）『漢語研究の構想』岩波書店
小野正弘（2012）「文献資料内漢語の階層化―『明六雑誌』の漢語をめぐって―」田中牧

郎他『近代語コーパス設計のための文献言語研究 成果報告書』国立国語研究所
金澤裕之（2015）「録音資料による近代語研究の今とこれから」『日本語の研究』11-2
金澤裕之（2016）「現代に繋がる近代初期の口語的資料における言語実態―速記本とSP
　　レコードによる東西の落語を対象として―」『国立国語研究所論集』10
清水康行（1982）「〈特集・落語〉今世紀初頭東京語資料としての落語最初のレコード」『言
　　語生活』372
清水康行（1985）「快楽亭ブラックの日本語の発音」『国文鶴見』20
清水康行（2002）「一九〇三年二月録音の東京落語録音資料群について」『国語と国文学』
　　79-8

4

東京落語と「標準語」

野村剛史

要旨

　「標準語」は、主として「教育ある東京人の話すことば」(上田万年)、「東京山の手の教養ある人々の言語」(神保格)などと規定される。それはどのように形成されたのであろうか。明治維新期に江戸山の手人口は一掃された。明治期における東京山の手の教育ある人々とは、雑多な地方出身者の集まりである。彼らは東京山の手にニュータウンを形成した。ニュータウンの共通言語は、江戸期以来のスタンダード言語である。その共通言語形成の媒介者は、江戸期以来の洗練されたスタンダードを場面に応じて使いこなす上中級町人層であった。彼らのスタンダードは東京落語によく反映している。東京落語の言語は、小新聞談話体、開化啓蒙談話体、戯作会話、言文一致体小説などとともに、明治期「標準語」形成に関わる一級資料と認められる。

キーワード：標準語、教育ある東京人、東京山の手、東京下町、落語資料

1. 落語速記録

　『口演速記明治大正落語集成』(全7巻)という叢書があり、明治期の「百花園」「文芸倶楽部」のような文芸誌に掲載された落語速記を掘り起こしてくれている。特に、明治二〇年代の「百花園」に掲載されたものは、日本での速記開発から10年も経ない時代のものとして、貴重である。一方、明治後期の落語の録音資料(本書に謂う「SP盤落語レコード」)は音声・音韻資料として特に貴重であるが、本稿のように落語資料と「標準語」の関係を考察する場合には、言語量が不足することと、何より「標準語」形成資料として明治後期は時代的に新し

すぎる嫌いがある。そこで、本稿では主に「口演速記」を利用して、録音資料は主として「口演速記」の資料性の検討に役立てたいと思う。なおここではテーマの性格からして、速記版のレコード版も東京落語が考察の中心になる。

叢書『落語集成』の「編集総説」（第一巻所収）で、暉峻康隆は次のように述べている。

> 東京言葉の前身である近世後期の江戸言葉の資料としては、洒落本・黄表紙・滑稽本・人情本・咄本など、地の文はともかく、会話はきわめて写実的な江戸戯作がある。それに対して江戸言葉をふまえながらも、欧米文化の急激な影響のもとに変貌した、標準語の基本となった東京言葉の資料としては、その時々の各階層の言葉をきわめてリアルに用いている落語の速記にしくものはない。
>
> 大方も御存じのように、十七世紀末の三都に出現した露の五郎兵衛（京都）、米沢彦八（大阪）、鹿野武左衛門（江戸）という三人の咄のプロフェッショナル以来、すくなくとも三遊亭円朝が活躍した明治二十年代までの咄家は、改作もふくめて自作自演を建前とした。しかも明治維新による時勢の変化は激烈で、政治・経済・文化・風俗の諸般におよぶ諸事御一新、日本最初の文明開化の時を迎えたので、咄家も時勢に適応すべく、最大の努力をしなければならなかった。……円朝が数々のヨーロッパ近代文学の翻案を手がけたことは、画期的な試みであった。
>
> 咄の中の行文・会話も、旧作を演ずるにしても新しい東京言葉であった。
> 　新三郎「その後は大層に御無沙汰を致しました。ちょっと御礼に上がるんで御座いましたが、山本志丈があれぎり参りませんものですから、私一人では何分間が悪くって上がりませんでした。露「能くまあ、いらっしゃいました。トもう恥かしいのも何も忘れてしまい、無理に新三郎の手を取って、お上がり遊ばせと蚊屋の中へ引摺り込みました。お露は只もう嬉しいのが込み挙げて物が言われず、新三郎の膝に両手を突いたなりで、嬉し涙を新三郎の膝にホロリとこぼしました。これがほんとうの嬉し涙です。
>
> これは明治十七年に若林玵蔵（かんぞう）が速記した『怪談牡丹灯籠』の第四回の一

節である。この作品は、それから二十余年前の文久年間、円朝二十三、四歳当時の創作である。当初の台本がないので推定するよりほかはないが、咄というものは台本どおりにしゃべるものではなく、その時代の口語で伸縮自在に演ずるものであるから、「これがほんとうの嬉し涙です」から見ても、この速記で円朝が、明治十年代の東京語を用いていることがわかる。だからこそ後述するように、円朝の速記が二葉亭四迷や山田美妙らの新文体、言文一致のモデル・ケースとなったのである。この当代口語の使用は、もちろん円朝に限ったことではなく、他の咄家もすべてそうであったから、この落語速記集成は、明治・大正の東京語資料として、不可欠のものとなるであろう。

ここで暉峻が述べているように、落語速記の東京語ないし標準語資料としての価値が高いこと、全く異存はない。しかし、1980年という時点ではやむを得ないが、以上の記述には、いささか「標準語」についての通説になずんでいるところがある。そのために、速記本東京語への過大な評価と過小な評価が混在している。

まず「「これがほんとうの嬉し涙です」から見ても、この速記で円朝が、明治十年代の東京語を用いていることがわかる」とある。デスは東京で明治期に入って広まったと考えられるので、指摘の通りの改変があったかと思われる。しかし、「だからこそ後述するように、円朝の速記が二葉亭四迷や山田美妙らの新文体、言文一致のモデル・ケースとなったのである」ということにはならない。

まず「だからこそ」が問題である。二葉亭、美妙はもともと東京人であるから、デスがこの時点の東京で普及していることを承知していたはずである。例えば、二葉亭は「所が自分は東京者であるからいふ迄もなく東京弁だ。即ち東京語の作物が一つ出来た訳だ」(「余が言文一致の由来」)と述べているのだが、この言葉には東京語の使用についてのある種の自信が感じられる。二葉亭・美妙は、はじめから明治の東京語によく通じていたからそれを楽々と使用して、円朝の東京語に改めて感銘を受けるということはないのである。

次は特に二葉亭のケースということになるが、彼は円朝の「文章」(速記録)で、

口語体で立派な文学が形成しうることを知った。それこそが影響であり、またそれ以上の影響を二葉亭は受けていない。美妙は知らず、二葉亭『浮雲』の文章は円朝の文体をモデルにしたわけではない。この種の事柄については、何より文章そのものの検討が重要であろう。ここで詳細を述べることは出来ないけれど、確かに『浮雲』（明治二〇～二二）の冒頭部分には円朝の咄に通ずるかとも思われる江戸戯作調が現れる。しかし二葉亭の時代的な力は、やはり江戸戯作調を断ち切ったところにある。もちろん、文体・内容ともに『浮雲』は円朝落語も断ち切っており、だからこそ次の世代、明治新時代の若い文学者たちに深甚な影響を与えたのである。

　一方、暉峻には「東京言葉の前身である近世後期の江戸言葉」「江戸言葉をふまえながらも、欧米文化の急激な影響のもとに変貌した、標準語の基本となった東京言葉の資料」という指摘もあったわけだが、ここには東京言葉に対する過小評価が認められる。ここでは話し言葉の基層をなす部分を中心に考えるものとして、そもそも言語というものは、一部の文化語彙や社会的なグループ特有の文体・表現などを除いては、いわゆる社会の上部構造には属さない。言語（話し言葉）の基層には、音韻・文法・基礎語彙などが認められると言ってよいであろうが、それらは、それ自体としては人間社会の下部構造に属していて、通常「政治・経済・文化・風俗」などに規定されるということはないのである。音韻・文法・基礎語彙なども、極めて根本的な場所では経済構造・社会構造によって規定・改編されることもあるかとは思うが、それは「政治・経済・文化・風俗」などと指摘できるような事柄ではないであろう。

　もちろん「文学」はそうではない。例えば二葉亭による文学の革新は、経済・社会構造の革新に規定されている。二葉亭の文体は、近代の自由な個人──自由に呪われていると言ってもよい個人──が、この明治初期の東京で形成されていたことを示していると思われるが、しかし、よく見てみれば分かるように、日本語の音韻・文法・基礎語彙などは、明治期に「欧米文化の急激な影響のもとに変貌した」などということはないのである。とすれば、先の円朝引用部分の言葉などは、「欧米文化の急激な影響のもとに変貌した」というわけではない「東京言葉」ということになる。そしてそれが、「標準語の基本となった」わけである。

新三郎「その後は大層に御無沙汰を致しました。ちょっと御礼に上がるんで御座いましたが、山本志丈があれぎり参りませんものですから、私一人では何分間が悪くって上がりませんだった。露「能くまあ、いらっしゃいました。トもう恥かしいのも何も忘れてしまい、無理に新三郎の手を取って、お上がり遊ばせと蚊屋の中へ引摺り込みました。お露は只もう嬉しいのが込み挙げて物が言われず、新三郎の膝に両手を突いたなりで、嬉し涙を新三郎の膝にホロリとこぼしました。これがほんとうの嬉し涙です。

　だから再掲した以上の部分は、少し変なところはあるけれど、大体はこれが「標準語」と見てよいのであるが、それは「欧米文化の急激な影響のもとに変貌した」言葉ではないのである。
　また暉峻は、「標準語の基本となった東京言葉の資料としては、その時々の各階層の言葉をきわめてリアルに用いている落語の速記にしくものはない」とも述べている。と言っても、恐らくはここの「各階層の言葉」のすべてが「標準語の基本となった」と考えているわけではないだろう。とすれば、「標準語」と「その時々の各階層の言葉」との関係は、一体どうなっていると考えられるのか、この点は検討に値するだろう。

2.「標準語」とは

　日本人としては初代の東京帝国博言学講座教授（のち国語研究室主任）で洋行帰りの上田万年は、1895年（明治二八）に標準語について次のように述べた。

　　予は此点に就ては、現今の東京語が他日其名誉を教授すべき資格を供ふる者なりと確信す。たゞし、東京語といへば或る一部の人は直に東京の「ベランメー」言葉の様に思ふべけれども決してさにあらず、予の云ふ東京語とは、教育ある東京人の話すことばと云ふ義なり。且つ予は単に他日其名誉を享有すべき資格を供ふとのみいふ、決して現在名誉を享有すべきものといはず、そは一国の標準語となるには、今少し彫琢を要すべければなり。
　　　　　　　　　　　　　　　　　　　　　　　（「標準語に就きて」）

上田によれば、標準語は「教育ある東京人の話すことば」でなければならなかった。明治期の落語の登場人物のすべてが「教育ある東京人」とは思えないから、「各階層」のうちの一部の階層の言葉だけが、「教育ある東京人の話すことば」として「標準語の基本となった」と考えるしかない。それはのちに「主として今日東京に於て専ら教育ある人々の間に行はるる口語」（大槻文彦編『口語法』1916）と規定し直され、さらに「東京山の手の教養ある人々の言語」（神保格『標準語研究』1941）と一層の限定を受ける言語であった。一方それは、次のような既に「本江戸」としての江戸言葉の後継者として認められた言語でもあった。

　　ハテ江戸訛といふけれど、おいらが詞は下司下郎で、ぐっと鄙しいのだ。正銘の江戸言といふは、江戸でうまれたお歴々のつかふ本江戸さ。これはほんの事だが、何の国でも及ばねへことだ。さやうしからば、如何いたして此様仕りましてござる、などいふ所ちゃんとして立派で、はでやかでげにも吾嬬男はづかしくねえの。京女郎と対句になる筈さ。——江戸は繁華の地で、諸国の人の会る所だから、国々の言が皆聞馴て通じるに順って、諸国の言が江戸者に移らうぢやアあるめいか。——皆江戸訛といふけれど、訛るのは下司下郎ばかりよ　　　　　　　　　　（『狂言田舎操（いなかあやつり）』）

　「さやうしからば、如何いたして此様仕りましてござる、などいふ」のは、どうも武家言葉のようである。江戸の武家はいわゆる「山の手」としての武蔵野台地上にばかり住んでいたわけでもないが、一般的には人々の語感として「山の手」は武家地区であり、明治二〇年代では旧東京市十五区中の麴町区・本郷区・小石川区・牛込区・四谷区・神田区（北半分）あたりが思い浮かぶ地域であろう。これらは明治期に、官員・教師・書生・会社員のような当時の高学歴者たちが全国から集まり住んだ地域である。つまり、「山の手」は江戸期においては武家居住区として本江戸の本場であり、明治期には「教育ある東京人」の住む場所でもあった。いわゆる「下町（ことば）」と自然な対比がなされる地域なのであって、今日でも昭和戦前期までの「標準語（山の手）対東京弁（下町）」の対立として、人々に意識されているのではないかと思われる。となってくる

と、実際に落語速記の中に表れる言葉が「標準語の基本となった東京言葉」として認められるか、怪しいことになる。落語は東京山の手などでは、あまり発達・享受されなかったと考えられるからである。むしろその生き生きした「江戸・東京下町語」は方言の一種であり、「反標準語」の一方の旗頭としての地位を占めているようにさえ思われる。

さすれば、落語の言語を手放しで「標準語の基本となった東京言葉の資料として」考えるわけにも行かなくなる。当然「その時々の各階層」を改めて問題にしなければならなくなるわけだが、さらにそれだけでは話が済まなくなりそうである。落語の言語基盤が江戸弁・東京弁（実質的には下町言葉）にあるのであれば、「教育ある東京人」の言語が落語に表れる余地は、危うくなってくるのである。

筆者は、いわゆる「標準語」の地域・階層的基盤が神保格の「東京山の手の教養ある人々の言語」であったことを認める。実際には誰かが明瞭に定めたわけではないのだが、例えば義務教育の教科書、口語体の新聞記事、NHKを始めとした放送の言葉などには「東京山の手の教養ある人々の言語」（と何となく思われている言葉）が用いられていると思う。『標準語研究』（神保）の1941年はもとより、大槻文彦編『口語法』の1916年の時点でも、そして「未だ」という口ぶりの上田万年「標準語に就きて」1895年（明治二八）以前にも、東京山の手には後に「標準語」と認められるような言語があったと思う。とすれば、そもそもその「標準語」たる「東京山の手の教養ある人々の言語」は、一体どのように形成されたのであろうか。

江戸末期（幕末期）の江戸の人口は、大体一〇〇万人を超えていた。それが明治初年にはほぼ五〇万人になる。江戸に集中していた大名・旗本たち（江戸の武家地人口はほぼ五〇万と言われる）が維新期の変革によって一掃されたからである。代わって薩長土肥を中心とした新政府官員・官軍が入り込んだわけだから、江戸退居者の人口は五〇万を超えていただろう。とすれば、明治初年には「本江戸」の話し手たちは、江戸山の手とともにほぼ消滅したと考えられる。

ところが明治一〇年代に東京の人口は急増する。旧江戸人の帰参もあるが、それらも結局は純増たる官員（職業軍人を含む）・教師・書生・会社員らとともに、自らもその身分を獲得して、多く東京山の手の居住者となる。この時代、全国

的に教育への志向性は高く、高等教育機関（多くは私立の専門学校だが、国立学校も併せてこの時代の東京は全国唯一の学校都市である）に関わる彼らが、「東京山の手の教養ある人々」を形成することになるのである。しかし、彼らの多くは全国各地方の出身者である。全国各地方の出身者がただ集まっても、東京山の手にはせいぜいのところ言語のるつぼが形成されるばかりであり、統一性のある「東京山の手の教養ある人々の言語」が形成されようとは思われない。

　ここでは詳細には述べられないが、江戸期にはすでに上方（京大坂）と江戸を楕円の二つの中心とした話し言葉のスタンダードが形成されていた。このスタンダードとは教養層のやや改まった場所での公的な言語であって、その使い手たちも今日同様、方言との二重の言語生活を送っていた。だから各地方における教養層の場合、いざとなればスタンダード言語を使えないわけではないであろうが、やはり甚だ心許なくもあろう。そのような人々が集まったとしても、東京山の手にスタンダードが定着するためには核となる人々が必要である。その人々は江戸期からの残存人口五〇万の、しかもそのすべてではなくやはりやや改まった場所でのスタンダードの使用がスムーズな人々でなければならない。残存人口五〇万は、多く士農工商のうちの工商（江戸町人）ということになるが、「やや改まった場所でのスタンダードの使用がスムーズな人々」とは、結局江戸町人の中でも、上中級の商家やサービス業の小インテリ（坊主・先生（お師匠さん）・医者など）のたぐいということになる。

　もともと江戸は、豊臣政権下の上方武家集団が実質的な首都移転に伴い移住して形成された都市である。それとともに上級の商人たちは、主に江戸日本橋に集まったのであるが、彼らはいつまで経っても伊勢商人、近江商人、京大坂商人のような上方商人のままであった。彼らが江戸下町弁を使わなかったとは言わない。しかし、客相手などのやや改まった場所での言葉遣いは、どうやら江戸初期以来の上方出自のスタンダード言語であったようである。それは客相手の講話（京都出自の心学道話など）、講談、寺子屋言語、坊主の説教などにも通じているだろう。そして瓦解後の激動をくぐり抜け再び全国から集結した官員・教師・書生・会社員らに、結果的にやや改まった場所での言語見本を示したことであろう。だから「標準語の基本となった東京言葉」というのは、「その時々の各階層の言葉」と関わりがないわけではないが、階層と言うよりもむしろ、

立場、場面、役割に従って発話される言葉であり、その限りで東京下町の上級商家やサービス業の小インテリの改まった場での言語が、(のちの)「標準語」そのものと思われるのである。彼らの存在なくして、山の手の官員・教師・書生・会社員らに「標準語」が普及することはあり得なかったであろう。その「標準語」が落語の中などで生き生きと語られているわけだから、その他の口語体資料（小新聞談話体、開化啓蒙もの談話体、戯作風小説の会話部分、言文一致体小説）のどれにもまさって、当時の「標準語」の姿をよく現していると言っても過言ではない。

3. 東京落語と標準語

　落語はまずその地の語りの部分が、改まった場所での客相手の丁寧な口調となる。

　　エ、前回に将棋の殿さまと云ふ落語ながら、チトお堅（かた）くお話を申上げましたから、今日は模様を変へ極々（ごくごく）お柔かいお笑ひの沢山（たくさん）有るお話を申上げます。素人が義太夫を語りまして未熟処（まずいところ）から自然聴衆（ききて）を煩（わづら）はせると云ふ素人義太夫のお話を申上げますが、総（すべ）て義太夫に拘（かか）はらず、御覧なさる事でもお聴きなさる事でも現行ます当人より力を入れ骨が折れます。
　　　　　　　　　　　　　　　（素人浄瑠璃・小さん・「百花園」明二二）

　他方登場人物となると、これは人物の階層・場面などによってぞんざいな言葉・丁寧な言葉・改まった言葉などさまざま現れる。同じく「素人浄瑠璃」から、ほぼ「標準語」とみなしてよい部分を示す。

　　旦那「何に、お断りだと。如何（どう）か爲（し）なすツたのか」
　　佐吉「ヘエ。誠にお気の毒さまだが、大変忙しいので拠（よんどころ）有りません、今日は昼間から支度を爲て充分窺ふ積りで居ましたが、急に得意先に開業式が有つて鬼球提灯を三百個誂（あつら）へられ、今夜中に間に合せなければ得意をしくじるから、旦那のお浄瑠璃を伺へば註文の品が間に合はず寔に残念で御座いますがお断りを申します、と云つてお内儀さんまでが手を蘇枋（すおう）だら

けに爲て居まして、幾ら好きな浄瑠璃だツて真逆家業には替へられない、御覧の通りの次第だから悪からず旦那さまに詫びて呉れろ、と申して日頃好き丈けに甚く残念がつて居ました。」

　ここで旦那は次のように述べるのであるが、この場面での旦那は気楽であるから、言葉遣いが「標準語」からやや離れている。

　　旦那「ム丶ウ、其奴ア可愛相に。彼奴ア好きだからな。併し家業には替へられめエ………豆腐屋は来るか」

　次は「天災」（古今亭今輔・「百花園」明二二）の口上部分である。

　　エ、一席御機嫌を伺ひます。随分此落語の方は、土台馬鹿々々しい者が出ませんと可笑く有りません。何にか何うもソノ、物を知らなくツて知つた仮似をする抔と云ふ輩が往昔の下等社会の乱暴者にはお話らしい事が幾らも御座います。別に翻案まんで、お話に成つて居る事が幾らも御座います。

　「天災」は紅菜坊なまるという心学の先生のお説教にまつわる咄である。「なまる」の語る部分が少ないのが残念であるが、次はその部分。

　　な「短気は損気と云ふ事が有るから気を暴く持つては往けません。何にしろ気を柔らかに持たなければなりません。（堪忍の成る堪忍は誰もする成らぬ堪忍するが堪忍）だ。（気に入らぬ風も有らうに柳かな）で。解りましたか。」

　心学はもともと京都の商人の石田梅岩（1685〜1744）より発した通俗道徳・処世訓で、その分かりやすさから一世を風靡した。梅岩の弟子筋の中でも特に京都西陣生の中沢道二（1725〜1803）は、天明元年（1781）に日本橋通塩町に参前舎を興して心学の江戸布教の拠点とし、寛政三年（1791）には神田に大道場が建設された。加えて天明期には日本橋茅場町、四谷、芝愛宕下にも学舎が建てられ、心学は江戸・関東に大いに流行した。その講話（道話）の言語につ

いて国語学者の森岡健二は次のように述べている。

> 心学者はおおむね京都を中心とする上方の出身者であるが、九州を除く五畿七道二十七か国に亘って布教し、聴聞した人は藩主・上流武士・千代田城大奥から町人・農民・佃島(つくだじま)の寄場(よせば)人足(にんそく)に及んでいる。また、道話の板本は、講演者の生前の筆録から没後数十年を経て復元したものもあり、また筆録者も浪速人あるいは江戸人とさまざまであるにもかかわらず、出版された心学道話の語法ならびに文体は極めて等質的である。この点から、江戸時代すでに共通語が存在し、心学道話の文体はまさに江戸時代の言文一致体というべき性質のものだろう

この江戸期の「共通語」こそが本稿で言う江戸期のスタンダードである。次のような一八世紀くらいのその言語は、一九世紀のそれと比べてやや古い感じがするが、「上級商家やサービス業の小インテリのやや改まった場での言語」の江戸中期版なのである。

> まづ米といふ不思議、豆といふ不思議、大根いも牛蒡も皆天より品々の気が天下、一切万物が生じます。此味ひをしる者がない。是は五味の事ではないぞ。世界中に喰飲みせぬものは只一人もなけれど、三度〜〜ひもじくなく給て居るは皆神様の御影。ちつと米の出来様が少なくてさへ、去々年の打こわし、世界中の人が真つさほになつてあのさうどう。米がなくば何となるぞ。常はひだるいめせぬから、うか〜〜として、御膳に向つて、御菜がないの、飯がこわいのと、様々のこゞと。もつたいない。方々に稲荷五社大明神と有るは、この五穀の気を勧請して、五社大明神と申します。
>
> (『道二翁前詞』・天明九年(1789)二月聞書・参前舎蔵板)

このような江戸期のスタンダード言語は、例えば明治初年の戯作文学の『安愚楽鍋』(明治四・五)では次のように表れている。『安愚楽鍋』は、「西洋好の聴取」「堕落個の廓話(なまけもの)」「鄙武士の独盃(いなか)(ひとりのみ)」「野幇間の諂諛(のだいこ)(おべつか)」「諸工人の侠言(くにん)(ちうつばら)」「生文人の会話(くわいばなし)」「娼妓の密肉食(おいらん)(あくものぐひ)」「半可の江湖談(なまぎ)(うきよばなし)」「歌妓の坐敷話(げいしや)」「文盲の(ものしらず)

無益論」「人車の引力語」「覆古の方今話」「商法個の胸会計」「芝居者の身贔屓」「藪医者の不養生」「落語家の楽屋堕」「茶店女の隠食」「新聞好の生鍋」と題(標目)された各人のセリフからなるが、そのうち既に見た落語の「標準語」に繋がるものは、次の「標目」中のものと認められる。

　「ア、けふの会はよわつた〜〜あのやうに唐紙扇面の攻道具でとりまかれてはさすがの僕もがつかりだこれだから近頃はどのやうにまねかれても謝義ばかりもたせて書画会へは出ぬこと、きめたが……」「生文人の会話」

　町人「へ、エそれは結構なことでございますわたくしなぞもよい年になりますまで肉食はけがれるものとおぼえましてとんと用ひずにをりましたが御時世につれまして此味をおぼへましたらわすられませぬが當夏の新聞に出ましたリンテルボーストとやらの伝染病のがおそろしさに昨今までやめておりましたが……」　　「覆古の方今話」(本項は独言ではなくカケ合)

　「ア、けふはさむかツた〜〜たまに病家から人がきたと思ツたら愚老などにはなか〜〜手も付られぬ難症の様子じやから切抜やうとは思ツたがま、ヨあやうい橋も渡らんければまぐれ當りといふこともないと勘考して診察しておる処え……」　　　　　　　　　　「藪医者の不養生」

　これらの人々もたまに「標準語」からずれることがあり、またこれら以外の人々も時に「標準語」風の言い方にもなるのは当然であろうが、大体において以上の話し方は、明治二〇年代の落語速記に見られる「標準語」にそのまま繋がっているように思われる。だから、「標準語」の中身を単に「東京山の手の教養ある人々の言語」(神保)と規定することはもちろん、これを「主として今日東京に於て専ら教育ある人々の間に行はるる口語」(大槻)だの「教育ある東京人の話すことば」(上田)だのと規定することは問題である。東京の特に山の手は教育ある地方出身者たちのニュータウンであり、ニュータウンには共通語(コイネー)が必要である。またニュータウンでは普通以上に共通語志向性が高いようである。彼らはその共通語を維新期を経て東京に残存した旧江戸市民か

ら学ばざるを得なかっただろう。しかもそれは、彼ら地方出身者もある程度弁えていたところの江戸期の全国共通語に通じていた。「標準語」は彼らの共通語となり、やがては「標準語」しか話せないより若い世代も生じてきただろう（厳密には「標準語しか話せない」ようなことはない。若い世代も「悪いことば」をおぼえて、言語的二重生活を送るようにはなると思う）。だが、所詮は「標準語」は江戸市民たちの改まった場所での言語なのだから、「教育ある東京人の話すことば」という規定は誤解を招きやすく、現にその誤解は非常に広く行きわたっていると言わざるを得ない。上田、大槻、神保らによってもたらされた私たちの「標準語」に対する先入見は大きいのである。

　それにしても、特に出発点である上田万年は一体なぜ明治20年代に「教育ある東京人の話すことば」を「標準語」として定めてゆこうとしたのであろうか。上田は先に示した「東京語といへば或る一部の人は直に東京の「ベランメー」言葉の様に思ふべけれども決してさにあらず、予の云ふ東京語とは、教育ある東京人の話すことばと云ふ義なり」の後に引き続いて、「且つ予は、単に他日其名誉を享有すべき資格とのみいふ、決して現在名誉を享有すべきものといはず、そは一国の標準語となるには、今少し彫琢を要すべければなり」と述べている。そして自問自答がある。「然らば其彫琢は、如何なる点に於てせらるべきか」。上田は自ら次のように答える。

　　　第一　教学上の言語
　　　第二　議院内の言語
　　　第三　法廷上の言語
　　　第四　演劇場寄席等の言語
　　　第五　文学者の言語
に対し、務めて学理上の研究をなすかたはら、当局者間の注意は勿論、今少しく世間一般の人の自覚心をも喚起して、なるべく真善美の諸徳を此上に見る様、心掛けたし。

　第四項に「寄席」の言語も挙がっているのだ。ところが、上田はただちに「第

四項の言語は頗る発達したる者なれども、悲しいかな、其話す人が今日まで賤しめられし人々なる故、従ひて其言語に偉大純美の徳を欠くこと多し」と述べて、「演劇場寄席等の言語」はただちに斥けられてしまう。

　検討は省略するが第一〜第三も駄目なので、結局上田は第五の「文学者の言語」に期待する。上田は一体的な「標準語−言文一致」を理想としているから、期待は大きいのである。ところがこれも結局次のように述べられて、上田の「標準語」は永遠に地上に現れない。もともと「教育ある東京人の話すことば」の実体が明らかでないところへ、それに彫琢を加えることは、いかにも難しい事柄なのである。

　　文学者が此感化力に富む東京語を使用して、其大傑作を著はさゞるも、亦遺憾なる一事なりとす。予はある言文一致崇拝者の如く、なにもかも俗語に憑拠して、其奴隷となり了り、却つて文学者の尊ふべき、気品といふ者を悉皆抛棄するが如き形蹟あるは、決してほむべき事ならずと信ず。しかれども、此親しき言語の文章法単語法を基礎として、而して其美術上の妙意妙案を此上に仕組みなば、其時には唯に標準語制定上の一大補助を得るのみならず、又一種独特の美文学此間に生せずとせんや。概して文学者が其材料たる言語其物に対し、猶未だ深き思慮を廻らさゞるは、予の解せざる所なり。

　しかし「大傑作」か否かは別として、文学者たちは地の文においても会話文においても、この時代次のように「言文一致体小説」の生産に取りかかっていた。

　　「肖てをらぬ？善（よし）。」と言ふと、上衣（うはぎ）の内衣兜（うちがくし）に手を入れた。何を出すのかと思へば、紙に包むだ角（かく）な物を、披（ひら）けば中（なか）は細君の写真！島田（しまだ）のは見合（みあひ）の時（とき）の、束髪（そくはつ）と銀杏返（いてふがへし）と円髷（まるまげ）とので都合四枚。
　　「見たまへ、肖とるから。」
　　と其所（そこ）に並べたのである。
　　之には葉山も少し驚かされた。何（なに）を言ふにも此為体（このていたらく）であるから、悖（さから）はぬが

可からうと、故と真摯に絵と比較べて、
「然云へば肖てゐる。一所にして置きたまへ。」 　　　　　（尾崎紅葉『多情多恨』）

　「標準語」は、改まった場所で現れる話し言葉なので、多くは丁寧語を伴っている。しかし「国字解」のような講義ものでは丁寧語が減殺され、小説の地の文ではいわゆる普通体として同様に丁寧語が減殺される。丁寧語の付加・減殺は自在に可能なのであるが、それ故に山田美妙はこの付加・減殺に悩んだのであった。この点をも考慮に入れて『多情多恨』などを見れば、文学作品の中にも「標準語」は十分に存在していることが分かる。もちろん「標準語」という言葉が使われることはないが、活字化され印刷される言語は、それが全国流通の「標準語」であることを作者・印刷者・書肆に至るまでが承知しているからこそ、商業ベースで印刷されているのである。
　例えば明治五年（1872）生まれで「半七捕物帖」の作者である岡本綺堂は、次のように述べている。

　　　武士と職人に比較すると、商人が最も丁寧である。……殊に中流以上の
　　商人の言葉などは頗る丁寧であったらしく、「身分のよい商人などと話を
　　していると、こっちが恥ずかしいくらいであつた」と、私の父が曾つて語っ
　　たことがある。　　　　　　　　　　　　（『江戸に就きての話』「江戸の言葉」）

　綺堂の父は御家人で明治期には東京市麹町区の英国大使館に勤めていた。綺堂はそこでシャーロック・ホームズを知り、「半七捕物帖」を書いたのである。「半七捕物帖」は幕末期に半七が取り扱った事件を明治期に聞き書きする形になっている。作家としての綺堂は、言語に対して大いに鋭敏だったようである。
　上田万年は慶応3年（1867）に名古屋藩士の長男として江戸に生まれ、そのまま一貫して東京で成長している。尾崎紅葉・岡本綺堂らと同様、東京落語に登場するような言葉には十分になじみがあったはずである。下町の東京人たちの言葉が「ベランメー」言葉に限られるものではないこと、日本橋をはじめとする江戸・東京の丁重な言葉は、かつての大阪の船場－心斎橋や京都の中京に匹敵するような洗練された言語であること、しかもこの時点で全国に通用する

ことを少なくともうすうすは気づいていたかと思われる。「教育ある東京人の話すことば」という言い方をすれば、いま本稿が述べているような面倒な議論を行わずに済ませられるかも知れないが、それでは言語学者として残念であろう。

　明治二〇年代という時点は当時の東京語の観察に、現在よりも格段に有利であること明らかである。しかし上田は士族であり、しかもこの時点で東京帝大の教授であった。第四項の斥け方には、ある種の士族的な偏見が伴っているように思われる。そもそも東京山の手というところは、「教育」はあるかも知れないが文化も芸も無い。それ故「東京山の手」でよいということになれば、その言語は確かに方言臭がうすいだろうが味気なく、国家が押しつけるには便利であるかも知れないがあまり豊かな内実を含んではいないのである。

4．速記録の資料性

　最後に落語速記の資料性の検討がなされなければならない。速記は有益な言語（話し言葉）資料を構成するが、それ自体として媒介者すなわちメディアである。室町・江戸期の話し言葉資料、例えばキリシタン資料、抄物、国字解などは「話した通り」に筆記することを売り物にしている。それがその通りであるかどうか、言語学者の間では長年検討されてきた。速記の場合も速記者や編集者の手を経て活字化されているわけだから、特に速記から原稿に至る過程での（善意の）改竄に注意しなければならない。その点このたびのレコード版からの落語の文字化は、速記録の資料性の検討に多いに役立ちそうである。検討に際しては、速記録とレコードが（演題、演者、日時まで）同一源であれば一番よろしい。しかし、それはさすがに望めないようである。速記録とレコードで、演題・演者が同一のものもほとんど見つからないが、柳家小さん・「粗忽長屋」が口演年は相当離れるものの、演題・演者が同一である。そこで次の掲載速記を検討例とする。［『口演速記明治大正落語集成・第三巻』「粗忽長屋」・加藤由太郎速記　「百花園」一六巻一六〇号　明治二八年・一二月］・［明治東京落語　柳家小さん　明治四四年］。レコード版は一応終わりまで話を進めるためか相当の端折りがあるが、ほぼ重なりあう部分も認められる。以下では、速記録を行下げし冒頭「速」としてページも示す。

次の例ではレコードでの「おくんない」が速記録では「おくんねえ」となっている。「おくんない」の方が古形のような気がするが、時代的には一六年後となる。演者が録音を意識して型を示したのだろうか。また「おくんねへ」「おくんねい」の二通りの表記があるが、速記録というものは、このように揺れるものなのだろうか。

　　「エ〻、中ァ見せておくんない」
　　　速　モシ少し見せておくんねへ。除いておくんねい」p343

　次では二例を並べて示す。

　　「夕べここへ行き倒れがあったんだ」
　　　速　夕部此処に一人行倒れが有つた」p344
　　「ア、死んでるんだ。お前さん行き倒れだと言う…」
　　「行き倒れだから死んでるんだよ」
　　「アア、行き倒れ死んじゃったのかい」
　　　速　ア、死んでるんだつけ………お前さん行きだふれだツて死んでるぢやア無いか」
　　「行き倒れて死んだんだヨ」
　　「夫ぢやア死倒れだ」
　　「マア行倒れて死に倒れたやうなものさ」p344

　この箇所、速記録では「行きだふれ」とわざわざルビが振ってあるのだが、不審である。「ゆき」では意味がよく分からない。「行」を「いき」と発音して始めて「生きだふれ」「死にだふれ」のごちゃごちゃした話だということがよく分かる。それとも「ゆき」と発音してただちに「いき」が連想されるのであろうか。レコード版には「行」に何もルビが無いが、ここではルビ付きにして欲しい。

　次は先の「ない、ねえ」と同様の例。

　　「もう少し番をしといとくんない。さよなら」

速　「モー少し番を爲て居ておくんなさい」

　最後に東京弁の「ひと－しと」の例。速記録ではわざわざルビで「しと」と示している。

　　「大勢、人(ひと)がたかってるから、中へ(へえ)入ってみたんだ、
　　速　黒山の様に人(しと)が集(かたま)ってるんだ

　以上、不審点は残るが、速記録でも東京落語は東京弁として示されるように相当注意されているようである。明治末年ともなれば文芸雑誌では言文一致体の覇権が確立している。その「言文一致体＝標準語」と東京弁との区別は、かなり意識されている様子を垣間見ることが出来そうである。

文献（資料文献・参考文献の別なく本稿出現順に示す）
・本稿の落語に関わる部分を除いては、野村剛史『日本語スタンダードの歴史』（2013　岩波書店）を参照のこと。
・『口演速記明治大正落語集成』1980〜1981　講談社
・「編集総説」暉峻康隆　1980　『口演速記明治大正落語集成』第一巻
・「余が言文一致の由来」二葉亭四迷　1906　『文章世界』『二葉亭四迷全集』第五巻　岩波書店
・『浮雲』二葉亭四迷　1887〜1889　『二葉亭四迷全集』第一巻　岩波書店
・「標準語に就きて」上田万年　1895　『国語のため』（1895）所収。本文は平凡社東洋文庫版（2011）に拠った。
・『狂言田舎操(いなかあやつり)』式亭三馬・楽亭馬笑　文化八（1811）『滑稽本集』（叢書江戸文庫19　国書刊行会）に拠った。
・「道二翁前詞」中沢道二『道二翁道話』（岩波文庫）所収。
・「国語史における心学道話の位置」（『国語学』一二三号）森岡健二　1980
・『安愚楽鍋』仮名垣魯文　1871〜1872『明治開化期文学集』（明治文学全集1　筑摩書房）に拠った。
・ニュータウン言語については、朝日祥之『ニュータウン言葉の形成過程に関する社会言語学的研究』（2008　ひつじ書房）を参照。

・『多情多恨』尾崎紅葉　明治三〇（1897）刊『紅葉全集第六巻』（岩波書店）に拠った。
・『江戸に就きての話』岡本綺堂　1956　井蛙房

5

落語の「会話」と「地」の東西比較
——接続辞使用傾向から見るスタイル

宮内佐夜香

要旨

　本稿は落語の会話と地のスタイルについて東西比較を行ったものである。接続辞の出現比率をもとに、江戸落語、上方落語、それぞれの会話と地の比較を行い、それにより明らかにされた特徴について東西のあり方をさらに比較した。特に「規範性・標準性」という観点から文体的特徴を分析し、「が」「けど」類の用法別分析を中心として考察した。その結果、東西ともに地で高い比率で用いられる形式は共通しており、方言的形式の用いられ方にも共通性が見られた。当時共有されていた「標準語」のあり方や、それを支える具体的形式の一面が明らかとなった。

キーワード：落語の地、接続辞、が、けど、標準語

1. はじめに

　本稿は、落語が、演者が聴者に向けて直接語る「地」の部分と、登場人物たちの会話を演じる部分に分かれることに明示的に着目して、そのスタイルの特徴分析を行ったものである。具体的には接続助詞を中心とした複文の接続表現形式（接続辞）の出現傾向からその特徴を探った。接続表現にどのような形式を使用するのかということは、そのテキストの文体的特徴をしめす指標となることはこれまでの研究で示されている。落語資料についても接続辞の使用傾向を見ることで、江戸落語の会話、地、上方落語の会話、地、それぞれの文体的特徴が見いだされるものと考え、調査・分析を行った。その際には特に「標準

性・規範性」という問題を念頭に置いて分析した。東京における「くだけた」スタイルと「規範的」スタイル、上方における「くだけた」スタイルと「規範的」スタイル、地域ごとの特性・影響関係という点を考察し、当時の「標準語」を支える具体的形式から、東西の共通性を明らかにした。

2. 先行研究
2.1 「地」と「会話」の区別

　落語は、言うまでもないことではあるが、落語家が客に話しかける部分と、落語家が演じる登場人物の会話部分によって構成されている。

　野村（1994:51）は落語の談話としての単位を「マエオキ」「マクラ」「本題」「オチ」「ムスビ」と分けるが、このうち、「落語家が客に話しかける部分」は「マエオキ」「マクラ」「ムスビ」の他、本題において、必要が生じれば会話の補足として発生する「地」の部分であるといえる。本稿では野村の分類するような噺の構成上の単位によらず、「落語家が客に話しかける部分」をまとめて「地」と呼ぶこととする。

　さて、この本題の中に現れる地についての見解を落語家自身が述べているものが、桂米朝の随筆の中に見られる。

　　　噺家の話術は、極度に地の文——即ち対話以外の説明のくだりを少なくして（できたら無い方が良いとされている）、止むを得ない場合と、それが一層の効果となる時以外は、地の部分をなくする、つまり説明でなく描写をさせよということである。　　　　　　（「説明と描写」『桂米朝集成』第一巻p.256）

　また、野村（1994）は、談話としての落語の「参加者」と「ネットワーク」の問題について論じる中で、次のように述べる。

　　　この「一対特定複数」は、落語のオクリテとウケテのあいだの基本的な関係である。ところが、落語の特徴は、いざ本題にはいれば、今度は登場人物のあいだで、また別のネットワーク関係が構成されることにある。そのことはしばらくおくとしても、重要なのは、その本題にはいっても、し

ばしば基本となる「一対特定複数」関係が復活することである。
　しばしばとはいっても、すくなくとも、東京落語では、それほどおおい わけではない。演者の美学として、それをできるだけさけることを心がけ としているからである。もちろん、噺のなかでは、場面転換が必要になる ことがある。そのときは、「地に返る」などといわれる、キキテに対する 説明がおこなわれる。そのばあいでも、それはできるだけ簡潔なものがよ しとされる。
(野村1994：43)

　このように客に対する説明部分は、落語という話芸の中での位置付けとして、分量も少なくあまり重要視されない（「ない方が良い」「美学として（中略）さける」とまで言われている）。野村（1994）のように言語研究の視点で落語とは何たるかを取り上げる場合にも、演者・聴衆・登場人物の関係に基づく談話分析の中で「地に返る」ことを「重要」な現象として取り上げることはあるものの、"地の特徴"というような観点では特にとりあげられないのも当然と言えば当然であろう。しかしながら、ある言語形式がどのような環境に現れるのかという視点をもって落語を言語資料として取り上げる場合、落語家が客に話しかける部分と登場人物の会話部分との違いは大きく、分量が少ないからと言って同じように取り扱うわけにはいかない。

　たとえば森川（1990）や西脇（1994）など、始めからこのふたつを分けて研究対象の言語形式について調査を行った論考がある。森川（1990：59）は「咄のまくらや導入部で落語家自身が客に語りかける言葉は間違いなく当時の活きた言葉」であると考え、落語速記資料の導入部分のみを対照として待遇表現の現れ方を調査している。西脇（1994）は真田・金澤（1991）を資料として「演者自身の語り」と「登場人物の発話」を分けて理由表現の形式を調査し、それぞれの特徴を述べている。

　また、矢島（2006b：117）は条件表現形式「と」の用法上の特徴についての論を補強する注において、「傍白」（本稿でいう地に同じ）と「会話部分」に分けて使用状況を観察した結果を述べている。さらに矢島（2011）は「ソレダカラ」の発達を論じる中で、大坂落語資料における原因理由文の、「カラ」と「それ以外の接続辞」の使用状況を、「枕」と「会話部分」に分けて集計し、その差

異を明らかにしている。

　このように、研究対象とする言語形式のあり方を追究する過程で、必要に応じて会話と地を区別して論じることは当然のように行われてきている。しかしながら、会話と地がどのように異なるのか、地の特徴とはいかなるものなのか、ということそのものを中心とした論は見られないようである。

2.2　地の「規範性・標準性」

　2.1で参照した各研究には、中心的話題ではないが、地の文体の性質がうかがえる言及が見られる。以下、これまでに明らかにされている地の特徴を確認するために、それらを整理する。

　野村（1994：28-29）は「落語家が直接聴衆に語りかけることばは、かつては、大変丁寧なものだった」「そこには、演じる者と観客との一線は、はっきりと画されていたのである」と述べ、地が、落語家の観客に対する高い待遇を示す特徴をもっていることを指摘している。

　西脇（1994：xiii）は、大阪落語の地における理由表現形式の出現傾向について、「演者自身の語りの形式では『カラ』や『ノデ（ンデ）』の存在が目立ち、中央のことばを用いる意識が強かった」が「落語の本題に密接した臨場感のある場面などでは、『ヨッテ系』や『サカイ系』を用いることもあった」（下線は宮内による。以下同じ）と述べている。論の中心は会話部分での使用状況にあるため、これ以上の総合的な言及は行われていない。

　矢島（2011）は西脇（1994）も指摘していることと同様に、マクラに「から」が多く見られることを指摘した上で、マクラの性質を次のように述べる。

> 「枕」（傍白）は地の文に当たるとはいえ、音声で聞き手に向けて語られるので話しことば的である。やり取りを前提とする受け手がいない代わりに、不特定多数の聞き手に理解される表現でなければならない独白体であり、講義物や演説にも通じる特殊な規範性を帯びる。　　　（矢島2011：74）
> 発話において音声言語として用いるに際して、通常の一対一のやり取りとは異なる、何らかの改まった意識が必要とされる場合に用いられているということである。
> 　　　　　　　　　　　　　　　　　　　　　　　　（矢島2011：74-75）

> 大阪語におけるカラの拡大には、このような規範性・標準性を背景とする文体における使用が関わってきた面があったことを認めるべきであろう。
>
> （矢島2011：75）

　地には聞き手に対する「改まった意識」があり、「規範」「標準」という性質を帯びるがために、現れる形式も方言的形式は避けられる傾向がある、それが大阪語における非方言形式の拡大の背景にある、という指摘である。これは野村（1994）の言う「大変丁寧な」文体であるという指摘とも重なる。
　西脇（1994）、矢島（2011）ともに、理由表現のバリエーションを見る中で、地の特性に基づき表現形式の特徴に言及したものであるが、矢島（2011）はさらにこれについて次のように述べ、大阪語資料における非方言形式の使用が、標準語形成の問題において重要な示唆をあたえることを指摘する。

> 東京語の影響が見えるカラの使用例には、明治期以降大阪語資料では、規範性・標準性を帯びた文体に馴染む一面があることを観察した。この傾向は、威信形としての中央語たる東京語の、当時の大阪語における受容のあり方として、今回の調査範囲において観察されたものである。幕末から明治以降における、中央語としての東京語の位置付けを考える上においても、標準語の成り立ちを考える上でも、興味深い傾向と言える。
>
> （矢島2011：76-77）

　このような指摘から、近代の上方落語の地を観察することは、一地方としての大阪の言語が、中央語となった東京語をどのように受容していったのか、当時の「規範性・標準性」とは具体的にどのような言語形式に支えられたものであったのかを見ることであると分かる。
　ただし「規範性・標準性」の具体的様相を考えるにあたっては、東京の言語でもまた「規範性・標準性」がどのようなものであったのかを考慮すべきである。東京語にあっても、当然日常の方言的発話と規範的発話に差がある。東京の落語についても同様に、地と会話とを比べてどのような文体的差があるのかを明らかにし、東西のあり方を比較することで、各地域性や「規範性・標準

性」に関してさらに見えてくることがあると考える。

　また、矢島（2006b：117）は「規範性・標準性」とは別の観点でも地（傍白）の性質を指摘している。この論では仮定条件表現の「と」が、話者の経験に基づく知識が帰結句にくる〔知識系〕を用法の中心としていることを述べている。その「と」が地に多く現れることについて、「傍白という説明表現は、いわば噺家が物語世界に対して『全知のもの』として語るもの」であり、また「傍白」は「客観的な観察者としての立ち位置からの解説」であり、それゆえに話者の知識を述べる帰結句を持つ「と」が用いられやすいのであろうと述べる。このことから、地が噺家自身による噺の内容に関する説明、解説であることが、現れる形式に大きく影響するであろうことが分かる。

2.3　文体指標としての接続辞分布

　文体的特徴を観察する指標として、ここでは助詞等の接続辞の使用傾向を取り上げたい。先行研究としては、すでに見たように、西脇（1994）や矢島（2011）によって原因理由の接続辞が、方言形式か中央語の形式か、という観点で、地と会話において異なる傾向を見せることが指摘されている。

　また、さきに見た矢島（2006b）の論考は上方落語の録音資料と速記本について資料性の差異を検討したものだが、指標として仮定表現を用いている。その結果、「ナラ」と「断定タラ」の使用状況から「音声資料に比べて文字資料の方が一段階前の言語を使用している実態がある」、「トは〔知識系〕の表現を担う傾向が、とりわけ文字資料において明瞭に表れた。これについては、トに対する書きことばとしての用法意識の所在を示していると考えられる」（矢島2006b：119）と述べられており、音声資料と文字資料の相違が仮定表現の現れ方から明らかになっている。落語以外にも、矢島（2016）はSP盤演説レコードを資料として、条件表現の形式を指標として分析し、通常の話しことばと異なる演説の特徴を明らかにしている。

　現代語においても接続表現の形式が文体によって異なることが多くの研究で指摘されている[*1]。筆者は拙稿（2012）で国立国語研究所『現代日本語書き言葉均衡コーパス』（BCCWJ）において、メディアのジャンル別にどのような接続辞（接続助詞）が出現するのかを調査した。その際、ジャンル別の文体特徴

を「フォーマル」か否か、話し言葉的か書き言葉的か、丁寧か、等の観点で分類した。これらの観点は「規範性」に関わる特徴である。結果は表1のようになり、文体ごとに現れやすい接続辞に明確な差があることが見いだされた。

表1　BCCWJ　接続助詞・ジャンル・文体的特徴の対応（宮内2012：50　表5）

接続助詞	ジャンル	文体的特徴
けれど・し・なら・たら	書籍2〈文学〉・知恵袋	フォーマルでない　話し言葉的
ものの・つつ	白書	フォーマル
と	白書・新聞・書籍1〈文学以外〉	書き言葉的
ながら・とも	白書・書籍2〈文学〉	書き言葉的
から・ので	書籍1〈文学以外〉・書籍2〈文学〉・知恵袋	フォーマルでない　話し言葉的
ので	知恵袋	丁寧・客観的
が・ば	―	ニュートラル

　以上のような各種先行研究から、接続表現に係る形式が文体的特徴と密接に関連することが分かる。

3. 本稿の目的

　2で行った先行研究の整理を踏まえ、本稿の目的を述べる。
　2.2で述べたように、近代語の「規範性・標準性」について考えるためには、東京語における規範的発話とくだけた発話を観察した上で、さらに上方語等他地域の発話の同様の観察と比較対照することが有効であると考えられる。今回公開されるSP盤落語レコード資料は、近代日本語の同時代の東西落語が収録されたものであり、上記のような観点の調査を条件を揃えて行うことができるものである。本稿ではこの資料の特性にもとづき、落語の地と会話の文体的特徴の東京と上方の対照を行う。
　また、2.3で確認したように、接続辞の使用傾向は文体的特徴を示す指標となるものであり、近代落語について「規範性・標準性」を観察するに当たって

も、有効な指標となるものと考えられる。本稿では落語の会話と地にどのような接続辞が現れるのか、東西別に明らかにし、スタイルの特徴を考えてみたい。指標とする接続辞としては、特に逆接確定条件の中心的形式である「が」「けど」類を取り上げる。先行研究において、順接系接続辞の傾向はおおむね明らかになっているが逆接については明かではない。また、筆者はこれまでにこれらの形式について、近世後期の資料を中心に、上方語と江戸・東京語ともに調査・考察を進めてきた。その結果を踏まえながら、分析を行う。

　近代の江戸落語の規範性を考えるに当たっては、その先にある現代共通語との比較対照も有効である。書きことばの調査ではあるが、拙稿（2012）でジャンル別の接続助詞使用傾向を明らかにした結果と比較するために、ある程度「が」「けど」類以外の接続辞の傾向も見渡したい。

4. 調査について

　調査には本論文集執筆者に提供されたSP盤落語レコード資料の文字化データを用いた。この中から調査対象として会話と地を選別したが、そのうち歌を歌うなどの通常の会話ではない部分、和歌等引用の部分は対象外とした。また、会話部分においては、その地域の出身ではない人物や、武家等の特殊な階級の人物の会話は対象外としている。また、書き起こしの上で聴き取り困難であった旨の注記があったり、どのような語なのか識別できないような箇所等も、適宜除いて調査した。以上の条件のもと、調査対象とした会話と地の、江戸落語・上方落語の各文字数（補助記号を除く）は表2の通りである。

表2　調査対象の文体別文字数

	会話文字数		地文字数		計	
江戸落語	60269	83.0%	12333	17.0%	72602	100%
上方落語	50300	77.5%	14609	22.5%	64909	100%
計	110569	80.4%	26942	19.6%	137511	100%

　前述の通り、歌や一部の人物の会話を除いたものの数値であるが、いずれも

やはり会話のテキスト量が全体の8割程度を占めている。

　この中から接続辞と考えられる形式を採取した。形式の認定においては拙稿 (2012) で資料としたコーパスの付加情報の元ともなっている形態素解析辞書 unidic-mecab[*2]による解析結果を利用しつつ、目視による採取を行った。採取したのは今回問題とする「が」「けど」類の他、粗々でも接続辞使用の全体像を概観する目的で、先行研究で言及されてきた形式を中心に、形態素解析結果を利用して取り出せる形式である。ただし接続辞を構成要素に持つ接続詞相当の表現は除外している[*3]。また接続助詞「て」は対象外とした。

　その結果採取された接続辞は、江戸落語、上方落語合わせて以下の通りとなった。（　）内に示した形式は代表的形式とまとめて数えた形式である。また用法等についての補足がある場合、※のあとに示した。

【出現接続辞一覧】
　　いでも（んでも）、が（※逆接と話題提示等の用法を分ける）、かて（かって）、から（からに、からもって）、けど（けども、けれど、けれども　※「が」に同じ）、さかい（さかいに）、し、たって（たっても、たて、ったって）、たら（たらば、なんだら　※体言＋断定＋「たら」、用言＋「たら」を分ける）、つつ、で、ても、でも、と、ども、といえども（といえどもが）、ところが、とて、とも、な（※「〜せな」等「〜なければ」の意）、ながら、なら（ならば　※体言等＋「なら」・用言＋「なら」を分ける）、なり（※即時の意「〜するなり」）、に、ので（んで）、のに、ば（「話しゃあ」等融合形）、よって（によって、よってに）、仮定が

「ては」「では」や「もの」系接続辞など、他にも採取すべきものがあるが、形態素解析結果ベースの用例採取では用法判別が困難であったため扱っていない。また当為表現や打消条件表現、融合形等、詳細に分けていないこともあり、目的で述べたように本稿の全体像の確認は概観にとどまることを断っておく。

　これら接続辞出現数の東西合わせた全体の各形式出現比率を算出、結果0.5%未満の出現率となったものは今回除外して分析する。

5. 各地域・各文体における傾向
5.1 全体の傾向

　4で述べた全データ中出現比率0.5%以上の形式について、江戸・上方、会話・地、各々の出現数、出現率を示したものが表3である。形式は江戸・上方それぞれ、地における出現数の多い順に上から並べた。

　以下表3に基づき分析、考察を進める。

表3　文体別接続辞出現数

	江戸―会話		江戸―地			上方―会話		上方―地	
と	96	11.2%	98	37.8%	と	49	21.1%	79	34.1%
が提示	113	13.2%	56	21.6%	が提示	27	4.8%	31	13.4%
から	261	30.4%	34	13.1%	から	24	4.2%	24	10.3%
が逆接	91	10.6%	28	10.8%	たら	156	27.6%	21	9.1%
ても	21	2.4%	13	5.0%	が逆接	26	4.6%	20	8.6%
ば	82	9.5%	12	4.6%	ば	22	3.9%	17	7.3%
たら	60	7.0%	4	1.5%	ので	8	1.4%	8	3.4%
たって	43	5.0%	3	1.2%	さかい	51	9.0%	7	3.0%
体言なら	18	2.1%	3	1.2%	ても	21	3.7%	7	3.0%
でも	7	0.8%	3	1.2%	けど逆接	58	10.3%	5	2.2%
けど逆接	24	2.8%	2	0.8%	でも	6	1.1%	3	1.3%
ながら	9	1.0%	2	0.8%	ながら	3	0.5%	3	1.3%
し	7	0.8%	1	0.4%	体言なら	13	2.3%	2	0.9%
けど提示	8	0.9%	―		し	7	1.2%	2	0.9%
断定たら	6	0.7%	―		かて	30	5.3%	1	0.4%
のなら	5	0.6%	―		のに	12	2.1%	1	0.4%
のに	3	0.3%	―		たって	2	0.4%	1	0.4%
用言なら	3	0.3%	―		よって	21	3.7%	―	
ので	2	0.2%	―		断定たら	20	3.5%	―	
総計	859	100%	259	100%	用言なら	5	1%	―	
					けど提示	4	1%	―	
					総計	565	100%	232	100%

表2に示した文字数から算出して、テキスト量は江戸53%（72602文字）、上方47%（64909文字）の比率である。接続辞出現数の比率は江戸が58%（会話と地合わせて1118例）で、上方が42%（同797例）である。多少の差はあるが、各地域の接続辞の出現数は、全体のテキスト量に応じたものであると見ておく。

ただし出現した接続辞の種類は上方落語の方がやや多い（用法別にしたものをまとめると3形式の差がある）。先行研究の指摘からも分かるように、地域特有の形式と中央語的形式がともに用いられることによって、一定の比率以上で用いられる形式も多様となるものと思われる。

5.2 会話と地の比較
5.2.1 江戸落語

表3によって江戸落語の会話と地の接続辞を比べると、会話の方が形式が多様である。地は出現比率が上位である「と」「が提示」「から」「が逆接」以外の数値は低い。比率を比較すると、主に次のような傾向が観察される。

　　会話の方が高いもの：から、たら、たって、なら、けど
　　地の方が高いもの　：と、が提示、ても

会話に多い諸形式は、表1で示した拙稿（2012）で「フォーマルでない」「話し言葉的」という特徴が確認された形式と合致する。

地に「と」が多いという点は、BCCWJで「と」が「書き言葉的」すなわちある種の規範的文体となじむものと判断されたことに通じるものであると思われる。また、「と」については先に見たように、矢島（2006）による上方落語の文字資料や地の部分において特徴的に用いられていたという指摘がある。江戸落語においても、同様の事情により「と」が地に表れやすいということであろう。

「が提示」が地に多いが、提示というのは、前提となる内容を示し、続けてその内容に関連することを加えたり、時系列順に出来事を並べていく、という説明的な表現であり、落語の地の性質になじむものであることが大きく関連するだろう。マクラで「が」によって説明がつなげられる事例を（1）に示す。

(1) エー、お噺を一席お聞きに入れます<u>が</u>、当節は田舎の方々がどうもなかなか、エー江戸っ子よりかも、かいって激しくなっておりります<u>が</u>、初めて汽車が通じましたために、江戸へ出ておいでなさる方なんぞには、どうかすると間違いがありまして（古今亭志ん生（雷門助六名）「昔話田舎者」明治36年　地）

　地においてより多く用いられる「ても」は逆接仮定条件表現の形式であるが、用法を同じくする「たって」は会話の方が多く用いられ、対照的である。現代語の内省においてもそうであるように、「たって」は東京近郊の話しことばにおけるくだけた形式であり、「ても」の方が規範性が高い形式であろうことが、このような傾向から分かる。

　以上のような江戸落語の会話と地の接続辞の分布状況は、現代語書きことば調査と相通じるものであり、規範性に関連する接続辞の使用傾向は、明治末から大正期にすでに現代語とほぼ同様の状況であったと言えそうである。

5.2.2　上方落語

　対して、上方落語の接続辞を見てみよう。こちらも地より会話の方が形式が多様である。比率から見える特徴的な形式は以下の通りである。

　　会話にのみ現れるもの：よって
　　会話の方が高いもの　：たら、さかい、けど、かて
　　地の方が高いもの　　：と、が提示、が逆接、から、ば

　地に多く現れるものから見ていく。「と」の出現率は、江戸落語と上方落語であまり差はないように思われる。規範性や語り手の説明であるという性質によって地で多く用いられているもので、「と」は江戸も上方も共通した性質の形式のようである。「が提示」も同様のことが言える。

　「から」が多いことについては西脇（1994）や矢島（2011）が明らかにしたとおりであり、規範性に関連して中央語の形式が取り入れられているものだろう。「ば」が地の方により現れやすいことについても、上方で多用される口語的な「た

ら」に替わって用いられているものと思われる。

　次に会話に多いものを見る。このうち「よって」「さかい」「かて」は上方特有の形式であり、江戸落語には現れない。方言的要素が会話に特徴的に用いられている。「さかい」「かて」はわずかに地にも現れるが、これについては先に見た西脇（1994：xiii）が地における理由表現について「たとえば落語の本題に密接した臨場感のある場面などでは、『ヨッテ系』や『サカイ系』を用いることもあった」と指摘していることに関連するもので、逆接仮定表現の「かて」も同様の傾向となっている。

　次に、「たら」は上方落語の会話に突出して多く現れ、地においても江戸落語より「たら」出現率は高い。仮定表現の使用傾向については矢島（2006a,b）がすでに詳しく論じているところであるが、端的には「仮定表現では、近・現代大阪語において、タラが次第に中心的となる推移があり、その点で資料に移される言語の『口語らしさ』を検証しやすい」（矢島2006b：130）と述べられている。地の規範性が「たら」の出現比率を会話より低くする一方で、規範性を帯びたスタイルにおいても当然話者の方言の影響があり、江戸落語の地よりも「たら」の使用比率が高いというような地域性が現れたものと思われる。「さかい」や「かて」が地に現れることについてもこれに当たるだろう。

　さて、江戸落語では一定数用いられていた「たって」だが、上方落語では会話2例、地に1例のわずかな使用例しか見られない。東京語の方言的形式であると言える。上方語の「たって」3例の例は以下の通りである。

（2）貧乏人は、腐ったっても、安い物を喜んどります。（桂文雀「長屋議会」大正12年　地）

（3）もうし、そんな英語みたいなこと（を）言いなはったって、わいは分かりゃしまへんが（な）（桂文三「学者と魚売人」明治41年　会話）

（4）何でったって、俺にシャラリブラリ言いよったわ（桂文團治「四百ブラリ」大正14年　会話）

　地の（2）は「たっても」という「たって」の古体というべき形式で、「ても」にも近いものである。正確には地の文に「たって」は現れないとしてよいだろ

う。(3)は「なはる」「しまへん」の方言的形式は用いられているが敬語であり、「かて」のような方言的表現が避けられた可能性もある。(4)はごくくだけた発話であり、特に方言的な表現が避けられる要因は見られない。

　使用される要因は少数例の中では不明確で、より詳細に当時の逆接仮定条件表現の状況を踏まえた上での考察が必要なところではあるが、「たって」が上方落語に現れにくいということは、東京語に特徴的な形式であってもくだけた性質をもつ形式は、他地域に受容されにくいということであると思われる。

5.3　「が」「けど」類から見る差異

　近世から近代の「が」「けど」類について、これまで拙稿（2007,2013,2015）で述べてきたことを概略すると、以下のような傾向となる。

ⅰ. 上方語では18世紀末に「ど・ども」が衰退傾向になり、明治期にかけて「けど」類が優勢になっていく。「が」も「ど・ども」衰退に伴い増加傾向を見せるが、「ど・ども」→「けど」類という一連の形式対「が」という図式で見ると、つねに前者の使用が優勢である。
ⅱ. 江戸・東京語は「が」が一貫して「けど」類より多く用いられ、明治に至って「けど」類は資料や話者属性によっては「が」と拮抗するが、上方語に比して「が」の勢力が強い。
ⅲ. 江戸・東京語において、旧形式の「ど」「ども」は19世紀初頭の時点でほぼ慣用や老年層等の話者属性に限られており、あまり用いられない。
ⅳ. 「けど」類の形態は江戸・東京語では「けれど」が最も多く、近世資料に「けど」は現れない。上方語では近世後期資料から「けど」が散見される。
ⅴ. 「けど」類は上方語、江戸・東京語共通して、近世後期においてほぼ逆接専用である。

　また、現代共通語や東京近郊の話しことばの「が」「けど」類について内省すると、以下のように言えそうである。

Ⅰ. 規範的な話しことばにおいては、敬体＋「が」の形をとりやすい。書きこ

とばとして規範的な文体においても「が」が用いられる。
Ⅱ．くだけた話しことばにおいては、「けど」類、特に「けど」を用い、常体＋「が」はあまり用いられない。講演等特殊な独話でない場合は、敬体であっても「けど」を用いる。
Ⅲ．「が」と「けど」類に用法上の差異はなく、文体的差異があるのみである。

以上を踏まえ、「が」「けど」類について、その文体と用法及び「けど」類の形態に着目して使用状況を示したのが、表4である。逆接以外の用法を「提示」とする。文体については、主節の文末形式なども問題とすべきところであるが、ここでは接続辞の直前に現れる形式が丁寧語の形式（打消やタ形等含む）か否かだけで分類している。当然ながら、地はほとんどの例が敬体となっている。

表4：文体・用法別「が」「けど」類出現数

	形式・用法	江戸—会話		江戸—地		計		上方—会話		上方—地		計	
常体	が逆接	62	76.5%	6	85.7%	68	77.3%	20	28.2%	4	80.0%	24	31.6%
	けど逆接	7	8.6%	—		7	8.0%	36	50.7%	1	20.0%	37	48.7%
	けども逆接	9	11.1%	—		9	10.2%	9	12.7%	—		9	11.8%
	けれども逆接	3	3.7%	1	14.3%	4	4.5%	6	8.5%	—		6	7.9%
	計	81	100%	7	100%	88	100%	71	100%	5	100%	76	100%
	が提示	67	89.3%	2	100%	69	89.6%	20	87.0%	1	100%	21	87.5%
	けど提示	1	1.3%	—		1	1.3%	2	8.7%	—		2	8.3%
	けども提示	7	9.3%	—		7	9.1%	—		—		—	
	けれど提示	—		—		—		1	4.3%	—		1	4.2%
	計	75	100%	2	100%	77	100%	23	100%	1	100%	24	100%
敬体	が逆接	29	85.3%	22	95.7%	51	89.5%	6	46.2%	16	80.0%	22	66.7%
	けど逆接	1	2.9%	—		1	1.8%	5	38.5%	1	5.0%	6	18.2%
	けども逆接	3	8.8%	—		3	5.3%	2	15.4%	2	10.0%	4	12.1%
	けれども逆接	1	2.9%	1	4.3%	2	3.5%	—		1	5.0%	1	3.0%
	計	34	100%	23	100%	57	100%	13	100%	20	100%	33	100%
	が提示	46	100%	54	100%	100	100%	7	87.5%	30	100%	37	97.4%
	けど提示	—		—		—		1	12.5%	—		1	2.6%
	計	46	100%	54	100%	100	100%	8	100%	30	100%	38	100%

「ど・ども」については表に示していない。上方語、江戸・東京語とも、文献資料で明治期までに衰退傾向が確認されているが、やはりこの時期の落語音

声資料にはほぼ見られなかった。今回対象としなかった引用部や歌等には見られ、士族、警官、僧侶等の一部の属性の人物には現れたが、「といえども」等の慣用的形式以外、日常的な話しことばには用いられなくなっているようである。

　江戸落語を見ると、常体・敬体、逆接・提示、いずれの場合でも「が」が最も多く使われている。前述iiで述べたような「が」優勢傾向がこの時点でも続いていることになる。Ⅱで述べた現代語の日常会話において、常体＋「が」が用いられにくい状況とは異なる。

　「けど」類のバリエーションで一番多いのは「けども」である。ivで述べた近世の「けれど」優勢に比べて、形態が変化している。さらに「けど」もその半数程度は見られるが、これらは会話における常体接続中心に用いられ、敬体ではあまり見られない。地では「けど」類はほぼ用いられず、現れた2例も「けれども」という縮約されない形式である。「けども」や「けど」はくだけた形式であり、規範的な発話においては用いられにくい性質を持っていたものと思われる。この点、日常会話の敬体で「けど」類が現れる現代語と異なる。

　用法を見ると、「けど」類が提示で用いられる例が見られるものの、非常に少ない。しかも、その用例はすべて特定一名の噺家、柳家小さんにのみに現れたものである[*4]。明治期以降「けど」類は提示用法を獲得しつつも、まだ頻度が低いように思われる。以下（5）（6）に例を挙げておく。

（5）私は越後の人に聞いたけども、トンネルのようなものがあって、向こうの方へ行くてェじゃないか（柳家小さん「嘘つき」明治44年　会話）
（6）その薪をねェ、今、ちびちび食べ始めて、三把食べちゃったんだけど、二把残ってるけども、おじさん食べねえかい（柳家小さん「鉄砲弥八」明治44年　会話）

　続いて上方落語である。ivで上方では「けど」類が優勢に用いられることを述べたが、今回の調査も同様の結果が得られた。常体の会話で、逆接は約7割が「けど」類となっており、敬体でも会話では逆接で「が」より「けど」類がやや多い。ところが、地の逆接では「が」が8割と明らかに優勢となる。これ

はやはり規範性と関わるものだろう。

　ただし、提示に目を移すと様相が異なる。常体の会話であっても、提示では「けど」類は少数で、ほぼ「が」が用いられている。この傾向は江戸落語と同様であり、「けど」類の発達が先行した上方語においても、この時期「けど」類の提示用法はあまり発達していないように見える。逆接においては会話と地とで「が」「けど」類の現れ方が異なり、規範性の問題と関連が見いだされるが、提示の場合は用法上「けど」類が現れにくいものであり、規範性よりもその問題が大きいようである。ここでも、提示の例を1例示しておく。

（7）そんな（ら）伯父さん、この起請じゃ<u>けど</u>、出刃を突き通したります。（笑福亭松鶴「一枚起請」明治41年　会話）

「が」をまとめて見て、上方落語では会話より地の方が「が」が多いと言えるわけだが、それは、逆接において東京の標準的形式の影響を受けていることと、5.2.1で述べたように地の性質によって提示が多くなる、という二つの側面によるものであると言える。

　「けど」類のバリエーションについては、会話では常体、敬体ともに「けど」が最も多い。地では前述のように「が」が多くを占めるが、「けど」「けども」も用いられている。これらも5.2.2で述べた、規範的スタイルにおいても方言の影響が現れるということと同様の現象であろう。

6.　地のスタイルの実態

　さて、ここでは5で見てきたことを、東西の地のスタイルとはどのようなものかという観点からまとめる。

　江戸落語の地に現れやすい接続辞、現れにくい接続辞は、現代共通語とほぼ同様であった。そこには江戸・東京語特有の「たって」や当時新形式であったと考えられる「けども」「けど」などは現れず、規範的に用いられる形式は「が」や「ても」であった。

　上方落語の地も、現れる形式の傾向は江戸落語の地とほぼ一致する。会話では多用される「さかい」「よって」「かて」「たら」「けど」類が地では明らかに

用いられにくくなり、江戸落語の地と同様の「から」「が」「ても」「と」等が現れる。また、「と」や「が提示」などの説明的なスタイルになじむ形式が地に多用される点は江戸落語、上方落語共通していた。また、それぞれの地域に特徴的な形式が地においても場合によって用いられる、という点も共通しており、「規範性・標準性」を意識した話しことばでも、方言的要素が発現するという実態が分かる。

このような接続辞の具体的な使用傾向から、「規範性・標準性」のあり方は東西とも共通しているということが見えてくる。会話と地とを比較した結果、いずれの地においても当該地域特有の形式は用いられなくなることが分かった。矢島（2011）の「規範性・標準性」を持ったスタイルにおいて中央語としての東京語の受容の一面が見えるという指摘を踏まえて言えば、このとき受容されている「東京語」は東京においても「規範性・標準性」のあるスタイルにおいてのみ用いられる形式であり、東京語にあってもくだけたスタイルの形式はほぼ観察されず、少なくともこの時代の落語資料においては影響が見られない。東西落語の地の観察から、"噺家"対"客"という待遇において、地域にかかわらず共有された「規範性・標準性」があった、つまり20世紀初頭において「標準語」が共有されていた実態がうかがえる。

7. おわりに

以上、近代落語の地と会話とを比較し、東西の「規範性・標準性」のあり方を具体的形式の出現傾向から考察し、共通するものであることを述べた。

ただし、本文でも述べたように、接続辞全体の傾向観察は不足が多い。取り上げていない形式もあり、また、「が」「けど」類については共通する用法を持つ形式として通時的な流れを踏まえた考察を行ったが、その他の形式についても表現別に慎重な分析が必要である。他、噺家個人の語りの特徴の影響についても考慮すべきであろう。

標準語形成という点でも課題がある。本稿では近世の戯作等の会話資料からの流れで落語資料を観察し、そこに一連のつながりを見いだした。しかし標準語形成を考える上では、近世の講義録等に見られる標準言語がその基盤となっているという議論を無視はできない。さらにそこからの流れに位置付けられる

近代の演説資料の言語がある。これらの資料で、同時代の会話体系統の資料とは異なる文体的特徴が観察されることは、多くの先行研究によって明らかにされている。矢島（2016:218）は近代日本語文法史を研究する上での留意点として、「日常会話の通常のやりとりに典型的に見出される話し言葉が必ずしも文法変化の全ての推進力を担っているわけではない」「つまり同じ話し言葉でも《規範性》が意識された演説の文体などの位相においてこそ、率先して発達した表現があることに注目しなければならない」と述べる。標準語形成の問題や接続辞の変化の問題を考えるにあたって、このような近世標準言語及びその流れをくむ資料の調査も不可欠である。幸いにして、心学道話等の講義録や明治期の演説筆記、レコードに基づく明治末期から昭和期の演説資料等、多くの資料があり、通時的観点の考察が可能な課題である。今後さらに追究したい。

注

1）村田（2002）は接続詞、接続助詞、それらに相当する句を指標として統計的手法で文章のジャンル判別を試み、それが可能であると結論づけている。接続辞ではないが石黒ほか（2009）は、談話論的観点から、接続詞および接続詞相当句の様々な文章ジャンルにおける出現傾向の差異を調査している。
2）ver.2.1.2。解析には形態素解析ソフト茶まめver.2.0を用い、必要な箇所は目視確認し誤解析に対応した。Unidic公式サイトhttp://unidic.ninjal.ac.jp/参照。
3）「そんなら」「ほたら（そうしたら）」「それだが」「けれど（文頭）」等。
4）三代目柳家小さんはもと、常磐津節の太夫であり、上方落語を江戸落語に多数移したことでも知られる。「けど」類多用についても、このような人物の背景が関連することも考えられる。

参考文献

石黒圭・阿保きみ枝・佐川祥予・中村紗弥子・劉洋（2009）「接続表現のジャンル別出現頻度について」『一橋大学留学生センター紀要』12

桂米朝著、豊田善敬・戸田学編（2004）『桂米朝集成　第一巻』岩波書店

真田信治・金澤裕之（1991）『二十世紀初頭大阪口語の実態—落語SPレコードを資料として—』大阪大学文学部社会言語学講座

西脇朗子（1994）「明治後期大阪落語の理由表現」『鳴尾説林』2　武庫川女子大学・狂

孜会

野村雅昭（1994）『落語の言語学』平凡社

宮内佐夜香（2007）「江戸語・明治期東京語における接続助詞ケレド類の特徴と変化―ガと対比して―」『日本語の研究』3-4

宮内佐夜香（2012）「接続助詞とジャンル別文体的特徴の関連について―『現代日本語書き言葉均衡コーパス』を資料として―」『国立国語研究所論集』3

宮内佐夜香（2013）「近世後期江戸語における逆接表現旧形式「ド」「ドモ」について」『近代語研究』第17集　武蔵野書院

宮内佐夜香（2015）「近世後期における逆接の接続助詞について―上方語・江戸語の対照―」『中京大学文学会論叢』1

村田年（2002）「論理展開を支える機能語句―接続語句，助詞相当句による文章のジャンル判別を通じて―」『計量国語学』3-04

森川知史（1991）「『口演速記明治大正落語集成』にみえる敬語」『九州龍谷短期大学紀要』37

矢島正浩（2006a）「近代関西語の順接仮定表現―ナラからタラへの交代をめぐって―」『日本語科学』19　国立国語研究所

矢島正浩（2006b）「落語録音資料と速記本―五代目笑福亭松鶴の仮定表現の用法から―」『国語国文学報』64　愛知教育大学国語国文学研究室

矢島正浩（2011）「時間的・空間的比較を軸にした近世語文法史研究―ソレダカラ類の語彙化を例として」金澤裕之・矢島正浩編『近世語研究のパースペクティブ―言語文化をどう捉えるか』笠間書院

矢島正浩（2016）「条件表現の用法から見た近代演説の文体」相澤正夫・金澤裕之編『SP盤演説レコードがひらく日本語研究』笠間書院

付記

本稿は国立国語研究所の共同研究プロジェクト「通時コーパスの構築と日本語史研究の新展開」の研究成果の一部、また、科学研究費補助金（課題番号26770166）の研究成果の一部である。

6

大阪落語SP盤文字化資料における「。」の加点状況
―― 文のあり方を探る

村上 謙

要旨

　本稿では大阪落語SP盤文字化資料における「。」直前の状況を分析し、文末から文構造を考えた。集計の結果、動詞終止形終止、助動詞終止形終止、終助詞終止の各項目が出現頻度として上位3位に入ることがわかった。また、地の文末において「対者敬語+な、なあ、ねえ。」という定型表現化が進んでいたこと、「じゃ」終止や「や」終止、「う（短呼形）」終止や「へん」終止が会話文末で顕著であること、などがわかった。こうした使い分けは、地の文と会話文との文体差を示すものであろう。この他、低頻度の項目や例外的な加点状況について、省略、倒置、添加の観点から分析した。

キーワード：大阪落語SP盤文字化資料、「。」、文、文末、終止

1. はじめに――落語の文構造にせまる

　1990年代に金澤裕之らによって整備された大阪落語SP盤文字化資料（真田・金澤（1991）など）は、主に助動詞類や文法要素といった品詞レベルの研究において用いられてきた。筆者も長年そのレベルで当該資料群を活用してきたが、本稿では、一段上位のレベルである「文」のあり方にせまってみることにする。特に、「。」直前の状態を観察することによって、SP盤文字化資料ではどのように文が終わっているのかを分析し、大阪落語における文構造の傾向や特徴の一端を明らかにしたい。

2. 調査方法と注意点

　本稿では、大阪落語SP盤文字化資料51作品[*1]（以下「**SP盤文字化資料**」と記す）の全テキストファイルに記載されている「。」(句点)を文末と見なすことにし[*2]、「。」の直前はどのような終わり方をするか、例えば、動詞終止形で終わるのか、終助詞で終わるのか、あるいは接続助詞などで終わるのか、といった具合に、品詞レベルで分類し、集計する。その後、各項目ごとに文終止のあり方を分析する。

　用例の収集に当たっては、いくつか注意すべき点があるので以下に記しておく。まず、SP盤文字化資料は、明治末～昭和初年の音声資料であるSP盤を、現代の文字化作業者が文字化したものであって、その表記自体は、明治末～昭和初年の表記実態ないし音韻把握の実態を反映したものではない。しかし、今回は、あえて「。」の加点状況を分析することにする。たとえ文字化が現代のものであったとしても、何らかの傾向が見られればそれはそれで興味深いし、実際、以下に示す調査結果は報告するだけの価値があると考えている。

　次に問題となるのは文字化に際しての「。」の加点方針である。「。」はおおむね文末ないし区切り位置として違和感のない個所に加点されているが、終わりかぎ括弧（」）の直前では「。」を加点しない方法を採る。桂枝雀口演「いびき車」（冒頭）を例にとって見てみると、

　　「ああ、車屋さん」
　　「へい」
　　「エー、住吉の鳥居（とりえ）前まで、往復、やっとくれんか」
　　「へえ、どうぞお召しや（す）。どうぞ、これへな」
　　「は、乗せてもらいましょ。やっこらしょ。アー、車屋さん、きれいな車やし、アー、ええ膝掛けやな」
　　「へい」

という具合である（便宜的に改行を施した）。上記の一節なら通常、トータルで9文（あるいはそれ以上か）と認めるべきところであろうが、本稿の用例として採用するのは、「。」がある箇所のみとする。すなわち「へえ、どうぞお召しや（す）。」

「は、乗せてもらいましょ。」「やっこらしょ。」の3個所ということになる。この処理の当否については注に譲るが、今回はあえて「。」の場合のみ、計2124例を対象とした[*3]。なお、分析時に機械処理を施す都合上、かぎ括弧や改行個所の付け間違いや不足を修正し、本文中に挿入された「注記」の類を削除する等の整形を事前に行った（以下、これを**「原テキスト」**と呼ぶ）。

3. 調査結果

表1は「。」直前の状態を、会話文と地の文とに分けて検索、収集し、分類を行ったものである。直前の形式は「その他」を含めて24種に及んだ。

やや冗長になるが、分類項目のいくつかについて、説明を加えておく。まず、㉒言いさし（…付）であるが、これは原テキストにおいて、「…。」（三点リーダ＋句点）で表記されているものを所属させる。以下のような場合である。

　　ほな、ひとつ、ちょう、ちょと、お頼み…。
　　　　　　　　　　　　　　　　（4代目笑福亭松鶴「浮世床」会話）
　　ところォが、不幸にしてからに、片一方の目ェをば怪我してからに、スッ
　　パリと潰れてしもうたの…。　　　（2代目曽呂利新左衛門「盲目提灯」地）

多くの場合、この2例のように「…」が文の中断を示すが、

　　両方に座っとりました者が、暫時の間、黙ァって俯いておりまする…。
　　　　　　　　　　　　　　　　（3代目桂文團治「芝居の小噺」地）

のように、文としては終止していると見るべき場合にも加点されている（この場合も㉒に含めてある）。このように、文が中断される場合のみならず、終止している場合にも付されているところを見ると、「…」は、SP盤に音声の断絶（ポーズ）が入っていることを示しているのではないかと推測される。

この㉒言いさし（…付）とよく似た場合として、㉓語末省略（（　）付）類があるが、これも原テキストの表記を尊重した分類項目である。次の例のように、原テキストにおいて、「。」直前に（　）を付し、語末の省略が示唆されている

表1　SP盤文字化資料の会話文および地の文における「。」直前の形式
（（　）内は各列の用例全体に占める割合（％））

「。」直前の形式	会話文	地の文	計
①動詞終止形	118 (7.2)	80 (16.4)	198 (9.3)
②形容詞終止形	36 (2.2)	17 (3.5)	53 (2.5)
③助動詞終止形	395 (24.2)	198 (40.5)	593 (27.9)
④命令形	93 (5.7)	5 (1.0)	98 (4.6)
⑤文語終止形	6 (0.4)	5 (1.0)	11 (0.5)
⑥終助詞	492 (30.1)	60 (12.3)	552 (26.0)
⑦擬音語	35 (2.1)	8 (1.6)	43 (2.0)
⑧呼びかけ・応答	67 (4.1)	10 (2.0)	77 (3.6)
⑨あいさつ	8 (0.5)	0 (0)	8 (0.4)
⑩人称詞・人名	31 (1.9)	0 (0)	31 (1.5)
⑪名詞	73 (4.5)	27 (5.5)	100 (4.7)
⑫指示詞	27 (1.7)	2 (0.4)	29 (1.4)
⑬副詞	11 (0.7)	1 (0.2)	12 (0.6)
⑭格助詞	15 (0.9)	0 (0)	15 (0.7)
⑮接続助詞	31 (1.9)	6 (1.2)	37 (1.7)
⑯副助詞	8 (0.5)	0 (0)	8 (0.4)
⑰準体助詞	1 (0.1)	0 (0)	1 (0.0)
⑱デ	9 (0.6)	7 (1.4)	16 (0.8)
⑲ナ	3 (0.2)	0 (0)	3 (0.1)
⑳ニ	7 (0.4)	1 (0.2)	8 (0.4)
㉑形容詞語幹・ウ音便	7 (0.4)	0 (0)	7 (0.3)
㉒言いさし（…付）	82 (5.0)	45 (9.2)	127 (6.0)
㉓語末省略（（　）付）類	76 (4.6)	17 (3.5)	93 (4.4)
㉔その他	4 (0.2)	0 (0)	4 (0.2)
計	1635 (100)	489 (100)	2124 (100)

場合、この項目に所属させる[*4]。

　　アーもしもし、お帰りになりましたら、どうぞ長谷川まで電話を、お頼申しま（す）。　　　　　　　　（2代目林家染丸「電話の散財」会話）

この場合、「ます」の「す」が聴取できないことを意味すると考えられる。さらに、今回は次のような準体助詞「の」が変化して終助詞的に「ん」となったかと思われるものも語末省略に類する場合としてここに含めた[*5]。

　　わたい、走って戻ってな、へで、湯飲み一杯持って行って、目の前でぶっちゃけて来たん。　　　　　　　　　　　　　（桂文雀「長屋議会」会話）

　⑫指示詞には、指示代名詞で終了する場合（ex.「これ。」）、それに「は」が下接した場合（「これは。」）、その融合形（「こりゃ。」）を含めた。

　　そやから、もの言うちゅうてんねん、これ。（2代目林家染丸「親子酒」会話）
　　あ、こらいかんわ、これは。　　　　　（2代目林家染丸「日和違い」会話）
　　あわて者（もん）やなあ、ありゃァ。　（4代目笑福亭松鶴「愛宕参り」会話）

　なお、指示代名詞に付かない「は」は、⑯副助詞終止として立項し、そこに含める。
　これら以外にも独自の分類を行った項目があるが（例えば、助詞とも助動詞の活用形とも見なせるデ、ナ、ニをそれぞれ立項する、など）、必要に応じて後述する。

4. 上位3項目の分析

　本題に入る。表1によると、会話文と地の文の主要項目にはある共通点が見られる。すなわち、会話文、地の文いずれにおいても①動詞終止形終止、③助動詞終止形終止、⑥終助詞終止の項目が上位3位に入り、それらだけで60％以上を占める点である（会話文61.5％（7.2＋24.2＋30.1）、地の文69.2％（16.4＋40.5＋12.3））[*6]。日本語文の典型的なSOV構造からすれば、活用語がVとして文末に出現するこ

とはごく自然なことであるし、「終助詞」も文末に出現するからそう命名されているのであって、「。」の直前に多用されて当然である。本節ではこの上位3項目について詳しく見ておきたい。

4.1 ⑥終助詞終止の状況

まず、⑥終助詞終止の内訳を分類し、集計したものが**表2**である。これによると、地の文で多用されるのは、「な」「なあ」「ねえ」のみと言ってよく、この3者だけで地の文の終助詞終止の80％を占める。会話文での散らばり具合とはずいぶん異なった様相を示している。

終助詞終止の場合、終助詞によってはさまざまな要素に下接し、それによって各種の文型を構築し得る。そこで、各終助詞の直前の要素をさらに分類し、集計した結果、各終助詞の直前の形式は全部で11項目に分類された（**表3**）。これによると、他の終助詞に下接するという場合も多く見られるのであるが（計80例）、おおまかに見れば活用語の終止形に下接する場合が多く（動詞終止形92＋形容詞終止形46＋助動詞終止形244＝382例（69.2％））、大半においては日本語文の典型的なSOV構造にしたがった、ごく自然な文終止が行われていると推定される[*7]。

表3では会話文と地の文の区別をしていないが、地の文で特異な傾向を見せる「な」「なあ」「ねえ」の3種については、会話文と地の文を区別した結果を記しておく（**表4**、項目名は略称を用いる）。地の文の「な」「なあ」の直上の大半が助動詞終止形である点（14/18、23/25）、興味深い。しかも、地の文では「です」「ます」（およびその活用形、テ形、タ形）などの対者敬語に下接する場合がほとんどである。以下その内訳を記すが、これは会話文では見られない傾向である。

「な」：ですな7例、ますな3例、ましたな3例、ませんな1例
「なあ」：でございますなあ2例、ですなあ8例、でやすなあ3例、ますなあ6例、ましたなあ4例
「ねえ」：ございますね1例、ますね1例、ましてね1例、ますとね1例

この結果は、地の文において「対者敬語＋な、なあ、ねえ。」という形の定型表現化が進んでいたことを示唆する。これらは現在の上方落語の地の文でもよ

表2　SP盤文字化資料の会話文および地の文における終助詞終止の内訳
　　　（（　）内は各列の用例全体に占める割合（％））

終助詞	会話文	地の文	計
い	19 (3.9)	0 (0)	19 (3.4)
え	4 (0.8)	0 (0)	4 (0.7)
か	77 (15.7)	2 (3.3)	79 (14.3)
かい	26 (5.3)	1 (1.7)	27 (4.9)
かえ	0 (0)	1 (1.7)	1 (0.2)
かな	3 (0.6)	2 (3.3)	5 (0.9)
がな	23 (4.7)	0 (0)	23 (4.2)
せ[*8]	11 (2.2)	0 (0)	11 (2.0)
ぞ	2 (0.4)	0 (0)	2 (0.4)
で	16 (3.3)	1 (1.7)	17 (3.1)
てん	5 (1.0)	0 (0)	5 (0.9)
な	78 (15.9)	18 (30)	96 (17.4)
なあ	78 (15.9)	25 (41.7)	103 (18.7)
ない（禁止）	4 (0.8)	0 (0)	4 (0.7)
な（禁止）	16 (3.3)	0 (0)	16 (2.9)
ね	15 (3.0)	1 (1.7)	16 (2.9)
ねえ	5 (1.0)	5 (8.3)	10 (1.8)
ねん	33 (6.7)	0 (0)	33 (6.0)
の	12 (2.4)	0 (0)	12 (2.2)
のう	1 (0.2)	0 (0)	1 (0.2)
のん	1 (0.2)	0 (0)	1 (0.2)
や[*9]	18 (3.7)	2 (3.3)	20 (3.6)
よ	6 (1.2)	1 (1.7)	7 (1.3)
わ	18 (3.7)	0 (0)	18 (3.3)
わい	20 (4.1)	1 (1.7)	21 (3.8)
わえ	1 (0.2)	0 (0)	1 (0.2)
計	492 (100)	60 (100)	552 (100)

表3　各終助詞終止文における終助詞の直前の形式の内訳

	動詞終止形	動詞命令形	動詞連用形	形容詞終止形	終助動詞	助動詞連用形	終助詞	名詞	副詞	接続助詞	準体助詞	総計
い	0	0	0	0	14	0	5	0	0	0	0	19
え	0	1	0	0	0	0	3	0	0	0	0	4
か	10	0	3	2	42	0	0	20	1	1	0	79
かい	2	0	0	7	6	0	0	8	0	1	3	27
かえ	0	0	0	0	1	0	0	0	0	0	0	1
かな	0	0	0	1	2	0	0	2	0	0	0	5
がな	4	0	0	2	16	0	1	0	0	0	0	23
せ	0	0	0	0	11	0	0	0	0	0	0	11
ぞ	0	0	0	0	2	0	0	0	0	0	0	2
で	2	0	0	2	11	0	2	0	0	0	0	17
てん	0	0	0	0	0	5	0	0	0	0	0	5
な	6	1	0	5	34	0	43	1	0	6	0	96
なあ	6	1	0	12	61	1	11	2	0	9	0	103
ない禁止	1	1	2	0	0	0	0	0	0	0	0	4
な禁止	13	0	3	0	0	0	0	0	0	0	0	16
ね	7	0	0	0	9	0	0	0	0	0	0	16
ねえ	3	0	0	1	4	0	0	0	0	2	0	10
ねん	22	0	0	1	10	0	0	0	0	0	0	33
の	6	0	0	0	0	0	6	0	0	0	0	12
のう	0	0	0	0	1	0	0	0	0	0	0	1
のん	1	0	0	0	0	0	0	0	0	0	0	1
や	0	8	0	0	2	0	6	0	2	2	0	20
よ	0	3	0	0	0	0	3	1	0	0	0	7
わ	2	0	0	7	9	0	0	0	0	0	0	18
わい	7	0	0	6	8	0	0	0	0	0	0	21
わえ	0	0	0	0	1	0	0	0	0	0	0	1
総計	92	15	8	46	244	6	80	34	3	21	3	552

表4　会話文と地の文ごとに見た、終助詞3種における直上要素の内訳

		動・終	動・命	形・終	助動終	助動用	終助	名詞	接助	計
な	会話	5	1	5	20	0	43	0	4	78
	地	1	0	0	14	0	0	1	2	18
なあ	会話	6	1	12	38	1	11	2	7	78
	地	0	0	0	23	0	0	0	2	25
ねえ	会話	2	0	1	2	0	0	0	0	5
	地	1	0	0	2	0	0	0	2	5

く使われる語りの定型表現であるが、日常的には耳にする機会が少ない言い回しである（最近の関西の若者はまず使わない）。

　　進んでんのは医学ですな。　　　　　（「です＋な」、3代目桂文三「善は急げ」）
　　もう、こんな舅（を）持ったら、おかみさんも災難でござりますなあ。
　　　　　　　　　　　　　　（「でござります＋なあ」、2代目林家染丸「親子酒」）
　　蓋した方をばめくってみたら、その時に辺りにいる人、誰も知らん人ばっかりじゃったというお話がござりますねえ。
　　　　　　　　　　　　（「ござります＋ねえ」、2代目曽呂利新左衛門「盲目提灯」）

4.2　③助動詞終止形終止の状況

　次に、③助動詞終止形終止に関して。表5はその内訳を分類集計したものであるが、会話文と地の文とで顕著な差が見られる。用例数がある程度あるものについて述べると、「ます」、「まする」終止は地の文での使用率が極めて高い（会話文8.1％（7.8＋0.3）、地の文46.5％（31.3＋15.2））。これは、地の文で演者が観客に対して丁寧さを表出した結果である。それに対して、「じゃ」終止や「や」終止はほぼ会話文に限られるし、「う（短呼形）」[*10]や打消の「へん」も会話文での使用が顕著である。こうした使い分けは、地の文と会話文との間に文体差が存在していたことをあらためて示すものである。その一方で、待遇価値と関わらな

い過去・完了の「た」終止や打消の「ん」終止は、会話文、地の文の違いによる差は感じられない。

表5 SP盤文字化資料の会話文および地の文における助動詞終止形終止の内訳
(( ) 内は各列の用例全体に占める割合 (%))

助動詞	会話文	地の文	計
う	7 (1.8)	2 (1.0)	9 (1.5)
う（短呼形）	36 (9.1)	0 (0)	36 (6.1)
おます	6 (1.5)	2 (1.0)	8 (1.4)
じゃ	63 (15.9)	2 (1.0)	65 (11.0)
ちゃ（じゃ融合）[11]	5 (1.3)	0 (0)	5 (0.8)
ず	0 (0)	1 (0.5)	1 (0.2)
そうな	2 (0.5)	1 (0.5)	3 (0.5)
た	77 (20.0)	50 (25.3)	127 (21.4)
だ	7 (1.8)	0 (0)	7 (1.2)
です	5 (1.3)	10 (5.1)	15 (2.5)
はる	1 (0.3)	0 (0)	1 (0.2)
へん	17 (4.3)	0 (0)	17 (2.8)
まい	1 (0.3)	1 (0.5)	2 (0.3)
ます	31 (7.8)	62 (31.3)	93 (15.7)
まする	1 (0.3)	30 (15.2)	31 (5.2)
む	0 (0)	1 (0.5)	1 (0.2)
や	57 (14.4)	1 (0.5)	58 (9.8)
やす	15 (3.8)	8 (4.0)	23 (3.9)
れる	0 (0)	1 (0.5)	1 (0.2)
ん	64 (16.2)	26 (13.1)	90 (15.2)
計	395 (100)	198 (100)	593 (100)

4.3　①動詞終止形終止の状況

　上位3項目のうち、残る①動詞終止形終止の場合である。表1によれば会話文7.2%に対して地の文16.4%と、地の文での使用率が相対的に高い。動詞自体の語彙的な傾向は見出せなかったが、地の文において、話の筋の展開手段、あるいは語りの手法として動詞終止形が一役買っていることは容易に推測されるところである。例えば次のように、「でやす」「でござります」といった待遇表現が多用される環境下でメリハリをつけるには、「たある」として動詞終止形で終止するのが効果的に映る。

　　丁稚はえらい頓知のええやつでやす。金物屋さんのことでござりますから、立て出しの引き出しを抜くと、中に、銅（あか）やら真鍮、鉄、さまざまの鋲が入（い）ったある。そいつを引き出しに入れて、庭から外へ撒き散らかして、
　　「盗人やァ！」
　　　　　　　（2代目曽呂利新左衛門「鋲泥棒」、下線および波線は筆者による。以下同）

5.　第4位の項目について

　ところで、表1の第4位の項目はどうであろうか。会話文では④命令形終止が5.7%で第4位である。この④命令形にはいわゆる連用形命令法なども含めてあるが[*12]、地の文では1.0%しか用いられていない。地の文は基本的には話の展開を補助する場であって、強制力を伴う対他的な働きかけは不要ないし不相応ということであろう。

　地の文の第4位は、㉒言いさし（…付）で、9.2%を占める[*13]。地の文における言いさしは、単なる言いよどみなどの場合もあっただろうが、むしろ、単調さの回避や場面転換、呼吸の整調といった積極的な役割を担っていたのではないかと推測される[*14]。トータルとして話をし続けるためには、完全な文を話し切るよりも、適当に切り上げることが優先されることもあるのである。これも話芸としての落語の文体を考える上で重要な視点であろう。

6. その他の項目について

　前節までは表1で多用される項目を中心に、しかも量的側面に着目して見たのであるが、検討したのはわずか5項目にとどまった。つまり20項目弱がまだ残されているのであるが、第5位以下は数値上から傾向を読むのが難しい。そこで本節では、残りの項目を量的に見るのではなく、構文上のあり方、特に省略、倒置、添加という観点から捉えなおしてみたい。

　省略、倒置、添加は、日本語文の典型的なSOV構造から外れるものであり、構文的に不完全な印象を与えるものであるが、残る項目の大半の用例は、このいずれかで解釈することが可能である。わかりやすい例からはじめると、⑪名詞終止は省略を強く印象付ける場合が多い。例えば次のような例である。

　　　今日は稽古初め。　　　　　　　　　　（桂枝太郎「雷の褌」会話）

SOV構造から見れば、必ずVを欠くわけであって[*15]、そのために何かが省略されているような印象を与える。名詞終止はこのような特徴を有する[*16]。
　また、⑭格助詞終止も倒置や添加を強く感じさせる終わり方が多い。例えば次のような場合である。

　　　番頭、来てみんかいな、お父さんのとこへ。
　　　　　　　　　　　　　　　　　　　（2代目林家染丸「電話の散財」会話）

この場合、ヘ格に先立って「来てみんかいな」という、文終止可能な形態を持つ節が「、」を境界としながら提示されているために、そこでいったん文としてのまとまりを強く感じさせる一方、さらにその内容と密接に関連するヘ格が後置されるため、倒置や添加の印象を強く与えるのである。格助詞「が」終止の場合も見られる。

　　　手前の顔に、あんまり酒に飲むもんやさかい、顔が三つも四つもなったがな、ばっ、化けもんめが。　　　　　　（2代目林家染丸「親子酒」会話）

この場合も、文終止形態とも見なせる「顔が三つも四つもなったがな」が先に提示されている。その後に「、」を介して添加される「ばっ、化けもんめが。」はその前部を機縁として導き出されるものであり、従属性を感じさせるのである。このあたりの「、」や「。」の加点に関する文字化作業者の判断は十分に理解できるものである。

⑫指示詞、⑧呼びかけ・応答[*17]、⑩人称詞・人名も同様の構文条件をとり、省略、倒置、添加を強く感じさせることになる。

  とうとう気違いや、こらァ。   （桂文雀「口あい小町」会話）
  あわて者（もん）やなあ、ありゃァ。 （4代目笑福亭松鶴「愛宕参り」会話）
  難儀やなァ、おい。
      （呼びかけ・応答、2代目曽呂利新左衛門「サツマ県のおまわり」会話）
  好きだんね、わたい。 （人称詞・人名、3代目桂米團治「大安売り」会話）

⑮接続助詞終止の場合はそれらとはやや異なる構文をとるが、省略的である[*18]。それは以下の例のように、条件表現の前部要素しか提示されていないような印象を与えるからである。

  本当（ほんと）は、おくんなはったら、あんたの言うのは、どんな無理でもわたい聞くさかい。   （桂枝雀「煙管返し」会話）
  向こ（う）へ物貸したら利回りがええし。 （桂文雀「長屋議会」会話）

7.「。」を加点してもよさそうなのに加点されていない場合について

ところで、今回用いた原テキストには、文として成り立っているように思われるにもかかわらず、「。」を加点しない場合が多々見られた。2節で述べた終わりかぎ括弧の問題はそのひとつであったし、前節で見た省略や倒置を感じさせる構文においてもそうした例は見られた。後者について言えば、前部と後部が「、」でつながれたものが多かったが、前部だけを見ればじつは文として成立しており、「、」ではなく「。」を加点してもおかしくないものも数多くあったのである。そこで本節では、それら以外で「。」の加点が避けられた場合の

一端について述べておきたい。

　そもそも、「。」は実音を伴わず、本来は構文情報すなわち、文末情報を反映する記号であるから[*19]、その加点に際しては、文構造が密接に関与する。次の例を参照されたい。

　　この前の卯の日だした、ちょうど旦那みたいな、世辞のええ旦那だした、乗っておもらい申しま（した）。　　　　　　　　　（桂枝雀「いびき車」会話）

この例は「、」でつながれて1文となっているが、「た」で区切って3文としてよい場合である。しかし、各要素が「〜だした、〜だした、」と、よく似た構造を持ち、少しずつ説明を加えつつ、一体的な文脈をなしていることから、「。」が打たれなかったと見られる。また、次の例のように、並列的な状態や動作を列記する場合も、やはり「、」でつなぐことがある。

　　ああ、風呂屋へ行った、髪（を）結うてもろた、白粉（を）塗った、お膳の上は二（ふた）箸三（み）箸の肴が並びました。　（桂文雀「口あい小町」地）

さらに、同じ要素を反復させる場合にも、「、」とすることがある。

　　ゴロゴロゴロゴロ…………、っと走りよる、走りよる。
　　　　　　　　　　　　　　　　　　　　　　（桂枝太郎「雷の褌」地）
　　もうし、お父さん、もうし、お父さん！（2代目林家染丸「電話の散財」会話）
　　ウー、大けェなった、大けェなった。　　（3代目桂米團治「大安売り」会話）

また、次の例のように、文脈上、対比色が強い場合にもそうした処理が行われることがあるが、この場合も、構文的に類似していると言ってよい。

　　（ヘッ）これが、大きい者（もん）でおますというと、走っていましても、この雲は厚い、こっちは薄い。　　　　　　　（桂枝太郎「雷の褌」地の文）

ともあれ、上記の諸例の場合、各要素が構文面でよく似ており、さらにいずれも長すぎず、リズミカルであることから、文字化作業者にそれぞれを文として独立させることを躊躇させたものと思われる[*20]。

この他、呼びかけの類で始まる場合などで、「。」を付さないことがある。次の例などは文字化作業者によっては、「嬶（かか）よ。」としてもよいところであろう[*21]。

　　　嬶（かか）よ、今日はふんどしを出してやれ。　　　（桂枝太郎「雷の褌」会話）

8. 落語の資料性

言うまでもないが、落語は談話を高度にプロトタイプ化した話芸であり、自然談話とは一線を画す。こうしたプロトタイプ化自体は小説類、演劇資料など、従来日本語資料として用いられてきた各種の資料でも多かれ少なかれ見られるものである。ただし落語資料には、演者の発話行為能力による制約という、他の資料群には存在しない問題が存在する。本節ではそれについて述べておく。

まず、落語では、一人の演者が間断なくしゃべり続けなければならず、下手をすると、文字通り息をつく間もなくなってしまう、という問題がある。実際には、そうならないように工夫するのであるが、その「工夫」は落語の内容面や文構造にも及ぶはずである。例えば、長すぎる発話や話速の早い発話の連続は難しく、適当なところで発話（文）を中断したり、適宜、フィラーなどを入れて演者の話しやすいように調子を整えたり、といったことが行われる可能性がある[*22]。

また、複数の登場人物を一人で演じわけることの問題もある。現実の世界では、複数の話者が同時に話し続けることがあるが、落語ではその再現は行えず、かならず発話時間を前後させて語り分けることになる。また、登場人物も、一話全体を通して見れば何人登場してもかまわないが、場面ごとに見れば、演者が十全に演じ分けられる人数は多くない。多くの場合、一場面での登場人物は1名ないし2名であるが、それは上演時、いわゆる上下（かみしも）の区別がもっとも有効に機能する人数であって、これも演者の身体性ないし上演技術が内容面、構成面に与える影響である。加えて、語り手としての役割も果たさなけれ

ばならないのであって、今後、こうした資料的性格[*23]にも配慮が求められることになるかもしれない。

　さらに、演目にも配慮が必要である。会話のやりとりを中心に構成される演目もあれば、そうでないものもあり、文の数や文終止のあり方にかなりの偏りが出ることが危惧される。試みに、演目ごとに、会話のターンを調査したところ、単位時間（秒）あたりのターン回数は、演目ごとに差が激しく、最大で約30倍の開きを持つことが判明した（最小：0.01回／秒「滑稽日露戦争の咄」、最大：0.33回／秒「愛宕参り」）。本稿で示した各データとその分析結果は、残念ながらこうした偏りを考慮していないが、やはり問題であろう。

9. 最後に

　本稿では大阪落語SP盤文字化資料における「。」の加点状況を主に量的に分析することで、文のあり方の解明を試みた。結果的にはいくつかの傾向を報告できたが、6節以降、少数派の分析やSOV構造から外れる用法を扱った部分では量的分析をあえて行わなかった。しかしながら、筆者は、そうした少数派にこそ関西弁の特徴が色濃く反映されるのではないか、という予想を、（最後に元も子もないことを言うようだが、）持っている。今後の課題として稿を閉じる。

注

1）【使用テキスト一覧】いずれも今回、本プロジェクトから新たに提供されたもので、本稿においては、テキストファイル形式のデータを利用した。以下、演者（生没年）、演目、録音年のみを記しておく。ちなみに、演者10名の間には最大で25歳、ほぼ一世代のひらきがあるが（2代目曽呂利新左衛門と4代目松鶴など）、今回は一括して扱う。録音年代も、1903年から1926年にわたるが、これも同様である。なお、音源にさかのぼった用例確認は行っていない。いずれも今後の課題として残す。●桂枝雀（1864〜1928）：「いびき車」（1909）、「さとり坊主」（1923）、「芋の地獄」（1909）、「煙管返し」（1909）、「亀屋左兵衛」（1903）、「嫌い嫌い坊主」（1909）、「蛸と猫」（1903）、「蛸の手」（1909）●桂枝太郎（1865〜1927）：「雷の褌」（1924）●3代目桂文三（1859〜1917）：「天神橋」（1903）、「学者と魚売人」（1908）、「滑稽日露戦争の咄」（1903）、「漆山角力の咄」（1903）、「写真屋」（明治末）、「善は急げ」（1903）、「豊竹屋節右衛門」（1908）●2代目桂文枝（1845

～1916）：「たん医者」（1912）、「近江八景・小噺」（1912）、「近日息子」（1912）●桂文雀（1869～1939）：「滑稽女子大学」（1924）、「狐釣り」（1924）、「口あい小町」（大正年代）、「長屋議会」（1923）●3代目桂文團治（1856～1924）：「倹約の極意」（1908）、「四百ブラリ」（1925）、「芝居の小噺」（1908）●3代目桂米團治（1869～1943）：「ぬの字鼠」（1926）、「大安売り」（1926）●4代目笑福亭松鶴（1869～1942）：「やいと丁稚」（1925）、「愛宕参り」（1908）、「一枚起請」（1908）、「魚づくし」（1908）、「神戸飛脚」（1909）、「竹の子」（1908）、「天王寺名所」（1924）、「浮世床」（1926）、「平の蔭」（1908）、「理屈あんま」（1924）●2代目曽呂利新左衛門（1844～1923）：「サツマ県のおまわり」（1903）、「絵手紙」（1912）、「恵美須小判」（1908）、「後（あと）へ心がつかぬ」（1908）、「湯屋」（1903）、「動物博覧会」（1912）、「日と月の下界旅行」（1912）、「馬部屋」（1903）、「鋲泥棒」（1908）、「盲目提灯」（1908）●2代目林家染丸（1866～1952）：「親子酒」（1923）、「電話の散財」（1923）、「日和違い」（1923）

2）今回は「？」「！」については扱わない。「。」（のみ）を文末とすることに対するいくつかの問題点については後述。なお、話しことばの分析に関しては、文単位ではなく、節単位で分析することが主流であり、また、実態にも即しているようである（小磯編（2015）第3章（丸山岳彦執筆）など）。しかし、本稿ではあえて文という単位に注目し、分析を加えたい。

3）ちなみに、全ての終わりかぎ括弧（」）の前に「。」を追加して文末と認め、分析対象とするという選択肢もあり得る。確かに、発話は終わりかぎ括弧の前で間違いなく終了する。しかし、発話の終了が常に「。」にふさわしいかどうかは別問題である。例えば、聞き手側の制止によって発話が強制的に中断されることが十分に考えられるからである。その場合、話し手の意志によって文が終了したわけではなく、文末とは言いにくい。したがって、今回はその処理は行わなかった。なお、終わりかぎ括弧終了の場合を含む全3871箇所の「文末」のうち、2128個所で「。」が見られ、用例の分量としてはひとまず十分、と考える。なお、2128例のうち、4例は終わりかぎ括弧の前に加点されたものであったから、以下ではそれらを除外した2124例を分類、分析の対象とする。

4）ちなみに、㉓語末省略（（）付）類はあくまでも「語」の一部の省略であり、構文上の省略を感じさせることはほとんどなかった。

　　いいえ、違いま（す）。　　　　　　　（語末省略、3代目桂米團治「ぬの字鼠」会話）

5）ただし、同じく「ん」で終わる場合でも、「てん」「ねん」はすでに終助詞として熟しているものとみて、ここには含めなかった。

6）特に、地の文で終助詞終止が上位3位に入っている点に注目しておきたい。小説類などの地の文とは違い、SP盤の地の文は話しことばであり、終助詞終止という、本来、

話しことばで多用されやすい文終止方式が多く用いられるのである。

7）厳密に言えば、本稿の手法では文末の状態しか把握できないので、SÖ（V）であるかどうかは不明とすべきであるが、ここでは不問に付す。

8）「せ」とは、「そんなら子狐上げまっ<u>せ</u>。」（桂文雀「狐釣り」会話）などの場合を指す。この項目には「よう似てやっ<u>せェ</u>」（3代目桂米團治「ぬの字鼠」会話）などの長音形も含めた。

9）終助詞「や」には「さっ、やかましィ言いなはん<u>や</u>。」（2代目林家染丸「親子酒」会話）などの場合である。助動詞「じゃ」の変化形とされる「や」はここには含めない。

10）「『金貸しを十人寄せて眺むれば、中の五人は無学文盲』ちゅうこと<u>おまっしゃろ</u>。」（桂文雀「狐釣り」会話）などの場合を指す。

11）「アー、御丁寧な<u>こっちゃ</u>。」（3代目桂文團治「倹約の極意」会話）などの場合を指す。

12）ただしテ形による命令（3例）は接続助詞とし、命令形には含めていない。しかし概して、テ形による命令は少ない。この傾向は近世の洒落本でも同様である（村上2014）。

13）ただし、この㉒言いさし（…付）は会話文でも5.0％で第5位に入っており、言いさしの多用は地の文特有というわけではない。

14）呼吸の整調という面に限って言えば、地の文にせよ会話文にせよ、生身の人間である落語家が話す以上、常に必要である。

15）あるいは、コピュラ文であれば、ジャやデスなどの繋辞類が欠如している、ということになる。本稿では、活用語を中心とした典型的な文終止と、繋辞類による文終止をあわせて構文上の「V（終止）」と見なす。

16）ただし、⑪は、実は順位の高い項目で、会話文では第7位、地の文では第5位である。文末の単調さを避けるために積極的に用いられた可能性もある。

17）「呼びかけ・応答」には「はい」「へい」「うん」「なるほど」などを含めたが、「擬音語」と区別が付きにくいものもあった。

18）ただしこれらも、前文脈の流れを通して見れば、倒置的あるいは添加的である可能性は高い。

19）ただし、文音調、例えば、文末にいたる自然下降、を反映するという考え方もできるかもしれないし、文末を示す時間的空白（ポーズ）を反映すると考えることも可能であるが、本稿ではそれらは二義的と見る。

20）こうした一種の「リズム感覚」が関西弁を特徴付けている可能性も十分に考えられる。

21）これら以外にも、引用の問題がある。原テキストでは「、」も付されずに下に続くことが多い。

あっちでいかな、こっちいこうちゅうて、エーカナアッチ、出すことばっかり考えてんねェな。　　　　　　　　　　　　　　　（桂枝雀「さとり坊主」会話）
　　お焼きはしんみり煮（た）かないかんさかいな、家（うち）の醤油（を）持ってきて貸したげますわて、こない言うたらな、へたら、醤油（は）仰山あると言いはるね（ん）。　　　　　　　　　　　　　　　　（桂文雀「長屋議会」会話）
22）もちろん、「芸」としては、そうした演者側の限界を逆手にとって見せることもある。例えば小噺『寿限無』が落語として成り立つのは、単に子供の名前が長くて面白いから、だけではなく、演者の「記憶力」などを限界まで活かして見せ場とするからでもある。
23）これらの点については、他の資料群（例えば脚本（＝音読を前提としており、より音声の文字化資料に近い）や小説（＝これはそれらから遠い））と比較してみることで明らかになることも多いはずである。

引用文献

小磯花絵編（2015）『講座日本語コーパス 3. 話し言葉コーパス―設計と構築―』（第3章　丸山岳彦執筆部分）
真田信治・金澤裕之（1991）『二十世紀初頭大阪口語の実態』（科研費報告書）
村上謙（2014）「近世後期上方における待遇表現化のコロケーション」（『日本語学』33-14）

付記

本稿では、科研費補助金「日本語歴史コーパスの多層的拡張による精密化とその活用」（研究代表者：小木曽智信（基盤研究（A）平成27-30年度））、科研費補助金「「標準語」の影響下における明治大正期関西弁の実態」（研究代表者：村上謙（若手研究（B）平成24-27年度））および、国立国語研究所共同研究プロジェクト「通時コーパスの構築と日本語史研究の新展開」における研究成果の一部を利用した。

7

文体面から見た偶然確定条件の諸相
――落語SPレコード・『夢酔独言』・
尾崎紅葉の言文一致体小説を中心に

揚妻祐樹

要旨
　東京、大阪の落語のSPレコードや円朝、伯円の速記本の偶然確定条件を見るといずれも「地」に於いてはトが優勢であった。これはトが体験主体の立場を離れた冷静な観察者の立場に立つという表現性をもつからであると考えられる。こうしたトの特徴は、私的体験を想起するままに語るが如き『夢酔独言』においてタラが優勢であるのと対照的である。このトの表現特性が言文一致体の地の文における偶然確定条件表現に適していたものと考えられる。一方、明治20年代の言文一致体の小説の地の文に於いてはトの他に仮定形＋バも勢力を保っていた。これは旧語法の残存という事情の外に語り口の選択の問題が関与すると思われる。バの使用が高率になる場合は、淡々とした語りではなく調子の高い詠嘆調の語り、尾崎紅葉のいう「歌のやう」な語りをするときである。

キーワード：偶然確定条件　語り　『夢酔独言』　言文一致体　尾崎紅葉

1. はじめに
1.1　偶然確定条件から見た文体差
　現代語における偶然確定条件の形式はトとタラによって表現される。

　①外に出てしばらくすると雪が降り始めた。
　②外に出てしばらくしたら雪が降り始めた。

このうち、トの方が比較的文章語的であり、タラの方が口頭語的である、というのが母語話者としての語感ではないかと思われる。たとえば現代小説の一作品（宮部みゆき「聖域」2016）を調査したところ表1のような結果であった。

表1 「聖域」の偶然確定条件

	タラ	ト	バ	合計
会話	8（57.14%）	5（35.71%）	1（7.14%）	14（100%）
地	6（15.38%）	33（84.62%）		39（100%）

会話文では若干タラが優勢であるのに対して、地の文ではトの方がかなり優勢である。トが文章語専用というわけではないが、現代の文章語（小説の地の文など）における偶然確定条件の表現は基本的にトが用いられると予想することが出来よう。

　では現代文の濫觴たる明治20年代の言文一致体においては、偶然確定条件の形式はどうだったのであろう。本稿はこの問題を考察する。そして考察に当って次の二点を考察のポイントとする。

〈1〉言文一致体は、単純に言えば口語の語法で文章を書くスタイルである。しかし、種々の位相の口語の中でどの形式を選択するかが問題であった。島村抱月が言文一致体の文末形式としてダ・デス・デアルなどうちいずれを選択すべきかを論じた際に、その基準となったのは、公的な性格を持つべき文章体の位相に適合するかどうかであった[*1]。そしてこれは文末に限らず、文中の形式、たとえば偶然確定条件の形式としてふさわしい形式を選択する場合においても同様の問題が生じるはずである。文章に於ける偶然確定条件の形式を考える際に、まず口語の世界に於ける偶然確定条件の諸形式（ト・タラ・已然形（仮定形）＋バ）がどのように位置づけられるかを考えなければならない。

〈2〉言文一致体とはいえ、一足飛びに文語的語法から口語的語法へ転換したわけではない。特に文末表現に比べ文中表現の口語化は遅れていたようである。

阪倉 (1957) は、四迷『浮雲』(三回目あたりまで) や美妙の諸作、広津柳郎『残菊』など、初期の言文一致体には「その用語・構造ともに話し言葉とはおよそ無縁のような文が、ただ文末に「です」「だ」の類を伴うだけで文章中に組み入れられている」としている。そして同じ作家の作品においても口語化が進んでいるものと、旧来の語法 (已然形 (仮定形) ＋バ) の比較的多いものとがある。本稿ではこうした文章語への現れを考察する。

1.2 用例採集について

本稿では偶然確定条件の用例比較を行う。そこで偶然確定条件に隣接する表現との線引きを行う必要がある。偶然確定条件とは条件節が、第一に現実に生起したものであり、第二に個別的、一回的であるような事象を表わすものであろう。そこでト、タラなどに上接する概念が一回的ではないもの、事象を表わさないものは除外する。

（1） 恒常的条件表現
　　次のような例は除外する。
　　①春になると桜が咲く。(一般的事実)
　　②彼はいつも朝6時半になるとジョギングに出掛ける。(習慣)
（2） 動作概念を失った複合辞は除く。
　　③そういえば、あなたは沖縄出身でしたね。
　　④その時の状況といったら、なんとも筆舌に尽くしがたいものでした。
　　⑤Aさんによると、今日のパーティーで何かサプライズがあるとか。
　　⑥して見ると、噂は本当だったんだ。
　　但し「～という」の上接部が個別的な動作概念を有するものは偶然確定条件と見なす。
　　⑦その日はそれで済みましたが、また五日間ほど経ちますちゅうと、同じとこへ使いに行かんならんことが出来まし(た)。(林家染丸「日和違い」大正12年頃)
（3） 接続詞相当 (スルト、ソウシタラなど) 動作概念を伴わないものは集計しない。

（4）以下の用法は慣用化された表現と思われるが、偶然確定条件と見なし採集する。
　⑧思えば遠くへ来たもんだ。
　⑨聞けば、御栄転とのこと。
（5）並列表現（継起的ではないもの）は除く。
　⑩棺にも敛(おさ)めたれば、葬送(とむらひ)も出した、（『多情多恨』（一））

ただし次のようなものは偶然確定条件と見なし採集する。

　⑪（…）涙が流れて、(A)拭かずにゐれば気味悪く冷々と頬を伝はる、(B)拭けば後から〳〵出る。（『多情多恨』（四の一））
　（AとBは並列的な関係だが、その内部の前件と後件は継起的である）
（6）〜バ〜ホドの形式は継起的接続というよりも動作の強調表現と見なし採集しない。
　⑫考えれば考えるほど解らなくなる。

2. 明治後期〜大正期落語SPレコード資料の偶然確定条件
2.1　調査の意味付け、及び調査結果概要

　今回の共通資料である落語SPレコード資料の資料的価値について簡単に触れる。SPレコードは落語家の生の音声を伝える点で速記本より音声資料として優れていることは言うまでもない。さらに、東京、大阪両地域にまたがる、「落語」という同一ジャンルのまとまった資料である点が重要である。というのは、特に近代以降、一応当時の口語の資料として考えられる外国人の日本語学習書、『安愚楽鍋』、小説（『当世書生気質』『浮雲』）などの会話文は、いずれも東京語の資料であり、これに対応する大阪語の資料を考えるのが困難である。しかもこれらは同じ「東京語」といっても雑多なものであり均質性に乏しい。この意味で、均質性が保たれ、しかも地域差が比較できるSPレコード資料は、演者が客の前で演じるという言語場面の制約はあるとしても、貴重と思われる。
今回論集の共通資料となっている明治後期から大正期にかけて出されたSPレコードの調査結果が以下のとおりである。

表2　東京落語の偶然確定条件

	タラ	ト	バ	合計
地	3	54		57
	5.26%	94.74%		100%
会話	22	16	1	39
	56.41%	41.03%	2.56%	100%

表3　大阪落語の偶然確定条件

	タラ	ト	合計
地	8	44	52
	15.38%	84.62%	100%
会話	44	9	53
	83.02%	16.98%	100%

●東京落語の例

〈会話〉

⑬（タラ）「私(あたくし)は灯心の論を立てましたるところ、灯心というものは、私は山吹の枝から出ると申しましたら、源坊ちゃんの言うには、畳の目を割くと出るというんで、どっちが本当だかお役人様に伺いまする」(三遊亭圓遊「裁判の噺」明治36年)

⑭（ト）様子が変だから、お客さまが聞いてみると、あの花魁を買いたいという龍田川の返事だ。(柳家小さん「千早振る」明治42年)

⑮（バ）「で聞けば一等、二等、三等と区別がしてあるてんだが、(…)(柳家小せん「専売芸者」明治44年)

〈地〉

⑯（タラ）「親玉ァー、野郎ども逃がすなァー、天道(てんとう)さまァー」
天道さまと言ったら、もぐらが残らず引っ込んでしまいました。(三遊亭圓右「動物園もぐら芝居」明治44年)

⑰（ト）一生懸命、これ馬鹿野郎でございますから、せんのとこへ参りま

すと、せんのが安いというんで、待ちかねていたとこで、(柳家小さん「みかんや」明治36年)

●大阪落語の例
〈会話〉
⑱（タラ）「芝居の看板（を）見に参りましたら、看板の下に、こんな紙に、近日よりと書いて、貼ってございました。ありゃ何です」(桂文枝「近日息子」明治45年)

⑲（ト）「肩こりますなあ、親父さん。エー、それがなんでやすか、立て板に粒でやすか、親父さん。なんじゃ、聞いてると、横板にとりもちみたいでやすなあ」(笑福亭松鶴「浮世床」 大正15年)

〈地〉
⑳（タラ）ここに、面白い見立てのお医者さんがございました。何を見せても、たんじゃたんじゃと申します。手伝い衆が怪我をしまして、見に行きましたら、
「これはお前、たんじゃ。上段から落ちたんじゃ」(桂文枝「たん医者」明治45年)

㉑（ト）易者の言うことを、阿呆が信用いたしまして、使いに参りまして、用足しして、五町ほど戻って来ますと、空が真っ黒け。粗い雨が、おつ（おつむ）もへポツポツ…。(林家染丸「日和違い」大正12年頃)

2.2 地域差

東京と大阪を比べたとき、「地」（落語家が客に直接語り掛けるところ）、「会話」（落語家が登場人物を演じているところ）いずれの場合も、大阪のタラの比率が東京のそれを上回っている。（地：東京5.26％／大阪15.38％、会話：東京56.41％／大阪83.02％）矢島（2013）では確定条件、仮定条件を一括して上方・大阪と江戸・東京の条件表現について、江戸・東京の各条件表現形式が時代によって特別な増減の傾向を示さないのに対して、上方・大阪がタラの「一極集中」を示すことを指摘している。落語SPレコード資料の偶然確定条件についても同様の傾向を見て取ることが出来る。

2.3 「地」と「会話」について

　「地」と「会話」を比べると、東京、大阪という地域差を問わず、「地」においてトが優勢であり、それと比較して「会話」においてはタラが勢力を伸ばすという形になっている。

　蓮沼 (1993) は、「事実的用法」（偶然確定条件に該当すると思われる）のタラとトについて、タラが「後件の事態を話し手が実体験的に認識する」のに対して、トは後件の事態成立や前件に対する認識を「話し手が外部からの観察者の視点で語る」という違いを指摘する。たとえば後件が意志的行為を表わす場合は、後件の事態が「話し手」—というよりも「行為者」、あるいは「行為者」の視点に同化した語り手というほうが適切と揚妻は考えるが—にとって発見的な実体験ではなく、この場合はタラが用いられなくなる。

　㉒彼は家に（*帰ったら／帰ると）友達に電話した。例は蓮沼 (1993) より

蓮沼の考察を敷衍すると、ある主体が時間軸の中で逐次的に体験する事柄を追いかける時にタラが用いられるのに対して、そうした体験主体の立場を離れて事態を俯瞰的に把握する場合にトが用いられるという違いがあるわけである。トが体験主体の立場を離れた冷静な観察者の立場に立つという表現性が、文体的に見た場合、地の語りに適した表現性を有することになるのであろう[*2]。また、裏を返せば、私的な体験を未整理のまま逐次的に追いかけるように語る時にタラが用いられるのであろう。こうしたトやタラの表現性の違いは、東京、大阪といった地域を超えてかなり一般的であったのではないか。「地」「会話」の現れ方の、東京、大阪の共通性はその反映であったのではないだろうか。

　なお、講談や落語の速記本資料の偶然確定条件を見るとSPレコードの資料と同じく、「地」におけるトの多さが目立つ。トは冷静な観察者の視点に立った事態把握という表現性をもつ。それゆえにトが小説の地の文に採用されるのは自然な流れであったものと思われる。

表4 『天保六花撰』の偶然確定条件

		ト	タラ	バ	合計
天保六花撰 1892	地	100		2	102
		98.04%		1.96%	100%
	会話	9	12	13	34
		26.47%	35.29%	38.24%	100%

表5 『怪談牡丹燈籠』『塩原多助一代記』『真景累ヶ淵』の偶然確定条件

		ト	タラ(バ)	バ	タレバ	合計
怪談牡丹燈籠 1884	地	128		63		191
		67.02%		32.98%		
	会話	43	4	16	1	64
		67.19%	6.25%	25.00%	1.56%	100%
塩原多助一代記 1884〜1885	地	193		11		204
		94.61%		5.39%		
	会話	62	19	17		98
		63.27%	19.39%	17.35%		100%
真景累ヶ淵 1887〜1888	地	10	1	372		383
		2.61%	0.26%	97.13%		
	会話	103	33	14		150
		68.67%	22.00%	9.33%		100%

(揚妻 (2006) をもとに再構成)

3. 江戸語・東京語の偶然確定条件——『無酔独言』を中心に

　表6は後期江戸から明治期の口語資料として調査した結果である。もっとも、これらの資料は直線的に江戸〜東京語の時代的変遷を反映したものとは言えない。『浮世風呂』『安愚楽鍋』には種々の職種や階層の人物が登場し、このいずれが東京語に連続するかは明確ではない。(ただし用例が少なく階層間の比較は困難

と判断した)、『当世書生気質』に登場する書生たちの言葉は、後に山の手言葉として上田万年が「標準語に就きて」において「教育ある東京人の話すことば」が将来的に「新に発達すべき日本の標準語」の資格を有するとみなされることになるが[*3]、明治10年代の書生たちの言葉は、出身地の方言を残したり、個人差があったりと、多様である。外国人たちの日本語資料も誰に日本語を学習したのかによって異なっている。『夢酔独言』には方言的要素が反映されているとの指摘がある（真田（1988））。

表6　江戸後期から明治期の江戸・東京語の偶然確定条件

	バ	ト	タラ	タラバ	合計
浮世風呂 1809～1813	17 25.37%	25 37.31%	23 34.33%	2 2.99%	67 100%
夢酔独言 1843	1 0.27%	76 20.16%	250 66.31%	50 13.26%	377 100%
安愚楽鍋 1871～1872	10 15.15%	45 68.18%	11 16.67%		66 100%
サトウ 1873	2 10.53%	7 36.84%	9 47.37%	1 5.26%	19 100%
当世書生気質 1885～1886	16 20.25%	54 68.35%	9 11.39%		79 100%
浮雲（会話文） 1887～1889	20 43.48%	5 10.87%	21 45.65%		46 100%

注　『夢酔独言』は会話文2例（タラ2例）を含む。

　資料中、用例数の少ないアーネスト・サトウの『会話篇』を除くと、『夢酔独言』におけるタラとその派生形態と見られるタラバの使用率（両者合わせて79.41%）が突出して高い[*4]。この使用率は大阪落語の「会話」のそれ（85.5%）に迫るものである。真田（1988）においても『夢酔独言』でタラの使用が目立つことに注目し、「これは現代の関西中央部の方言における「タラ」の頻用と

比較することができよう」としている。真田（1988）は『夢酔独言』においてタラ以外にも、ムツカシイ、「言う」のウ音便、「借りる」の促音便、軽卑語としてのオルなど関西方言と同一の語法が使用されていることを指摘し、このうち「言う」のウ音便、「借りる」の促音便については「京阪語的表現が混入したというより、やはり当時まで京阪語がこの階層の言葉づかいが直接的に及んでいた」と真田（1988）は見ている。しかし上方語のタラの伸長は江戸時代の後半からのようであり（矢島（2013）参照）、江戸の町で江戸初期に取り入れたとみられる上方語が残存した、というのとは異なる理由付けが必要になろう。いずれにしても『夢酔独言』における上方語・関西方言の影響については考察すべき問題である。

　しかし本稿では別の観点から考えて見たい。それは『夢酔独言』の語り口である。『夢酔独言』は勝海舟の父、勝小吉（1802〜1850）の自叙伝である。旗本の家に生まれながら、若き日に江戸を出奔したり、喧嘩に明け暮れたりと、無頼の数々を重ね、40代に入ってようやく生活に落ち着きを見せるまでが語られている。こうした人生であったために、彼は武士として身につけておくべき漢文などのリテラシーを身につけておらず、たとえば十六の時「おれは手前の名がかけなくてこまつた」のであって、「手跡も漸〳〵二十余になつて手前の少用が出来るよふにな」ったのである。『夢酔独言』は首尾結構が整理された文章的記述ではなく、小吉の思いつくままをそのまま文字にしたような趣がある。勝部（1969）は「なまじ文字の素養がなく、文飾がないだけに、かえって率直、端的な独特の文体を打ち出して、今日でいえばフランクリー・スピーキングとなって、無酔老の個性面目躍如としている」としている。具体的には次のような語り口である。

㉓この年十月、本所猿江に、摩利支天の神主に吉田兵庫といふものがあつたが、友達が大勢此弟子になつて神道をした。おれにも弟子になれといふ<u>から</u>、いつて心易くなつ<u>たら</u>、兵庫がいふには、「勝様は世間を広くなさるから、私の社へ亥の日講といふを拵て被下ませ」とて頼だ<u>から</u>、壱ヶ月三文三合の加入をする人を拵たが、剣術遣ひはいふに及ず、町人百姓まで入れ<u>たら</u>、二、三ヶ月の中に百五、六十人ばかり出来た<u>から</u>、名前を持て

兵庫にやつたら、悦で受けとつた。
　夫から壱年半か［つ］たら五、六百人になつた。全くおれが御陰だから、「当年は十月亥の日に神前にて十二座幷に跡でおどりを催して、神いさめをしたゐ」とてたのむから、先づ構中の世話人を三十八人こしらいた。諸々へ触れて、当日参詣をして呉ろ、といつてやり、其日には皆々見聞のためだから世話人は不残御紋服を来てくれろ、といふから、その通りにしてやつたら、兵庫はしやうぞくをきてでた。
　だん〱参詣も多く、始めてこのよふなにぎやかなことはないとて、前町へはいろ〱商人が出ていた。夫から構中がだん〱来ると、酒肴で跡で膳を出して振るまつていると、兵庫めが酒に酔て居おつて、西の久保で百万石でももつた面をしおり、おれが友達の宮川鉄次郎といふに太平楽をぬかしてこき遣ふ故、おれがおこつてやかましくいつたら、不法の挨拶をしおる故、中途でおれが友達をみんな連て帰つた。
　そふすると外の者がいろ〱あつかひをいつてあやまるから、おれがいふには、「ひつきようは此構中はおれが骨折故出来たを、難有おもわなひと見えて、太平楽をぬかすは、ものをしらぬやつだから、構中をばぬけるからそふいつて呉ろ」といつたら、大頭伊兵衛・橋本庄兵衛・最上幾五郎といふ友達が、「(…)」と種々いふから、P64〜66

　上記の例では「から、故」（順接）、「たら」（若干「と」、偶然確定条件）、「て」（継起的な並列）が多用され、事柄が並列的に連なり—言い換えれば立体的に構成されず—、センテンスの切れ目が少ないことが特徴として挙げられる。小吉が自身の記憶を追体験的し、それをそのまま語っているのであって、記憶を再整理して首尾結構を整えて語っているのではない。言い換えれば、自ら冷静に顧みて自己を相対化して語っていのではない。『夢酔独言』がこのような語り口になった一因は、勝部（1969）の指摘するように小吉のリテラシーの低さに関係するだろう。小吉には漢学などの素養に基づく文章構成力は望むべくもなく、思いつくままを、俗語を交えて書き連ねるというスタイルになったものと思われる。
　蓮沼（1993）によれば、「事実的条件文」のタラは「後件の事態を話し手が実

体験的に認識する」のに対して、トは後件の事態成立や前件に対する認識を「話し手が外部からの観察者の視点で語る」ものである。この文体的な現れが、たとえば落語や講談の「地」におけるトの多用、「会話」におけるタラの（「地」に比した場合の）多用という形で現れたわけである。落語のSPレコード資料を見る限り、この傾向は東京語と大阪語とで共通している。逆に『夢酔独言』における勝小吉は、過去の記憶を改めて未知の体験に遭遇するかの如く「実体験的に認識」している。『夢酔独言』におけるタラ・タラバの多用はこうした語り方の現れであろう。特に㉓の波線部のように小吉自身発話に対して相手が反応する件だけを抽出すると、全116例中、タラ93例（80.17%）、タラバ18例（15.52%）、ト5例（4.31%）と、タラ・タラバが9割を超す。

4. 尾崎紅葉の言文一致体小説における偶然確定条件

表7　尾崎紅葉作品の偶然確定条件

			ト	タラ	バ	タレバ	合計
隣の女 1893		地	137		23		160
			85.63%		14.38%		100%
		会話	7	2			9
			77.78%	22.22%			100%
紫 1894		地	76		23		99
			76.77%		23.23%		100%
		会話	5	1	1		7
			71.43%	14.29%	14.29		100%
冷熱 1894		地	58		16		74
			78.38%		21.62%		100%
		会話	3				3
			100%				100%

		ト	仮定形+バ	タラ	計
青葡萄 1895	地	81		30	111
		72.97%		27.03%	100%
	会話	7			7
		100%			100%
多情多恨 1896	地	239	222	1	462
		51.73%	48.05%	0.22%	100%
	会話	34	9	5	48
		70.83%	18.75%	10.42%	100%

4.1　調査結果の概要

今回調査した概要を表7に示す。表7から読み取れるのは以下のようなことであろう。

（1）トとタラについて

　　紅葉、四迷いずれの作品においても、地の文にはタラがほとんど用いられずトあるいは仮定形＋バの形が用いられる。比較的タラが現れるのは会話文であり、この傾向は、落語のSPレコードの結果と共通している。

（2）地の文の偶然確定条件

　　落語のSPレコードの「地」では現れなかった仮定形＋バが小説の地の文ではかなりの割合で用いられている。特に『多情多恨』のバの使用率が高くトとほぼ拮抗している点が注目される。

落語資料に比べ小説の地の文に於いてバが用いられるのは、一つには、文章語としての伝統が考えられる。1.1でもふれたが、言文一致体における口語的語法への移行は文末よりも文中表現が遅れていたようである。しかし、同一作家の中でもバを用いるかトを用いるかで差があるのはなぜであろうか。これには単純に旧語法の残存というのでは済まない文体選択の問題がからんでいると思われる。以下、この点について論じる。

4.2 偶然確定条件形式を含む文の例

紅葉作品に用いられる偶然確定条件の例を挙げる。

㉔（粕壁譲が「隣の女」小夜に死体の処理を手伝わせられる場面）
小夜は襖に手を懸けると、目を瞑つて一思ひに曳開ける。すうと唐紙の軋る音を聞くと、譲は慄然と顫ひあがる。
小夜は委細構はず入つて、古簞笥の角に燈を載せて、其側の長持の蓋に手を掛けて、
「粕壁様、さあ早く此方へ。えゝもう何を為てゐらつしやるンですねえ。」
と怨めしげに睨められて、譲はひよろひよろ、ぶる〳〵、やう〳〵の想で小夜の傍まで来ると、
「一寸手をお仮しなすつて。」
「こ、こ、此中で、ですか。」
「まあ何でも可うございますから。」
と二人懸りで長持の蓋を取ると、人の顔が出る‼『隣の女』十七

㉕（医師試験の受験生、味木静馬の描写）其莨を喫つてしまふと、茶を煮れて、茶を飲むでしまふと、机の上に頬杖を支いて、惘然考へてゐる。其考へてゐた間は、煙草を喫つて茶を煎れて二杯飲むだ時間の、凡二倍よりも長かつたが、やがて実用産科学の一冊を取出して四五頁読むと、直に取替へたのが内科類症鑑別。それも気が乗らぬか、吁と虹のやうな大息を吐いて、熊谷次郎に睨まれたるかの如く仰向にどつさりと倒れる。『紫』（十四）

㉖（お増が琢次から女主人へ宛てた手紙を受け取り小遣をもらうところを、お峯に見とがめられる）
（…）内へ入る出合頭、台所の口で、はたと炊婢の老婦に行逢ふと、
「おや〳〵、お前様何所にお在だの？」
「其処にさ。」と兎脱る後から、とんと一つ肩を拊いて、
「好加減に浮気をおしなさいよ。」
「あら否なお峯様ぢやないか。他聞の悪い。」
「はい、はい、御免なさいまし。あの人が附いてると思つて気の強いこと。おゝ可恐、可恐」

と首を掉りながら、匆々と女部屋の方へ行く。
折から奥の六畳で主婦の呼ぶ声、
「増、増や。」
「はい、はい。」と二歩ばかり駈出すと、
「其処の煙草を少許出しておくれな。」
お増は早速納戸の戸袋棚から煙草の箱を出して、持つて行くと、主婦は蝸牛の殻のやうに炬燵を扣へて、長々と腹這に臥倒つて、赤本の探偵小説を見てゐたが、跫音を聞きつけると、倦怠さうに臥回りながら、
「お前今迄何所に在たの？」『冷熱』（五）

㉗（医師が病気の弟子の春葉を診察する場面）
聴診の後に下肚を按ずると、手に応じて夥しく雷鳴がする。それから、脚の諸所を掴むでは、痛くはないかと訊ねると、掴まれる感覚の外は何もない、と患者は答へた。
足頸の辺から指根などを撮むで見た。是は皮膚の失弾を候ふ為である。指根の辺には稍其趣があつたので、K氏は再び撮むで、物云ひたげに自分を顧みた。
やがて五指の爪頭を点撿して、次に手に及ぼしたが、手の指頭には多少の皺襞もあるやうに見えた。最終に顔面を候つて、下眶を展けると、血色は全く失せて、筋力の半は弛み果てゝゐたのである。『青葡萄』（六）

㉘（妻を失ひ、友人葉山の家に居候する鷲見柳之助が暗がりの中で妻を思い出す）始めて其時瞬を為ると与に、両臂を張つて机の上に俯いたまゝ、容易に顔を挙げずにゐたが、やがて思切つた躰で振仰げば、涙は頬の辺まで濡らしてゐる。左の掌で腹立たしげに其目を摩払ふと、ランプの火屋は響を作して、裂けて頽れて落ちる、火は翻られ黒煙を噴く、慌忙しく吹消せば、お類の写真も、机も本箱も、二階も我身も、有つたものは皆無くなつて、唯一面の闇の中に柳之助は身動きもせず沈としてゐた。何を考へたのやら、火屋の破片の冷徹るまでも、其侭に居竦まつてゐると、何時来たのか階子の口で例の元気な声、『多情多恨』後編四の二

引用文において、『隣の女』『紫』『冷熱』『青葡萄』では専らトが用ゐられ、『多

情多恨』ではトとバが併用される。記述内容を見ると『多情多恨』以外の四作では登場人物の動作を逐次的に観察者の立場で追いかける記述であるのに対し、『多情多恨』では語り手が主人公の心理に同調しながら詠嘆的に表現しているという違いがある。

4.3 尾崎紅葉の文体

　尾崎紅葉は雅俗折衷体と言文一致体を併用した作家であるが、言文一致体を書き始めたのは、『二人女房』中の二からである。この時、言文一致体を採用した理由は、それまでの雅俗折衷体では「思ふこと、言ひたいことが、毎も脳の底に残つてゐて、それは如何工夫しても自分の文で鈎だすことが出来」ず、ためしに「言文一致体を吐」いてみると「脳の内が痺れるほど、其の内に在るものを尽くして、而も刃を迎へて解くるが如く聯ねられた」からである[*5]。つまり「達意」という点に於いて言文一致体は優れていると考えていたわけである。その後、紅葉は雅俗折衷体と並行して言文一致体の作品を書いているが、言文一致体に対しては必ずしも好意的ではない。

> 言文一致体と擬古文と両方で同じことを書くにしても、擬古文の方は影で音楽を奏で、助けて居るやうな趣がある。錯綜した思想を片ッ端からすら〳〵書くのは言文一致に限る、擬古文の方は不自由であるが、其中にどふも余韻がある。例令ば言文一致は円朝の上手な話を聞くやうで、擬古文は歌のやうである。同じ事柄でも唯すらりと話すのと、涙と美声で口説く(くど)のとではよほど違ふ。(…) こゝになると言文一致はどうも物足らぬ。擬古文の様に二遍も三遍も読んで余韻があるといふ訳にはいかない。だから、私は言文一致を美文に用ゐる前に実用の方面に手を着けたいと思ふ[*6]。

言文一致体は達意という点ではすぐれているが、リズム・調子という点では物足りず、これは雅俗折衷体の方が優れていると紅葉は考えている。注意したいのは、紅葉が美文のリズムを「歌」にたとえている点である。紅葉の言うところの「歌」とは具体的に何を指すかは定かではないが、調子の高い韻文的リズムを持ち、詠嘆調の歌謡が文語体であることは、説教節、隆達節、古浄瑠璃、

浪花節のフシの部分などに現れており、あるいはそういったものをイメージしていたのかもしれない。「歌」のようなリズムをもった詠嘆調の文章は、紅葉の西鶴調の雅俗折衷体の代表作とされる『伽羅枕』『三人妻』に端的に現れている。『伽羅枕』『三人妻』は会話文が独立せず地の文の中に埋め込まれている。そして詠嘆調のリズムの語りが、時に登場人物を対象化し、時に会話や心話にまで介入しながら全編を支配する。そしてそこにみられる心理描写は、後の三人称客観描写とは異なり、登場人物の心の動きに寄り添いつつ増幅するものとなっている[*7]。

『二人女房』における言文一致体の採用は途中からであり、この作品の言文一致体は試作の域を出なが、しかし紅葉は徐々に言文一致に自信を持ち、『紫』にいたると「一瀉千里の勢いで書き流した」という。ところが『冷熱』に至って「筆端窘縮して洒落飛ばす自在を失」い、中絶してしまう[*8]。そして、その後に書かれた紅葉最大の言文一致体小説『多情多恨』では雅俗折衷体を書く以上の困難を感じたという。その理由は言文一致体といえども「文章は簡明に、声で現して居る以上の美をその中に含めなくつちやならない」と考えたからであった[*9]。「簡明」とは、とかく説明的で冗長になりがちな表現を引き締め、雅俗折衷体（特に西鶴）が持つところの定型性と省略の美に復するということであろう。また、「声で現して居る以上の美」とは、ただ話すような調子ではなく、美文が持つところ「歌のやう」なリズムを言文一致体に求めようとしたということであろう。

『多情多恨』は妻を失った鷲見柳之助の感情に語り手が時に登場人物を対象化し、時に寄り添いながら心理を詠嘆調に増幅する。この語りのありようは『伽羅枕』『三人妻』と共通する。

㉙鷲見柳之助は其妻を亡つてはや二七日(ふたなぬか)になる。去者は日(ひ)に疎しであるが、彼は此十四日をば未だ昨日のやうに想つてゐる。時としては、今朝のように唯の今のやうに想ふ。余り思ひ窮めては、未だ生きてゐるやうにも想つてゐる。なるほど病の為に敢無(あへな)くはなつた、氷のやうに冷えて、美しい目も固く瞑(ふさ)いだ。棺(をき)へも斂めたれば、葬送(とむらひ)も出した、谷中の土に埋(うづ)めて、榛(しらき)の位牌になつて了(しま)つて、現在此に在るからは、仮でもなければ、夢でもな

く、確かに死ぬだに極つてゐる。如何にも其躯は葬られて、其形は滅した
に疑ひは無いが、彼の胸の内には、その可愛い可愛い妻の類子が顕然と生
きてゐるのである。(前編一)

ここに書かれているのは、要するに、鷲見柳之助が妻類子の死を受け入れられ
ないでいるということである。一言でまとめればそういうことなのだが、これ
を同趣旨の内容(妻を失ったのは何時か—「昨日」？「今朝」？　未だ失っていない？—、
死を受け入れるべきよすが—氷のやうに冷えた体・閉じた目・遺体を棺へも斂めたこと・葬
送を出したこと・墓地に埋めたこと・素木の位牌となったこと)がくどくどと書かれる。
妻の死に因循する鷲見柳之助の心理に語り手が寄り添い、増幅しているものと
思われる。この記述のスタイルは、ストーリー展開を淡々と追いかける達意の
表現とは異なる。

　さらに登場人物へ寄り添う語りがさらに高揚した「歌のやう」な調子を帯び
る時、文語体の形式が現れる。

㉚彼は月給を当の其月暮しで、十円の余裕も無い、が、若金力で自由にな
るものならば、如何なる艱難をしてなりとも、それだけの金額を積んで、
再びお類を此世に活かしたいと念ふ。呀、死は君王の貴きにさへ諂はぬ！
定業は終に移すべからず。人の死んだのは紙のめら〳〵焚へて了つたのと
同じ事で、呀といふ間にもう回復がならぬ。お類は赤土に埋まつて、恁し
てゐる間に漸々朽つてゆくのであると思へば、情無さも情無し、気も乱れ
るばかりに失望が劇くなる。(前編四の一)

尾崎紅葉の五作品を見ると『多情多恨』以外の四作品が語り手が見て取った事
態を次々に描写する文章であり、「錯綜した思想を片ッ端からすら〳〵書く」
趣がある。一方『多情多恨』の場合、重要なのは効率よく事態を叙述する事で
はなく、妻を失い悲嘆にくれる鷲見柳之助の思いを詠嘆調に歌い上げることで
あった。この際に文語的語法が用いられる。『多情多恨』の偶然確定条件形式
にバが多用されるのは、本来文語体が持つところの高い調子を求めたことによ
る結果であろう。つまりバが多用されるのは単純に旧語法を引きずっていると

いうよりも、言文一致体の小説においても文章が持つべき「歌のやう」なリズムを盛りこもうとしたからだと考えられる。

5. まとめ

　本稿では落語のSPレコードや言文一致体小説を資料に、近代の偶然確定条件の文体的特徴を考察してきた。SPレコードの資料において偶然確定条件を表わす形式は主にトとタラである。地域的に見ると、大坂におけるタラの使用が東京に比して高率である。また「地」「会話」別にみると、「地」の部分に於いて、東京、大阪いずれにおいてもトが優勢であった（「地」に比べると「会話」ではタラの比率が高い）。これはトが体験主体の立場を離れた冷静な観察者の立場に立つという表現性をもつことの文体的な現れであると考えられる。このことは、私的体験を逐次的に想起しながら語るかのような『夢酔独言』にタラ、タラバが多いのとは対照的である。

　島村抱月は文末表現に於いて、言文一致体という文章体が持つべき公的性格にふさわしい形式は何であるか、比較検討を行っている。偶然確定条件の形式についてこれを当てはめるならば、私的観点を離れた公的性格を持つべき文章体にふさわしいのはタラではなくトであった。言文一致体の地の文においてトが採用されたのは自然な流れであったと思われる。

　一方、言文一致体の小説の地の文に於いてはトの他に旧語法である仮定形＋バも勢力を保っていた。これは、一つには文末表現に比べ文中の表現の口語化が遅れていたこともあろう。しかし淡々とした語りではなく、調子の高い詠嘆調の、尾崎紅葉のいう「歌のやう」な語りをする時に、バが多用されているところを見れば、バの使用の多寡が文体的選択に由来する面がある。言文一致体にもいても詠嘆調の語りになると文語的語法が多くなる。偶然確定条件におけるバの多用はこうした語りのありようの反映と考える。

　詠嘆調の高い調子の語りは文語体で語られるのがふさわしいという意識は、おそらく尾崎紅葉のみならず、明治20年代に於いて一般的なものであっただろう。前田（1973）は「黙読／音読」という文章の受容者の側から近代の文章を把握しているが、さらに音読を「伝達手段として、また理解の補助手段としての「朗読」」と「文章のリズムを実感するために音吐朗々と誦ずる「朗誦」」と

にわける。前田の分類に従えば、雅俗折衷体の小説は前者の読まれ方で読まれるが、おそらく紅葉のいうところの「歌のやう」な文章は後者に通じるものではなかったか。「朗誦」する文章は韻文的リズムを持ち、それが伝統的には文語体で語られていたのである。そして文章のリズムとそれと連動する語法の選択の問題に背景には、音読の(「朗読」「朗誦」)という文章受容の習慣が横たわっていたと考えられる。

　永嶺(2004)は明治30年代に音読から黙読に移行したとする。この習慣の変化は文章の質に変化をもたらさずにはおかなかったと予想される。特に音読の消滅は、記述内容を淡々と追いかける「朗読」されるべき文章よりも—そういう目的であれば黙読によって受容しても問題ないであろう—「歌のやう」なリズムを味わうところの「朗誦」されるべき文章に打撃を与えずにはおかなかっただろう。そしてこの事態は文語的語法—たとえば偶然確定条件のバ—の出現傾向にも変化を及ぼしたであろう。明治20年代の紅葉以外の作品に加え、明治30年代以降の作品における偶然確定条件と語り口の関係については別稿を期す。

注

1) 島村抱月「言文一致体と敬語」(『中央公論』明治33(1900)年2月)。
2) 矢島(2013)ではトのこうした表現性が発揮される箇所として落語の「枕」があることを指摘している。
3) 上田万年「標準語に就きて」(『帝国文学』一、明治28(1895)年1月)
4) 偶然確定条件のタラは、タレバ→タリャ→タラという経路で成立したとされ、仮定条件のタラの成立—タラバ→タラ—とは異なるとされる(小林1996)。しかし偶然確定条件のタラが成立済み時代に於いて、タラとタラバが同種の表現性を有していたと認識されていたようである。矢島正浩氏のご教示による。
5)「紅葉山人の文章談」(明治37年8月『新潮』)。
6)「尾崎紅葉氏の談―言文一致と擬古文―」(言文一致会編『言文一致論集』明治35年5月)。
7) このことは揚妻(2016b)で論じた。
8) 文献注5に同じ。なおこの事情については揚妻(2016a)で論じた
9)「故紅葉大人断片」(明治37年2月1日『新小説』九ノ二)。

参考文献

揚妻祐樹（2006）「条件表現から見た「語り口」の問題―三遊亭円朝の人情話速記本を資料として―」『藤女子大学国文学雑誌』74

揚妻祐樹（2016a）「尾崎紅葉の文章観―〈隠形〉と〈顕形〉のはざまで―」『藤女子大学国文学雑誌』94

揚妻祐樹（2016b）「肉声の語り―尾崎紅葉『伽羅枕』における「発話」「心話」「地」の処理―」『藤女子大学国文学雑誌』95

勝部真長（1969）「解説」（勝小吉著、勝部真長編『夢酔独言他』平凡社、東洋文庫138）

小林賢次（1996）『日本語条件表現史の研究』ひつじ書房

阪倉篤義（1957）「「話すように書く」ということ」『国語国文』26-6

真田信治（1988）末期江戸語における方言的背景―『夢酔独言』の用語に即して―『国語と国文学』65-11

永嶺重敏（2004）『〈読書国民〉の誕生―明治30年代の活字メディアと読書文化―』日本エディタースクール

蓮沼昭子（1993）「「たら」と「と」の事実的用法をめぐって」益岡隆志編『日本語の条件表現』くろしお出版

前田愛（1973）「音読と黙読―近代読者の成立―」『近代読者の成立』有精堂

矢島正浩（2013）『上方・大阪語における条件表現の史的展開』笠間書院

調査資料

宮部みゆき「聖域」（『希望荘』小学館2016、所収）、東京落語・大坂落語SPレコード、尾崎紅葉「隣の女」（『紅葉全集第四巻』岩波書店1994、所収）、尾崎紅葉『紫』『冷熱』（『紅葉全集第五巻』岩波書店1994、所収）、尾崎紅葉『多情多恨』（『紅葉全集第六巻』岩波書店1993、所収）、二代目松林伯円『天保六花撰』（『新日本古典文学大系明治編　講談　人情咄集』岩波書店2008、所収）、三遊亭円朝、筆記者若林玵蔵・酒井昇造筆記『怪談牡丹燈籠』（文事堂1885、国会図書館蔵）、三遊亭円朝、筆記者若林玵蔵『塩原多助一代記』（速記法研究会1884～1885、国会図書館蔵）、三遊亭円朝、筆記者子相英太郎『真景累ヶ淵』（井上勝五郎1888、国会図書館蔵）、新保五彌校注『新日本古典文学大系　浮世風呂　戯場粋言幕の外　大千世界楽屋探』（岩波書店1989）、勝小吉著・勝部真長『夢酔独言他』（平凡社1969、東洋文庫138）、国立国語研究所編『牛店雑談安愚楽鍋用語索引』（秀英出版1975）、アーネスト・サトウ『会話篇Ⅰ』（平凡社、東洋文庫復刻版1967）、坪内逍遥『一読三嘆当世書生気質』（国文学研究資料館復刻版、平凡社2005）

Ⅲ
日本語史における落語

1
SP盤落語レコード資料における人の存在文

金水 敏

要旨
　本稿では、大阪・東京SP盤落語のコーパスを用いて、人を主語とする存在文の「いる」と「ある」その他の使い分けについて検討する。特に、金水 (2006) に基づく「ある」と「いる」の使い分けの五段階説のどこに、それぞれの資料が当てはまるかという点に着目する。金水 (2006) ではすでに大阪落語のSPレコードについて検討しているが、東京落語のデータを新たに加えた。大阪と東京の違いとしては、疑似限量的存在文を中心に東京落語の表現に新しい段階の兆候が見えることを示す。

キーワード：存在表現、いる、ある、大阪落語、東京落語

1. はじめに
　この論文では、SP盤落語レコード（以下、「SP落語」とする）において、人を主語とする存在文で「いる」（および「おる」）と「ある」がどのように使い分けられているか、コーパスを用いて検証する。特に、この資料が歴史的段階のどこに位置するか、また大阪落語と東京落語の違いについても注目する。

2. 金水 (2006) の整理
　金水 (2006) では、「いる」「おる」「ある」などの和語の存在動詞の使い分けを、歴史的文献を用いて調査整理し、その変遷について論じた。特に、「いる」と「ある」の使い分けの変遷については、「限量的存在文」と「空間的存在文」という分類を立てて、次のように整理している。

空間的存在文とは、主語の指示対象が特定の時空に存在することを表す文である。限量的存在文とは、特定の属性を表す普通名詞を主語に置き、その属性を持つ個体が（問題となっている時空で）存在するかどうかということを表す文である。それぞれ、次のような類型がある。

・空間的存在文
　　［所在文］お父さんは ｛会社／アメリカ／どこか｝ に<u>いる</u>。
　　［生死文］お父さんはもう<u>いません</u>（＝死んでしまった）。
　　［実在文］｛ペガサス／シャーロック／ホームズ／神様／幽霊／宇宙人｝ は<u>います</u>（<u>いません</u>）。
　　［眼前描写文］あ、子供が<u>いる</u>。
　　［疑似限量的存在文］昔、太郎という男の子がある山奥の村に ｛<u>いた</u>／＊あった｝

・限量的存在文
　　［部分集合文］最近は、教科書以外の本は一冊も読まない学生が ｛<u>いる</u>／<u>ある</u>｝。
　　［初出導入文］昔、ある山奥の村に、太郎という男の子が ｛<u>いた</u>／<u>あった</u>｝。

　「擬似限量的存在文」は、場所名詞句を動詞直前に持つという点で、所在文と同じ構造を持つが、主語名詞句が普通名詞で、文脈上は初出導入の働きを示す。空間的存在文と限量的存在文の橋渡し的位置づけにあると考えるが、ここでは空間的存在文に含めている。後述する。
　さて、上の例文では、論者の直感により、人を主語とする空間的存在文では「いる」が用いられるが「ある」は用いられず、限量的存在文では人を主語とする場合でも「いる」と「ある」の両方が用いられるとしている。特に後者については、時代・世代によって「ある」の容認度が変わるということを金水（2006）で示している。有生物を主語とする空間的存在文・限量的存在文における「いる」と「ある」の使い分けについて、金水（2006：108-109）では５つの段階に分けて説明している。
　第一段階は、存在表現の意味や主語の有生性に関わらず、単独の存在動詞「あり」が用いられる段階である。

第一段階：

	空間的存在文	限量的存在文
有生物主語	あり	あり
無生物主語	あり	あり

次に、空間的存在文に「いる」が侵入し、この領域で「ある」と競合する段階である。

第二段階：

	空間的存在文	限量的存在文
有生物主語	いる、ある	ある
無生物主語	ある	ある

次に訪れるのは、有生物主語かつ空間的存在文において「いる」が専用され、限量的存在文の「ある」と相補分布を示す段階である。

第三段階：

	空間的存在文	限量的存在文
有生物主語	いる	ある
無生物主語	ある	ある

次に、「いる」が限量的存在文の領域にも侵入し、「ある」と競合する。

第四段階：

	空間的存在文	限量的存在文
有生物主語	いる	いる、ある
無生物主語	ある	ある

最後に、有生物主語の領域で「いる」が専用され、空間的存在文と限量的存在文の対立が失われる段階である。

第五段階：

	空間的存在文	限量的存在文
有生物主語	いる	いる
無生物主語	ある	ある

　上代・中古そして中世前期までの資料は、第一段階の様相を示している。「天草版平家物語、近松の世話浄瑠璃は第二段階に位置づけられる。上方洒落本、SP落語、現代京都老年層、江戸資料の「浮世風呂」は第三段階、言文一致体小説「三四郎」は第四段階、現代シナリオ「阿修羅のごとく」は第五段階に至っている。近代小説の作家について、10年区切りで1910年代生までは第四段階で、1920年代以降の生まれの作家は第五段階に入っている。現代は、東京も京阪も、第四段階の話者と第五段階の話者が入り交じって、後者が圧倒しつつある状況と見られる。

　なお、「いる」「ある」を述語とする文型には他に「所有文」「リスト存在文」がある。

　[所有文] 私には婚約者が ｜ある／いる｜。
　[リスト存在文] その商品の主な購買者に、主婦、学生が ｜いた／あった｜。

　所有文は、上の例で言えば「私」に所属する「婚約者」の要素が存在するという意味を表す。動詞の使い分けは限量的存在文とおおむね一致する。リスト存在文は、上の例で言えば、「その商品の主な購買者」に含まれる要素として「主婦」「学生」が存在するということを表す文である。リスト存在文の詳細については金水（2006）の他、西山（2003）、金水（2018）を参照されたい。

3. 大阪落語の調査

　大阪落語のSP盤レコードは金水（2006）でも取り上げ、今回の調査対象とも重なる作品が多いが、改めて調査を行った。以下、用例を挙げながら見ていく。

3.1 空間的存在文

空間的存在文として、次のような例が見られる。

（１）　君、家（うち）に<u>い</u>られるか（笑福亭松鶴「理屈あんま」大正13年）［所在文］
（２）　うぅわあ、仰山亀が<u>い</u>よること。あこんとこはしとがかたまって、あこへ行きまひょか（笑福亭松鶴「天王寺名所」大正13年）［眼前］
（３）　橋の下に怪しい非人が<u>い</u>よる。趙襄子の前へ連れて来た。（笑福亭松鶴「一枚起請」明治41年）［疑似限量的］
（４）　蓋した方をばめくってみたら、その時に辺りに<u>いる</u>人、誰も知らん人ばっかりじゃったというお話がござりますねえ。（曽呂利新左衛門「盲目提灯」明治41年）［連体修飾］
（５）　あんた、家（うち）（へ）去（い）なんと、わたいの傍（ねき）にばっかり、<u>居</u>てとくれやすやろな（桂枝雀「煙管返し」明治42年）［動作的］

（３）の例は、空間的な存在文を用いて初出導入の意味を表すという判断でここに入れた。（４）の［連体修飾］とは、文字通り連体修飾節の述語動詞に用いられている例である。限量的存在文が連体修飾に用いられることは意味論上ありえないので、連体修飾に用いられている例はすべて空間的存在文なのである。また（５）は、命令、可能、意思、受益などのモダリティとともに用いられるもので、これも空間的存在文の特徴である。限量的存在文は、主語名詞句の指示対象が望んで行う行為ではなく、話し手の発話時における判断に基づく表現であるので、上記のようなモダリティとともには用いられない。

3.2 限量的存在文・その他

限量的存在文の類型として、次のようなものが挙げられる。

（６）　へぇェ、不思議なご夫人も<u>あっ</u>たもんで。ナ、そのご婦人の唄（を）お聞きになりますと、ご病気が治りまん（の）】（林家染丸「電話の散財」大正12年）［部分集合］
（７）　唐土（もろこし）にな、晋の予譲という人が<u>ある</u>。（笑福亭松鶴「一枚起請」

明治41年）［初出導入］
（8）　出家たる者（もん）に子が<u>あって</u>、本山に申し訳があるか！（桂米團治「ぬの字鼠」大正15年）［所有］

「ござる」は「ある」の尊敬語・丁寧語として用いられるが、次のように移動を表すために用いられる例がある。

（9）　あッ、先生<u>ござった</u>（桂文枝「近日息子」明治45年）［移動］

また次の1例は、「生死文」に類するようであるが、分類が難しい。

（10）　各々（おのおの）<u>あって</u>我々、我々<u>あって</u>各々、各々<u>あって</u>我々じゃぞよ（桂枝雀「さとり坊主」大正12年）

4.　東京落語の調査
4.1　空間的存在文
東京落語の空間的存在文としては、次のようなものが見られる。

（11）　あ、そうか。お父っつァん<u>いる</u>かい」「<u>いません</u>」（柳家小さん「鉄砲弥八」明治44年）［所在］
（12）　弱ったねェ。あすこに子供が<u>いる</u>な、子供に聞いてみよう。（柳家小さん「鉄砲弥八」明治44年）［眼前］
（13）　ま、何しろ水鳥の食い飽きをしましたねェ。雁（がん）や鴨なんてェものは、まァ、いくら<u>いる</u>か分からねえ」「そんなに<u>いる</u>かい」「<u>います</u>ともね。雁や鴨の中をね、ようやく押し開けて歩くんでやす」（柳家小さん「嘘つき」明治44年）［疑似限量的］
（14）　あの傍に<u>いる</u>のが旦的（だんてき）だが、いい芸者かな（三遊亭圓右「楽屋の穴」明治36年）［連体］
（15）　先月の三十日（みそか）なんぞは豪儀だったって、家に<u>いられ</u>ないほど、豪儀だったからなァ。（柳家小さん「花色木綿」明治44年）［動作的］

4.2 限量的存在文

限量的存在文としては次のようなものがある。

(16) 中には又この、田舎の御仁でも粋な方が<u>ある</u>。（橘家圓蔵「吉原一口噺」明治39年）［部分集合］

(17) おゥおお、何を言ってやがる。帷子に裏ァ付けるやつが<u>ある</u>かい（柳家小さん「花色木綿」明治44年）［部分集合］

(18) ところで、ごくこの嫉妬深いご新造（しんぞ）が<u>あり</u>ます。（橘家圓喬「三題咄佃島・三月節句・囲者」明治36年）［初出導入］

(19) おうおう、そうかのう。あのお方にご家内は<u>ある</u>かのう」「ヘエ？何でござんすい」「いいえさ、ご家内は<u>ある</u>かのう」「へヘェ、誠に結構でがす」「いや、お前はお判りはないのか」「へヘェ、お判りがないんでがす」「いいえさ、女房さんは<u>ある</u>かてんだ」（朝寝房むらく「塩原多助之伝」明治36年）［所有］

この中で特に目を引くのが、(17)のパターンである。「～やつがあるか（い）」という形で、相手の言動を叱責する反語的な用法であり、コーパス中24例も拾える。特に柳家小さんの用例が多い。東京落語で愛用される台詞回しの一つと言っていいのだろう。よく似た表現が、金水（2006）で取り上げた「阿修羅のごとく」にも見られる（金水2006：95）。

(20) 巻子「（受話器を取りながら）しゃべれないほど詰めこむ人が<u>あり</u>ますか…。（阿修羅45頁）。

(21) ふじ「ああ、『フジ』―親のうち、くるのに、こんな高いもの買うバカ、<u>ない</u>よ」（阿修羅　13頁）

「阿修羅のごとく」は向田邦子作、1979～1980年放送のテレビドラマで、「ある」「いる」の分布は第五段階に達していると考えられるが、(20-21)のような叱責・非難の定型句はそのまま東京方言の中に保存されているようである。

なお、次のような「客がある」は、有生物主語というよりは「来客がある」

に近い、出来事叙述文としての性質が強いので、統計からは除外している（鈴木1998も参照）。

(22)　おいおい、道頓堀のつむじ屋じゃが、今しきに来るのじゃから、お客のあるうちに見せたいのじゃが、椅子を持って来い（桂文三「善は急げ」明治36年）［出来事的］

5. 統計と東西の比較

大阪落語・東京落語それぞれの集計結果を表にまとめて示す。

表1：大阪落語の集計

大阪	空間的存在文					限量的存在文		所有
	所在文	眼前	疑似	連体	動作的	部分集合	初出	
いる	2	2	1	4	6			
おる		2		1				
ある						14	3	1
ない						1		
ござる・ございます						5	3	
おます						1		
ごわす						1		

表2：東京落語の集計

東京	空間的存在文					限量的存在文		所有
	所在文	眼前	疑似	連体	動作的	部分集合	初出	
いる	3	3	9	2	1			
おる	1		1	3				
ある						40	2	3
ない						3		

本稿では詳しく取り上げなかったが、「ござる」意外に「ございます」「おます」「ごわす」も「ある」の丁重語として用いられる。
　大きく見れば、大阪落語も東京落語も、第三段階にとどまっていることは間違いない。しかしながら、いくつかそれぞれの落語の特徴も見て取れる。一つは、前節で取り上げた「～やつがあるか」という定型表現であり、この表現が東京落語の限量的存在文の使用頻度を押し上げている。逆に言うと、この定型表現がなければ、限量的存在文の「ある」の数はぐっと小さくなる。
　さらに東京落語の空間的存在文に、疑似限量的存在文の用例が9例と多数ある点が注目される。この類型は先に見たように、主語の指示対象は初出あるいは不定であるのに、場所表現と強く結びついているところから空間的存在文と同じ動詞が用いられる。挙例を追加しておく。

(23) あすこは角店（かどみせ）で、確かに若い衆（しゅ）が百人ぐれえいるからねェ。(柳家小さん「夜鳴きうどん」明治44年) [疑似]

(24) おーい、そっち行っちゃ、うわばみがいるぜ。(柳家小さん「鉄砲弥八」明治44年) [疑似]

(25) やあ、有難いなァ。三味線弾きがいると大変にやりいいからねェ。(柳家小さん「浮世風呂」明治44年（独逸ライロフォン盤）) [疑似]

(26) おじさん、そこの横手へ入るといけないよ。山犬がいるんだから、昨日三人喰い殺（病犬）されちゃったぜ(柳家小さん「鉄砲弥八」明治44年) [疑似]

(27) 大変に、まァどうもねェ、エーァ、五・六匹いるんだが、それが先代萩をするが、そのうちにねェ、エーこの床下（ゆかした）てェのは見物（みもん）だそうだ(三遊亭圓右「動物園もぐら芝居」明治44年) [疑似]

(28) 何でも構わず成田屋てんだ。ヤァここに実は三人いるんだが、熊、お前しっかりしねえよ。(柳家小さん「成田屋息子」明治44年) [疑似]

(29) あのなァ、会計の者はいないかなァ。岩崎に十五萬円貸したが、あいつまだ持ってこない。(柳家小さん「出入帳」明治39年) [疑似]

　これらの例は、限量的存在文として分類してもそのまま通じる例である。こ

のような領域から、有生物主語の限量的存在文に「いる」が侵出していくとすれば、東京落語は大阪落語より新しい段階に一歩近づいているように見える。

6. さいごに

本稿では、大阪・東京SP落語のコーパスを用いて、人を主語とする存在文の「いる」と「ある」その他の使い分けについて検討した。金水（2006）から見れば、特に東京落語のデータが加わった点が新しい。総体として、大阪と東京の違いはあまり見えなかったが、疑似限量的存在文を中心に東京落語の表現に新しい段階の兆候が見えることが分かった。

参考文献

金水 敏（2006）『日本語存在表現の歴史』ひつじ書房
金水 敏（2018）「リスト存在文について」岡﨑友子・衣畑智秀・藤本真理子・森勇太編『ヴァリエーションの中の日本語史』pp.89-100、くろしお出版
鈴木英夫（1998）「規範意識と使用の実態：「（人が）ある」と「（人が）いる」を中心として」『日本語学』17-6、pp.80-96
西山佑司（2003）『日本語名詞句の意味論と語用論：指示的名詞句と非指示的名詞句』ひつじ書房

2

SP盤落語資料のダケ・バカリ

宮地朝子

要旨

　バカリは、上代より現代に至るまで日本語に存在する機能語である。中古に限定の用法を獲得し、中世末期以降、接語化したバカリは、現代日本語においてもダケとともに主要な限定要素の一つとなっている。バカリ・ダケはともに事態量を表す副詞句構成の接辞から、任意の文中要素に焦点解釈を与える量化の接語へという機能変化の過程をたどりつつ、各々の語彙的意味に支えられて限定の機能語として併存している。近代期は、ダケとの対立から接語バカリの限定的意味にさらなる変化が生じる時期である。SP盤落語資料において東西差を踏まえながらバカリとダケの様相を観察すると、中央語におけるダケの接語化の徴証と、接語バカリの機能変化、そして両者が対立関係を確立していく具体的過程を把握する観点を得ることができる。

キーワード：副助詞　限定　接語化　ばかり　だけ

1．はじめに

　バカリは、その機能用法を変化させつつ、上代より現代に至るまで日本語に存在する機能語である。ダケとともに、日本語研究において「副助詞」あるいは「とりたて（助）詞」と位置づけられ、その歴史は、限定や焦点の解釈を示す機能語の確立の過程や用法の変化、構造的特質を考える際にも示唆が大きい。バカリとダケは、ともに事態量を表す副詞句構成要素（接辞）から、限定の機能語（接語）へという過程をたどりつつ、それぞれ独自の語彙的意味に支えられて現代日本語において併存している。バカリは中世末ごろ、ダケは近代期に

入って、文中の任意の要素に焦点を付与する接語の機能を獲得した。近代期は、ダケとの対立からバカリにも変化が生じる時期である。本稿では、明治大正期SP盤落語レコード資料（以下SP盤落語資料）におけるバカリとダケの様相を、東西差にも着目しながら観察し、両者の対立関係が確立していく過程の一端を見る。またそれによって、SP盤落語資料の特徴と、バカリ・ダケにかかわる文法史的な課題の所在を指摘することを目的とする。

2. バカリの歴史概観
2.1 現代日本語のバカリ

現代日本語のバカリは、（1）のように、限定の意味を表す機能語である。その特徴は、「複数性」を特徴として、コトの反復とモノの限定の解釈を示すこととされる（茂木2002：172）。バカリは前節語句だけでなく、前接語句のかかる述部を含む節全体を対象範囲とし（従って、（1a）は（1b）の解釈も持つ）、節内の任意の要素を焦点として卓立する、「とりたて」の機能語である。

（1）a　テレビばかり見ていないで、勉強しなさい。
　　　b　テレビを見てばかりいないで、勉強しなさい。

バカリが前接語句としてとる要素は、名詞句のほか、（2）格助詞および後置詞句、（3）従属節、（4）述語句（時制句、連体形句、テ形句を含む）などに渡る（日本語記述文法研究会2009：61-71、例文も引用）。この「分布の自由性」も「とりたて」の条件であり（沼田1986、2009）、形態論的に接語（enclitic）と位置づけられる。

（2）a　山本さん ｛ばかりが／ばかりφ｝ ひいきされている。
　　　b　野菜を食べず、肉 ｛ばかりを／ばかりφ｝ 食べている。
　　　c　山本さんのスピーチは形式 ｛ばかりに／にばかり｝ こだわっている。
　　　d　留学先で同国人 ｛ばかりと／とばかり｝ 交際していては、留学の意味がない。
（3）a　父は毎日疲れたとばかり言っている。［引用節］

b　あの人は店が忙しいときばかり、電話をかけてくる。［時間節］
　　　c　今まで営業成績を上げるためにばかり働いてきたように思う。［目的節］
（4）a　試験では全力を尽くした。あとは結果を待つばかりだ。
　　　b　近所づきあいは面倒なばかりで良いことはないと思われがちだ。
　　　c　授業をさぼってばかりいると、あとで困るよ。

2.2　古代語のバカリ

　一方、古代語のバカリは、格助詞句や節に後接することはなく、連用成分内に（ゆえに格助詞との承接では前部要素として）のみ出現可能であった。述語によって設定される「要素間に序列のある集合」から「ある要素を取り出して示す」機能語で、集合の要素＝前節語句が事物なら限定、数量なら概数量、事態なら程度の意味用法を示した（小柳1997、2008）。この分布と意味用法から中古のバカリは名詞句・副詞句構成の接辞（suffix）と位置づけられる[*1]。

（5）a　直衣ばかりを取りて（源氏物語・紅葉賀）［限定］
　　　b　宿直にさぶらふ人、十人ばかりして参りたまふ。（源氏物語・東屋）［概数量］
　　　c　さばかりはげしかりつる波風に（源氏物語・明石）［程度］

　バカリは上代にはほぼ程度用法のみであったが、中古には程度用法が5割、概数量用法が約2割、限定用法が約3割を占めるようになる（小柳1997, 2003）。ただし、格または述語句に立つ中古の限定用法は、現代語ではダケを用いる方が自然な「単数性」（小柳2007）「些少性・局限性」（田中2006）の限定であった。

2.3　バカリの歴史的変化概観

　中世期には概数量用法の割合がさらに増す一方[*2]、16世紀後半には格助詞句への後接例（6）が（山田2013、田中2006）、また近世17世紀初頭には動詞テ形への後接例（7）が見いだされている（湯澤1936、田中2006）。このような統語的分布は「とりたて」の機能語に特徴的であり、事態節全体を対象範囲として任意

の文中要素に焦点解釈を与える接語[*3]への変化（機能拡大）と言える。

(6) a 松柏ノ実ヲバカリ食テ長生スル（玉塵抄/四六10ウ1563資始）（山田2013：20）
　　 b 濃智高ハ排匂ニハミエヌソ　排匂ノ狭青カ所ニハカリアリ（玉塵抄/五二43オ）（山田2013：21）
(7) a 跳んでも〰つくばふてばかり居る。（浮世物語 1661-65寛文年間カ）（田中2006：158）（多回的）
　　 b そなた衆は…諍合うてばかりゐやる（傾城阿波の鳴門／第一 1695元禄8）（湯澤1936）（複数主体、多回的）

　(6)(7)では、現代語バカリと同様、事態の多回性や、複数主体の存在など、複数性を備えた限定的意味を（も）示す点が注目に値する。田中（2002、2006、2009）は、此島1966の記述を踏まえつつ、現代語でダケが表すような「些少性・局限性」の限定を〈単限定〉、「偏重性・饒多性」の意味合いが認められる限定を〈複限定〉と呼び、バカリの限定的な意味用法の史的展開において、〈単限定〉から〈複限定〉へという質的な変化を指摘する。中古から現代に至るまでの間に、バカリは、形態統語上の機能変化としての接語化と、限定用法の意味解釈上の質的な変化を遂げたといえる。
　このようなバカリの歴史にあって、近代の様相は注目に値する。〈複限定〉の用法は、ノミの衰退に伴って、早くは16世紀初頭頃から見られ始めるが（田中2006）、近世の間、〈単限定〉と併存し、「明治に入ってからはダケの限定用法が確立し、あたかもそれとあい表裏するかのように、バカリの〈単限定〉は衰勢に向かい、〈複限定〉へと自身の用法を収斂させてゆく」（田中2009：43）からである。
　ただし、またその一方で、現代語においては、概数量、程度の副詞句構成や、定型化した構文での〈単限定〉の用法も保持され、その様相が現代にも連なっている。例えば日本語記述文法研究会（2009）ではいずれも「古風な印象」「かたい文体で用いられ」るとしながら、次の(8)〜(10)のような用法を挙げている。

(8) a 手に関する慣用句は驚くばかりに発達している。［程度］
　　 b 輝くばかりに美しい女性［比喩］
　　 c 一週間ばかり休暇を取ってハワイに行きたい。［概数］
　　 d 私が余計なことをしたばかりに、みなに迷惑をかけてしまった。［原因・理由］
　　 e これは、ほんの気持ちばかりのお礼です。［固定した表現］
(9) a 父ばかりか兄までも病に倒れてしまった。［累加］
　　 b この料理は美味しいばかりでなく、栄養にも富んでいる。［累加］
(10) a この品は値段ばかり高くて、質は低い。
　　 b 口うるさくいうばかりがしつけではない。
　　 c 娘のわがままをこれまでは許してきたが、今回ばかりは許せない。

　バカリは統語的にも意味的にも機能変化を経験しながら、古態が保持され、さながら多機能語となっていることになる。この様相の確立の経緯と条件を整理し、説明を与えていくことは、（本稿ではそのすべてをなしえないが、）他の要素の機能変化や史的展開を考える際にも援用可能な文法史的課題といえる。

3. SP盤落語資料のバカリとダケ
3.1　出現数

　まずはSP盤落語資料のバカリとダケについて、具体的な様相を確認しよう。表1にSP盤落語資料におけるダケ・バカリの出現数を示す。絶対数が限られた条件での数値ではあるが、全体としてはややバカリ優勢であり、その傾向が東京で顕著なのに対し、大阪ではむしろややダケ優勢の様相を呈する。

表1　SP盤落語資料におけるダケ・バカリの出現数

形式＼地方	大阪	東京	計
バカリ	31	**35**	66
ダケ	**38**	20	58

ナルダケ4を除く　ナルタケ1を除く

一方、同時代の趨勢として、表2：太陽コーパスにおける出現数の推移を見ると、両者がほぼ拮抗する1909年を境に、"ダケの台頭"、バカリ優勢からダケ優勢へという傾向性が明らかである。SP盤落語資料は、明治末から大正期の録音であり、まさにバカリ優勢からダケ優勢への転換期に当たる。両者の交替について具体的な内実の一端を示すことが予測できる。その一方で、SP盤落語資料における東京でのバカリ優勢は、表2の示す太陽コーパスでの近代の趨勢に反するようにもみえる。本稿ではこの様相が何に起因するのかについても考えてみたい。

表2　太陽コーパスにおけるダケ・バカリの出現数

形式＼年	1895 明治28	1901 明治34	1909 明治42	1917 大正6	1925 大正15／昭和元	計
バカリ	766	776	798	847	1168	4355
ダケ	271	504	776	1086	1250	3887

3.2　構成句別分布

　次に、明治大正期のバカリ、ダケが文中でどのような句を構成するか、前接・後接要素に着目して整理しよう。まず、SP盤落語資料での分布を表3に示す。注目すべき数値を**太字**に、中心をなす分布を 太枠 で囲っている。

3.3　SP盤のバカリ
3.3.1　述語句構成、副詞句構成――接辞用法

　SP盤落語資料のバカリは、述語句構成、副詞句構成とも一定の用例があるが隆盛でない（述語句：大阪2例、東京5例。副詞句：大阪5例、東京8例）。

　副詞句構成は、東京、大阪いずれも、数量表現か「ちょっと」「少し」など少量を表す副詞を前接語句とする。項名詞句が明示されるか文脈上明らかで、バカリ句が副詞句構成をする確例といえる。(11)に大阪、(12)に東京の例を示す。

表3　SP盤落語資料におけるダケ・バカリの分布概要

構成句	後接形式	バカリ 大阪	バカリ 東京	ダケ 大阪	ダケ 東京
連体句	―ノ	1	1	9	3
述語句	―ダ・ジャ・ヤ・デス	2	4	3	4
述語句	―デ	0	1	6	1
述語句	―ニ	0	0	0	2
副詞句	―φ	3	8	14	5
副詞句	―デモ	0	0	2	0
副詞句	―ナラ	0	0	1	0
副詞句	―モ	2	0	0	0
項名詞句	―φ	10	18	2	0
項名詞句	―ハ	1	0	1	1
項名詞句	―格助詞	2	1	0	4
他（焦点句）	格助詞―	10	2	0	0
	計	31	35	38	20

(11)「ああ、今日は少々ばかりφ頭がむしゃくしゃするので、遊びに来たんじゃ。(略)」(桂文雀「狐釣り」大正13年)

(12)「(略)俺は、実は今な、家でまきまきを五把ばかりφ食ってきたからな、腹一杯だが、(略)」(柳家小さん「鉄砲弥八」明治44年)

述語句構成も、名詞述語文を構成する接辞の用法に限られる。ただし、意味解釈においては複数性が顕著である。大阪の例 (13)、東京の例 (14) を挙げる。

(13) a 「ははあ、っと、勝ちも負けもなかったら、預かりばっかりか？」(桂米團治「大安売り」大正15年)

   b 蓋した方をばめくってみたら、その時に辺りにいる人、誰も知らん

　　　　　人ばっかりじゃったというお話がござりますねえ。(曽呂利新左衛門
　　　　「盲目提灯」明治41年)
(14) a 　「♪おゥー、奈落の底でも、エー剣の山は、エー、西も東も、エー
　　　　金ばかりってかなナァ、ハイコリャー。(略)」(三遊亭圓遊「地獄旅行」
　　　　明治36年)
　　 b 　「(略)いずれを見ても勝り劣らぬ花比べ、どれがどうとも言われぬ
　　　　美人だよ」「ハハハァ、大したもんでやすなァ。いい女ばかりなんで」
　　　　(柳家小さん「千早振る」明治42年)

東京では、動詞タ形に後接した"直後"のアスペクト的用法(15)が一例ある。
大阪には見られない。

(15)「うどんやさん！」「ヘーイ、ヘーイ、お呼びになりまして…」「あの、
　　子供が寝付いたばかりだからねェ、静かにしてって下さいよ」(柳家小
　　さん「夜鳴きうどん」明治44年)

(15)のようなアスペクト的な用法は、近世末までの(16ab)のような〈単限定〉
からの派生(湯澤1977：272、田中2009)と考えて矛盾はないものの、同じく〈単
限定〉の用法を備えた接語でも古代語ノミや現代語ダケには見られない[*4]。バ
カリにおいても例(17)などが早い例と見られ、近代期以降の用法と考えられ
る。東西差も含め、当期にバカリがこの用法を得た条件は追究の余地が大きい。

(16) a 　玄蕃死したるとは聞た計でせうこがない(1688-1704元禄頃　娘孝行記
　　　　／第一)(湯澤1936)
　　 b 　夜が明けた計(ばっかし)で、去年もをかしいぢゃァねへか(浮世風呂、
　　　　三上)(湯澤1954)
(17)「一昨夜帰京(かへ)つたばかりだ。」(1885当世書生気質 86下)(田中2009)

3.3.2　項名詞句構成

　SP盤落語資料のバカリにおいて顕著なのは、項名詞句構成である(大阪31例

中13例、東京35例中19例)。(18) に大阪、(19) に東京の例を示す。

(18) a 「かなわんなあ。親父(おやっ)さんが死んでからこっち、寺 (へ) 行く寺 (へ) 行く、寺ばっかりφ入って…。寺 (へ) 参って、何ぞ面白(おもろ)いことあんのかい」(桂枝雀「さとり坊主」大正12年)［ヘ・二格］
　　 b 「経堂て何でやん」(す)「経文ばっかりφしまったある、これを経堂と言う。(略)」(笑福亭松鶴「天王寺名所」大正13年)［ヲ格］
　　 c 「エー旦那、程のええことばっかりおっしゃって、精出(せいだ)しておなぶり…」(曽呂利新左衛門「後(あと)へ心がつかぬ」明治41年)［ヲ格］
(19) a エエ、面(つら)ばかりφ良くたって、身体の格好が悪い女だ。(柳家小さん「生酔」明治44年)［ガ格］
　　 b 「どうだいじゃないよ。本当に、マァ、大晦日だってのにお酒ばかりφ呑んで、どうするんだよゥ」(三遊亭圓右「掛取万歳」明治44年)［ヲ格］
　　 c 「(略)馬鹿だな、下らねェことばっかりφ言って。(略)」(柳家小さん「花色木綿」明治44年)［ヲ格］
　　 d 「(略)おい、新造(しんぞう)通してやんない、かわいそうだな、おい、おい。おい、そうそう、新造の方へなァ…」「お前(めえ)、新造ばかりφ、大騒ぎやってるじゃねえか」(三遊亭圓右「動物園もぐら芝居」明治44年)［(ノコト) ヲ／デ格］

　大阪では、13例中12例、東京では19例中16例がヲ格相当句であり、さらに東京では16例中9例が「〜ことバカリφ　言う系V」の形式を取る。((19d) は何格相当か判別しづらいが、「新造 (のこと) ばかり」(ヲ／デ格相当)「大騒ぎやってる」(言う系V)と位置づけられ、併せれば計10例に達する。)
　ハや格助詞が後接して項名詞句を構成する例も見られるが、大阪で3例 (20)、東京で1例 (21) に留まる。格助詞などのマーカーを伴わずにバカリφ句で項名詞句を構成する様相が、特に東京では、優勢といえる。

(20) a へい、国に盗賊家には鼠と、お上さまでいかほど御征討がござりま

しても、泥棒ばかりはどうも、捕り尽くせんやつでございますが、（略）（曽呂利新左衛門「鋲泥棒」明治41年）〔ヲ格〕

b 「なァ、その字ィ書いたり本読むのんばかりが、勉強やないわい。（略）」（桂枝太郎「雷の褌_ふんどし_」大正13年）

c 「ほんにそうじゃ。太鼓打つばっかりが能やないわい。（略）」（桂枝太郎「雷の褌_ふんどし_」大正13年）

(21) エー、粗忽長屋というお笑いを申し上げます。長屋へそそっかしい者ばかりが固まっておるという。（柳家小さん「粗忽長屋」明治44年）

3.3.3　連用句＋バカリ──接語用法

さらに、大阪で10例（内ヘバカリ7例は同演目内の繰り返し）(22)、東京で2例(23)が格助詞に後接する用例を示す。格助詞への後接は、焦点を示す接語に特徴的な分布である。次節を先取りすれば、大阪・東京ともダケにはこの種の例が皆無である。対照的にバカリは焦点の接語としての様相が明らかである。

(22) a 「あんた、家_うち_（ヘ_い_）去_い_なんと、わたいの傍_ねき_にばっかりφ、居てとくれやすやろな」（桂枝雀「煙管返し」明治42年）

b ［注：祥月命日を間違えて］「あれ、そうかいな。私はまた、今月じゃとばっかりφ思うて…。月が違うて、日が違うたあるか。（略）」（桂枝雀「嫌い嫌い坊主」明治42年）

c 鳥刺し、雀の方へばっかりφ気が寄って、後へ心がつきませんから、うわばめが大けな口を開いて、この鳥刺しを呑もうとしてまする。（曽呂利新左衛門「後_あと_へ心がつかぬ」明治41年）

(23) a いずれの御藩か御直参か、失礼ながらそれは知らないが、ヤットウヤットウ［注：剣術］にばかりφ凝っておいでなさるから、（橘家圓喬「菖蒲売の咄_こじきさん_」明治36年）

b 「若旦那、若旦那さまじゃごわせんか、冗談じゃあごわせん。まるで芝居へばかりφ行ってらっしゃいまして、またお父っつぁんがぐずぐず言うのでがす（やす）。（略）」（柳家小さん「成田屋息子」明治44年）

さらに大阪のバカリには、動詞テ形への後接例も1例見られる（24）。東京のバカリには見られないが、これも、焦点の接語に特徴的な承接である。

(24) 「これ、聞いたりや。土つかずなんて嬉しいやないか。勝ち通しでやすか？」「なーに、土俵の外へ突きさされて<u>ばっかりφいたァ</u>」（桂米團治「大安売り」大正15年）

3.3.4 連体句構成

ノを後接した連体句構成は、大阪（25）、東京（26）とも一例ずつに留まる。後に見るダケにおいてノ連体用法が目立つのとは対照的である[*5]。

(25) ［注：風呂屋に］「（略）降ろうかなあ（ちゅう）たら、盥や。<u>商売ばっかりのこと（を）</u>、思てけつかるのやいな。（略）」（林家染丸「日和違い」大正12年頃）
(26) 「然るに第三番目にあたって、<u>あたりを払うばかり</u>の勢い。ひときわ目立つ派手姿、ぽかりぽかりと出て来たのが、かの千早という花魁だ」（柳家小さん「千早振る」明治42年）

3.4 SP盤落語資料のダケ
3.4.1 副詞句構成、述語句構成——接辞用法

大阪のダケは、他の助詞等が後接しないダケφ句が38例中16例と半数近くを占める。うち14例が事態の総量を表す副詞句を構成する（27）。この用法は、17世紀以来ダケが示す接辞の分布である（湯澤1936、此島1966、宮地2016）。

(27) a 「（略）［注：煙草を］<u>吸うだけφ</u>吸うたら、［注：客の身体を］<u>揉むだけφ</u>揉んで、早う去なんならん。（略）」（笑福亭松鶴「理屈あんま」大正13年）
b 「（略）お伊勢七度、熊野へ三度、愛宕さんへは月参りと、<u>こんだけφ参ったら</u>難が逃れる」（笑福亭松鶴「愛宕参り」明治41年）

(27b)では、ダケ句が述語事態「参る」のニ格補語句相当とも、「参る」事態の総量（頻度、達成量）とも解釈できるものの、ガ格ヲ格などの項名詞句ではない。なお、(27ab)はダケ句がともにタラ節内に生起している。大阪では特に、タラ節、ト節など従属節内での用例も目立つ。この類型は、分布の特徴とともに現代語ダケにも継承されている。

また、次に注目出来るのは、述語句構成のタイプである。(28a)のようにダケにダ・ヤなどの文末断定辞を伴う類が3例、(28bc)のようなダケデ句が6例、計9例と全体の4分の1を占める。この類は、(28b)でいえば従属節末述語句「鳴子というのはあだた鳴るだけ（のもの）だ」と、主節述語「怖いことはない」の程度量を表す副詞句（ゆえに判断の根拠、原因理由句として解釈可能）とを兼ねるもので、副詞句構成と連続的である。(28bcd)と並行的な(29)に見るように、17-18世紀のダケの基盤的用法であり（宮地2016）、形態論的には副詞句構成の接辞の用法と位置づけられる。

(28) a 「それはあんた、乗せてなはるだけでやん。乗せるだけやったら、わてら、もっと倍の倍の、倍の、大きなんかて、なんぼでも乗せてやるわい。（略）」（笑福亭松鶴「やいと丁稚」大正14年）
　　 b 鳴子というものは、あだた鳴るだけで怖いことあらへん。（桂文雀「狐釣り」大正13年）
　　 c だいぶこいつはまた、若いだけで、勢いがえらいわ…。（林家染丸「親子酒」大正12年頃）
　　 d 「あー、こらァこら、か…。♪姉とォ妹とォか、年を尋ねたらァ、姉は姉だけでェ、年が上か。やっとこせー、よーいやな。（略）」（林家染丸「親子酒」大正12年頃）
(29) （引用注：お房、お前は）小いからの馴染だけφ 我が子のやうに思はれて（重井筒1704年）

3.4.2 連体句構成

また大阪では、述語句構成と同数の9例を連体句構成のダケノ句が占める。Xダケノ句が修飾する主名詞をYとすると、[XダケノY]句の類型は、Yの文

中位置と、XとYの関係によって (30) のように整理できる。ダケノ句の各類型の出現順は、ダケ句の意味機能の史的展開に並行的である（用例も含め宮地2016参照）。

(30) Ⅰ：Xダケ＝述語名詞 Y の事態総量（17世紀末～）
　　　（例）[歯のぬけるだけの 損]なり。(1763 風流志道軒伝)
　　Ⅱ：Xダケ＝項名詞 Y の事物総量かつ主節述語の事態総量（19世紀～）
　　　（例）[二八だけの はした銭]ハ有。(1800 新製欣・雅話)
　　　Ⅱ′項以外の任意の文中名詞 Y の総量（19世紀末）
　　　（例）[自分丈けの 学問]よりは余程専一にして置かなければ (1895 太陽)
　　Ⅲ：Xダケ＝動名詞 Y の項（20世紀初頭～）
　　　Ⅲ-①：Yが項名詞句：（例）[既約品だけの 入荷]があつた (1917 太陽)
　　　Ⅲ-②：Yが述語句：（例）[官話だけの 速記]ならば (1909 太陽)
　　Ⅳ：Xダケ＝任意の文中名詞 Y のあらゆる関係項（20世紀初頭～）
　　　（例）[お前へだけの 密事]として聞かせたのを忘れたか？ (1917 太陽)

　宮地（2016）では、ダケノ句が近代期に一定の隆盛を見せることを確認した上で、その背景として、ダケの項名詞句構成への参与による、その意味での名詞性の獲得（19世紀～）と、体言性接語への変化（20世紀～）を指摘した。その内実は、副詞句や量属性の述語句を構成する接辞から、名詞句内を含めあらゆる文中要素の量を取り出し（量化し）、任意の要素に後接しうる接語への変化である。この変化によって、タイプⅡ′や、Ⅲ、Ⅳのような分布が可能になり、ダケの隆盛に並行してダケノ句の割合も増大したものと考えられる。
　まさにこのダケの接語化の時期に当たるSP盤落語資料のダケノ句には、以下のように、タイプⅠ (31)、Ⅱ (32) とⅡ′(33) がみられる。(33) ではいずれも指示詞アレ－ダケ、ソレ－ダケという前代から可能な形式であり、意味的にも大の総量を示して接辞的である一方で、[XダケノY] 句がニ格句 (33a)、項以外の連用句 (33b) を構成している点で、近世末までのタイプⅡを逸脱している。タイプⅡ′と位置づけられる。

(31) タイプⅠ
 a 大勢の中へ頭が出せんので、大黒やと言う。こらまァ、[噺家だけの考え]。なるほど、大黒さんの頭、あんまり見た人おまへん。たいがい頭巾被ってる方が多いさかい…。(桂米團治「ぬの字鼠」大正15年)
 b [注:貧乏人の井戸端会議も国会と同じく]議事堂も立派に、煉瓦造りに出来ておる。もっとも、井戸端のことであるから、[下だけの煉瓦造り]、上は何もありません。(桂文雀「長屋議会」大正12年)
 c 「何ほど熱いもんか。まるきり熱かったかて、これだけのもの。(略)」(笑福亭松鶴「やいと丁稚」大正14年)

(32) タイプⅡ
 a お女中が鼻へ声(を)かけてやったら、よほどご注意を遊ばさんちゅうと、[どれだけの地雷火]がかかったあるや分かりません。(桂枝雀「煙管返し」明治42年)
 b 芸は道によって賢しと、泥棒は[泥棒だけの工夫]をつけたもんでございますが…。(曽呂利新左衛門「鋲泥棒」明治41年)

(33) タイプⅡ′
 a 「(略)今の雷が初めて江戸へ上ったが、どうでやす。(中略)[あれだけの大けェ頭取]になりなしたんじゃが、偉いもんでやっせェ。(略)」(桂米團治「大安売り」大正15年)
 b [注:恋仲の女が浮気したらと問われ]「えらいこと言うて来よったな。男なら一番、料簡が出来ん。[それだけのこと]φ、腕(を)磨いて一つ見せてやらんことには、料簡が出来んな」(笑福亭松鶴「一枚起請」明治41年)

一方、タイプⅢ,Ⅳは見られない。(33a)「あれだけ」の係先は、主名詞「(大けェ)頭取」である。ダケ句が主節事態量とは独立に、モノ(事態参与者)の総量を取り出していると考えられ、この点ではタイプⅣへの連続性も見いだせる。(33b)は「(浮気というような)それだけの(大それた)ことなら/に対しては」といった連用句であって、やはりダケ句は主名詞「こと」の量を示している。SP盤落語資料において、タイプⅢが見られず、タイプⅡ′が見られる点は、太

陽コーパスでタイプⅢに先駆けてタイプⅡ′が見られる点に矛盾しない（(30)の例参照）。大阪・東京に共通の、副詞性接辞から接語化の過程の重要な一側面と位置づけることができ、そうであれば、ダケの接語化において決定的なのは、事態量からの独立・乖離といえそうである。

3.4.3　項名詞句構成

　大阪のダケにおいて、項名詞句構成と考えられる例はダケハの1例（34）と、ダケφ句2例（35ab）の3例に留まる。

(34)　「わたい、時計欲しいことあれへんわ。この煙管が欲しいねんえ。これ、おくんなはれな、若旦那。エー、おくんなはれな」「エ、<u>それだけは堪忍して</u>」（桂枝雀「煙管返し」明治42年）

(35)　a　「あ、これこれ、銭持って去んだらいかん。<u>音だけφ</u>持って去んどくれ」（桂文團治「倹約の極意」明治41年）
　　　b　「（略）エヘッ、おかしいもんでやすなあ。エヘー、エヘー、エヘー」「<u>その笑い様だけφ</u>変えてくれんか。アーナ、むかつくねん」（笑福亭松鶴「理屈あんま」大正13年）

　次例（36）「一枚だけでも」「一枚だけなら」は「小判」の量であり、項名詞句と共指示関係にある。注目すべき類型であるが、前節要素が数量表現であること、デモ、ナラによる仮定条件句[*6]であることから、項名詞句構成の確例・典型例とは見なしがたい。格助詞が後接して明らかに項名詞句を構成している例や、焦点を表す接語に特徴的な、格助詞に後接するタイプは皆無である。前節で見たように、項名詞句構成は、大阪、東京とも、バカリが担っているといえ、ダケの、焦点の接語への変化は"夜明け前"の様相である。

(36)　［注：恵比寿様から小判を授かるが戎金と疑った罰で額に張り付けられ］
「肉付きで、どうしてもこうしても取れませんが、どないぞ、取る工夫ごわせんか」「そうじゃ、二枚は取れんけど、<u>一枚だけなら取れる</u>」「<u>一枚だけでも</u>、取れたら結構でやす。どないしたら取れますやろ」「鼻の

上へ桂馬打て！」(曽呂利新左衛門「恵美須小判」明治41年)

3.4.4 ダケの東西差

　東京のダケも、全20例中、述語句構成（37）が計8例、副詞句構成（38）が5例（ダケアッテ2例を含む）と併せ過半数の13例が、接辞としての用例である。大阪同様、近世末までの用法を維持している。

(37) ［注：和歌の解釈を聞いて］「何、それじゃァ同じこってがす。切れ切れに言っただけじゃァまァ、それだけのこっちゃァ詰まらねえじゃごわせんか。どういう訳なんで」(柳家小さん「千早振る」明治42年)
(38) a 「（略）そこはゲテモノ屋じゃねェか」「いいじゃねェか。…（中略）…、ゲテモノはこわれない。こわれただけφ払ってやりゃ、それでいんだい。……」(柳家小さん「生酔」明治44年)
　　 b ［注：出汁の香に誘われ］旅の恥はかき捨て、二階、上に上がって女中これが呼びましたが、いちどきに食うだけφ注文した方がよかろう。「天麩羅ァ三つに、鴨南蛮四つ」と注文致しましたが、さても待っていると、どうしても持ってこないね。(快楽亭ブラック「蕎麦屋の笑」明治36年)
　　 c 「いえ、そんなに召し上がらなくっても…。いいだけφ召し上がって」
　　　 (柳家小さん「夜鳴きうどん」明治44年)

　ただし東京では、(39) ダケハ1例のほか、格助詞と見られるデの後接例（40）が見られ、項名詞句構成に準ずる分布として注目できる。(40) は、いずれも「よい」「(用が) 足りてる」といった状態性述語の補語句であって、動詞の項のような典型的な必須補語ではない。ダケの明らかな項名詞句構成参与に、項でない補語句構成が先んじる様相を具体的に示す例といえるであろう。

(39) ［注：「水くぐるとは」の「とは」の意味を重ねて問われて）「そいつはそうだけれども、けれどもそのとは位な端だけは負けて置きない」(柳家小さん「千早振る」明治42年)

(40) a 「勘定高え(たけ)てェ訳でもごわせんけども、水くぐるとはてェのはありません。水くぐるだけで、もう用が足りてる」(柳家小さん「千早振る」明治42年)
　　 b 「困ったなァ。何しろ今夜てェんじゃ、どこへ稽古に行っても間に合わねェ。ほんの形だけでよければ、俺が教(おせ)えてやる」(柳家小さん「高砂や」明治42年頃)

　また、従属節述語句構成の場合、大阪ではダケデの形式に限られるのに対し、東京では (41) ダケニとなる。

(41) 取りゃァしまいと思うが、〔注：相手は将棋が得意で〕天狗だけに取ってみるかも知れない。(橘家圓喬「癖」明治42年)

　ダケデの形式も1例 (42) があるが、従属節「ただただ音(おん)が少し違うというだけ」と主節「大体の言葉が一つ」は、同格、事態並列の関係にある。東京ではダケニとダケデで用法分担が生じている可能性が高い。現代共通語では、原因理由句の用法がダケニの形式に偏重・固定化しており、ダケニを原因理由の接続助詞とする立場もある（中里1995等。前田2009：151-153参照）。その偏りは、東西差、江戸・東京語のダケの様相に由来するといえ（宮地2014）、その様相がSP盤にも現れている。

(42) これは、いずくの国に参りましても、ただただ音(おん)が少し違うというだけで、大体の言葉が一つ。日本ではタバコ、あちらの方でタバク。(快楽亭ブラック「風土言葉の噺」明治36年)

　述語句構成においては、分裂文相当の例 (43) が注目できる。「(届け出れば警察が返して) くれる」の項に当たる「盗まれた (もの) だけ」句が述部に立っている。出現数の面で大阪のダケに及ばないが、東京のダケの (40) (43) は、大阪には見られないダケの新用法の兆し、接語化の過程を示している[*7]。

(43)「馬鹿、脇で盗んだの、くれるもんかい。<u>貴様の盗まれた、だけだ</u>」（柳家小さん「花色木綿」明治44年）

4. 近代期のバカリ・ダケとSP盤の位置づけ

最後に、前節で見たSP盤落語資料のダケ・バカリの様相を、太陽コーパスでの様相と照らしながら、位置づけてみよう。

4.1 助詞類＋ダケ／バカリ

まず、接語化してはじめて示される分布、格などの助詞句やテ形句への後接の様相に注目しよう。表4-1に助詞類＋バカリ、表4-2に助詞類＋ダケの推移を示す。SP盤落語資料では、バカリに格助詞句、テ形への接続例が見られる一方、ダケにはいずれも見られなかった。この対照は、近代期、ダケの台頭の直前の様相を顕著に表していた。

一方、太陽では、バカリにおいて接語としてのある種の安定が、ダケにおいて接語化の進展が見られる。近代初頭のダケは、後接する助詞類のバリエーションを増やしながら、接語としての分布を漸次増大させているといえる（表4-2）。SP盤落語資料では見られなかった動詞テ形への後接例（44）も1例ながら1925年に確認できる。格助詞への後接例ニダケ（45）に加えて、動詞テ形句に由来する後置詞句への後接例（46）ニタイシテダケ、トシテダケ、ニツイテダケが観察出来る点は興味深い。バカリには見られない、ダケの特徴的な様相である。

(44)『薬が馴れれば大丈夫だよ。もう少しで馴れて来る。（略）しかし、多少薬を<u>弱めてだけ</u>はやらう。』（太陽1925 長篇小説 蛇人）

(45) 吾が児には浮世の栄華を<u>眼にだけ</u>見せて遣りたき心止みがたく候（太陽1901 緑の糸）

(46) a　彼が今妙な笑ひ方をしたのは、単にその十字軍時代の遺物が語つてゐる人間の苦心の惨憺たる<u>形見に對してだけ</u>ではない。（太陽1917 打つ れ）［分裂文］

　　b　兎にも角にも私は<u>私としてだけ</u>の純粋に生き、複雑に動き、積極的

表 4-1　助詞類＋バカリ

形式＼年	太陽 1895	太陽 1901	太陽 1909	太陽 1917	太陽 1925	計
トバカリ（引用）	25	35	22	10	51	143
ニバカリ	5	7	11	18	16	57
ヘバカリ	1	1		2		4
ヲバカリ	1				1	2
カラバカリ		1	3		6	10
ナドバカリ		2				2
トカバカリ					1	1
計	32	46	36	30	75	219
（参考）動詞テ形＋バカリ	6	13	13	14	22	68

表 4-2　助詞類＋ダケ

形式＼年	太陽 1895	太陽 1901	太陽 1909	太陽 1917	太陽 1925	計
ホドダケ		1				1
ニダケ		1	2	6	11	20
トダケ			4	4	10	18
ヘダケ			2	1	1	4
カラダケ			1		3	4
トシテダケ				2		2
ナドダケ				2		2
ニタイシテダケ				1	1	2
ニツイテダケ					2	2
計	0	2	9	16	28	55
（参考）動詞テ形＋ダケ					1	1

行進を続けて、（太陽1917 心頭雑草）［ダケノ句］
　c　少くとも、若い女の身で、<u>こんな風に人前で咎められた場合として
　　　だけでも</u>、妻の頬に血が上るべきだと思はれたのに、あの、石のや
　　　うに動じない無表情は………。（太陽1917 恐ろしき結婚）［ダケデモ句］
　d　乙種指導者といふのは、一品目、例へば木彫風俗人形ならばたゞ<u>そ
　　　れに就いてだけ</u>の技能と、指導的能力とを養成される者で、（太陽
　　　1925 農民美術の意義と発達とその産業的価値）［ダケノ句］
　e　此の論の中では一切さうした問題は省略し、専ら<u>小作争議に就いて
　　　だけφ</u>論ずることにしたいと思ふ（太陽1925 農村争議と分配問題）
　f　英米仏伊の諸外国に於いては、（略）一般所得税は（略）、又は三千フ
　　　ラン以上とか、三千リラ以上とかの<u>綜合所得に対してだけφ</u>補完税
　　　を併せて復課することになつて居る。（太陽1925 税制改革の研究）

　バカリも動詞テ形への後接例と併せ、全体に接語に特徴的な助詞類への後接例が増大の傾向にはあるものの、後接先の異なりはダケより少なく、ト・ニ・ヘ句への後接が一定して見られるかたちである。現代語においても、従属節への後接（３）は、主として引用節、時間節、目的節であり「そのほかの節をとりたてることはあまりない」とされる（日本語記述文法研究会2009：65）。現代語のバカリは、意味論的には「事柄の数」を表し、統語論的に動詞述語との呼応が可能な場合にのみバカリ文が成立する（茂木2002）。事態とは独立にモノ（さらにはあらゆる文中要素）を量化する機能は得ていないようである。バカリは中世末から近世にかけて、接辞化を果たしており、近代期においても表4-1のような安定を示すが、あくまで、動詞述語との呼応を必須とする副詞性の接語であり、現代語に至るまで意味的にも統語的にも事態との結びつきを手放すことはなく、事態の様相量や存在量を表してきたといえるのではないだろうか。近現代のバカリとダケは、接辞用法と接語用法をともに維持したまま併存している。この状況に説明を与えるためには、各々の語彙項目としての個性（語彙的意味やこれに関わる制約）を踏まえて史的展開を眺め直す余地が大きい。動詞テ形＋バカリは、現代でも「Ｖてばかりいる」の形式にほぼ特化している（茂木2002、田川2005）。SP盤落語資料において用例の中心を占める、項名詞句をなす

バカリφ句の例においても、前接語が「噂」「うそ」など発話内容を表す名詞、中でも「〜ことバカリφ｛言う系動詞｝」の類型が顕著である（例(18)(19)）。この点もバカリと事態の結びつきを示すと言える。

これに対して現代語のダケは、多様な助詞句、連用句に後接する。これは文中要素の量化において制約が少ないことを示すものと理解できる。表4-2は、近代期のダケがそのような機能語へ向かう具体的な過程といえるだろう。

すなわち、近代期のダケにとって重要な変化は、事態との結びつきからの解放である。事態の総量を表す副詞句や述語句を構成する、あるいは事態参与者（項）の総量を表す接辞から、事態を前提としつつ（ここまではバカリと同じだが）、事態に参与する任意の文中要素の総量を取り出す（すなわち量化する）接語としての変化であると考えられる。ダケが事態からの独立を果たしたことで、バカリはその事態との結びつきを反作用的に強め、複数性の限定に機能を特化させていったといえるのではないだろうか。この見方が正しければ、近代期はバカリにとっても重要な転換点といえる。中世末から近世末までに至る、バカリの接語としての安定の背後の内実——おそらく語彙的意味とこれによる制約——を再検討していく余地がある。

4.2　ダケ・バカリ＋助詞類

4.1節で見たような、ダケ・バカリの機能分担へ至るプロセスの主要な観点は、ダケ・バカリに助詞類が後接するパターンからも得られる（表5-1、5-2）。つまり、ダケ・バカリがどのような文中句の量を示すかの把握である。

表5-1、5-2を見比べると、まずもって、バカリよりも、ダケに後接する助詞類の異なりが大きいことがわかる。用例数の上でも、バカリ＋助詞類（表5-1）は、常時200-300例の間で大きな変動がない一方、ダケは、1895年の149例から1925年の687例へと4.6倍の増大を示す（表5-2）。この時期のダケの機能変化はここでも明らかである。表5-2からは、ダケの機能変化の過程や条件を把握するための観点が見いだせる。大きく増加している形式として、具体的には、ダケノ、ダケハ、ダケデ（ハ・モ・サエ・シカ）、ダケヲ、ダケガ、ダケニ（ハ・デモ・シカ）が挙げられる。

例えばこのうち、ダケガ・ダケヲといったダケ＋格助詞の類は、項名詞句の

表 5-1　バカリ＋助詞類

形式＼年	太陽 1895	太陽 1901	太陽 1909	太陽 1917	太陽 1925	計	備考
バカリノ	137	110	105	103	143	598	
バカリハ	29	21	10	18	30	108	
バカリモ	10	19	14	5	13	61	
バカリヲ	37	19	27	34	18	135	1895ヲモッテ1
バカリガ	13	8	15	21	36	93	
バカリニ	22	8	17	21	18	86	
バカリニシカ		3				3	
バカリニヨッテ				1		1	
バカリニモ				1		1	
バカリニハ				1		1	
バカリニツイテハ				1		1	
バカリト	14	8	9	7	6	44	1908トハ1
バカリデ	1	6	10	6	12	35	
バカリデモ	4	4	5	1	3	17	
バカリデハ	4	9	5	7	6	31	1925ニテハ1
バカリノミ	2					2	
バカリマデニ	1					1	
バカリナガラ	3					3	
バカリヅツ	1			2	2	5	
バカリヘ			1		1	2	
バカリシカ			1	3		4	
計	278	215	219	228	292	1232	

量を、副詞句（述語事態量）としてではなく、名詞句（事物量）として提示するものであって、ダケの項名詞句構成の機能が顕在化したものといえる。ダケノ句の拡大も、当期のダケの機能変化の反映と位置づけられる（宮地2016）。

ただし、肝心の接語化の動機やプロセスは未だ明らかでない。接語化の前段階として、項名詞句構成の機能拡大が認められることは明らかだが、ノ連体用法や項名詞句内（ガ・ヲの前）での出現は、体言性の接辞という点でも、意味解釈の上でも、近世までの事態総量の接辞の特徴に矛盾しないからである。

一方で、ダケハおよびダケデ（ハ・モ・サエ・シカ）、ダケニ（ハ・デモ・シカ）といった主題化、焦点化形式は、その内実にダケが総量を取り出す句のバリエーションを見ることができるだろう。ダケの接語化のプロセスの解明には、これらの形式の内実と推移が、一つの着眼点となりそうである。

表 5-2 からダケに特徴的な形式をさらに拾うと、(47) トシテ、ヨリ、カラ、

表 5-2 ダケ＋助詞類

形式＼年	太陽1895	太陽1901	太陽1909	太陽1917	太陽1925	計	備考
ダケノ	57	115	196	247	226	841	
ダケハ	40	74	108	114	145	481	
ダケモ	2		3		1	6	
ダケヲ	21	21	34	60	60	196	
ダケガ	6	15	26	54	44	145	
ダケニ	5	9	11	26	43	94	
ダケニハ	2		5	6	8	21	
ダケニデモ			1	1	2	4	
ダケニシカ				1	1	2	
ダケニノミ				1		1	
ダケニツイテ			1		4	5	1925ダケニツイテハ1
ダケニタイシテ				1	1	2	
ダケニヨッテ					1	1	
ダケニテ		1	3		1	5	
ダケニテハ	1	3	6	2	1	13	
ダケニテモ	4	2	3	5		14	
ダケデ	4	7	18	30	37	96	1925ダケデモッテ1ダケデノ1
ダケデハ	1	5	9	38	31	84	
ダケデモ	3	16	33	63	64	179	1909,1917ダケデデモ各1
ダケデサエ			1	1		2	
ダケデシカ					1	1	
ダケナリトモ	1			1		2	
ダケト	1	1	1	3	4	10	
ダケトシテ	1			1		2	1909ダケクライニ1923ダケクライノ
ダケヨリ		1				1	
ダケカラ			1	1	2	4	
ダケクライ			1		1	2	
ダケシカ				1	9	10	
計	149	270	461	657	687	2224	

ニツイテ、ニタイシテ、ニヨッテ等がある（ニヨッテ、ニツイテハはバカリ1925年にも見えるがむしろダケに遅れる）。いずれも項名詞句以外の補語句、副詞句、従属句であり、ダケが述語事態量から独立したことの現れと見ていいだろう。

(47) a されば此国語学は、国文学者の言葉などは<u>日本言葉の一部分だけとして</u>研究するので、他の大工左官のことばも、奥州薩摩の方言も同様、敢て其間にすききらひをば致しませぬ。（太陽1895 国語研究に就て）

b 　此には<u>余の観察丈けに就て</u>、所感を陳べて見ませう。（太陽1909 名士の西班牙観　美術と国情）

　加えてここで重要なのは、このような、項以外の補語句・副詞句を構成する、トシテ、ニタイシテ、ヨリなどの助詞類が、表4-2に含まれる助詞類と多く重なることである。時間的な出現順は、ダケトシテ＞トシテダケの順となる。ダケの接語化の過程において、事態とは独立に量を提示できる副詞句・補語句のバリエーション（表5-2）と、接語として後接可能な文中句のバリエーション（表4-2）の間には、密接な関係がある。

　この観点から、改めてSP盤落語資料のバカリ・ダケの様相を振り返ると、東西とも、バカリφ句が格助詞のマークなしに項名詞句を構成できたのに対し、ダケは副詞句構成に大きく傾いて、明らかな項名詞句構成は認めがたかった。一方、大阪のダケノ句では、Xダケ句が事態から独立して典型的な項目詞とは考えにくい主名詞Yの量を示す様相（タイプⅡ'）が見られた。東京のダケには状態述語の補語句に立つ例（ダケ－デ）や、分裂文述語の例、主題化・焦点化された例（ダケハ、ダケデモ）が認められた。これらの様相は、明らかな項名詞句構成に先行して、述語事態の総量という制約から離れた副詞句・補語句構成への参与があったことを示している。では、その副詞句構成のダケは、どのようにして「事態からの独立」を果たしたのだろうか。

　このことを考えるに当たっては、もちろん、まずもって副詞句構成のダケφ句の精密な用例観察が課題となる。さらに加えて、観点として着目できるのは、表5-2に見られる、事態にとって義務的でない文中要素の量を示すダケトシテ句やダケニタイシテ句が、分裂文述語や主題・焦点句、ノ連体用法において出現している点が示唆的である（46a-d）。本稿では観点の提示に留まるが、ダケの接語化の過程で着目できる環境や現象面の各々は、相互に関係しているといえる。その相互関係を紐解くことは、ダケの接語化の過程のより具体的な把握、そして近代期バカリの機能変化の具体的な説明につながると考えられる[*8]。

5．おわりに

　SP盤落語資料には、近代初期の接語バカリの様相と、接語化直前のダケの

様相が現れていた。バカリの機能変化の内実には考察を及ぼすことができなかったが、本稿の観察によって、近代期のバカリの意味変化に大きく影響したダケの接語化に関して、具体的なプロセスの解明につながる観点がいくつか得られたと思う。近代のダケの様相に照らして、バカリの接語化の時期（中世末から近世前期）の様相を精査することも、バカリとダケの持つ制約条件や変化の過程の違いを照らし出すことになるだろう。バカリは接語化してなお事態との結びつきを離れず、ダケは事態から意味的にも統語的にも独立して接語化した。これには、多分にその語彙項目としての意味的な特性が関わっているだろう。バカリは中古に程度構文を形成して副助詞の体系に参与した（小柳2007）。「程度用法の構文は、程度修飾句の標象事態によって主句の本体事態の程度をあらわす」（小柳2007：120, 傍点宮地）のであって、副助詞バカリは、ある事態によって別の事態の量を示す機能を本質的に備えている。一方ダケの副助詞用法は、前接語句の量属性によって係先の事態の総量を表す接辞用法に発したが、その旨は総量「高{たか}」の提示にある。その総量の持ち主は原理的には事態に限られないだろう。バカリとダケの交差と併存、類似点と相違点は、各々の意味特性に着目した変化過程の精密な把握によって説明付けられうる。

　本稿の考察はいまだ構築中の仮説の域にある。しかし、その仮説の構築は、変化期の具体的様相を示す資料を可能な限り精査することでのみ果たされる。近代初頭は、国家・社会・文化的な近代化の大きな波に即応して、日本語にとっても歴史上の一大画期であり、ダケ・バカリのみならず、多くの言語形式に文法変化が生じた。SP盤落語資料は、その条件や変化の過程を、東西差も併せて示してくれる貴重な資料の一つである。

注

1）小柳（1997, 2007, 2008）では第1種副助詞と呼ぶ。なお、中古のバカリは名詞・活用語連体形句のみならず、終止形にも接続する。この点で近世末までの接辞ダケと異なり、接語と認める立場もありうる。
2）江口（2007）では、バカリの接語化のプロセスが、項名詞句の数量を示す遊離数量詞段階を経由したとりたて化と位置づけられている。大筋で同意するが、遊離数量詞段階も接語化の十分条件とは言えず、さらなる追究の余地がある。

3）小柳（1997, 2007, 2008）の用語では第2種副助詞に相当する。古代語の第2種副助詞は連用句相当のテ形句に後接可能である（近藤2007）。古代語では第1種/第2種副助詞の対立が語彙的に存するため、語群として副助詞を規定した上で第1種/第2種に区分可能であるが、現代日本語の副助詞類は、第1種/第2種相当のみならず、古代語の係助詞や主題助詞相当の機能に渡って多機能の様相を呈する。機能的対立の指標（助詞類の相互承接、テ形句との承接関係等）は通時的に有効であるが、ここではダケ・バカリの機能変化を捉えるため、副助詞論には立ち入らず、接辞、接語という形態論的位置づけを採用する。ただし、接語（化）に段階性を認める余地もある。注1参照。
4）ダケはル形に後接して直前状態用法（安部1999等）を示すが、タ形では時間的解釈を示さない。文語のノミにもアスペクト的用法はない（田中2009：141）
5）ダケノ句に比べるとバカリノ句には制約が多いとされる（茂木2000）。この点もバカリが述語事態との呼応を制約として持つことと大きく関わる。
6）焦点句というべきか。ただしいずれにしても項名詞句の典型とはいえない。
7）ダケの接語化は主に東京で展開した機能変化といえる。『太陽』のダケの隆盛（表2、表4-2）も、中央語の交替に起因する趨勢といえる。同じ落語資料でも、昭和の大阪落語にはダケが格助詞に後接した例が出現する。中央語ダケの変化が地方語大阪へ伝播したものと考えられる。
　・「えーまい、食わ、食わせへんさかい、けども、食うとだけ言うてもらえんか。」（二代目桂春団治「十三夜」青菜1952年）
8）例えば、[XダケノY]という名詞句内の環境は、ダケの接語化の結果の反映として理解されるだけでなく、接語化の主要な環境条件となった可能性もある。ダケノ句タイプⅡにおいてはXダケ句が名詞Yの量のみを示すという解釈も可能で、この環境では文中名詞（事物）が量化されているという解釈が成り立ち得る。[XダケノY]句において、あらゆる文中要素の量を取り出す機能語として再分析されたという見方は、検討の余地が大きい。検証は別稿に譲る。

参考文献

安部朋世（1999）「ダケの位置と限定のあり方–名詞句ダケ文とダケダ文」『日本語科学』6
此島正年（1966）『国語助詞の研究―助詞詞素描―』櫻楓社
小柳智一（1997）「中古のバカリについて―限定・程度・概数量」『国語と国文学』74-7
小柳智一（2003）「限定のとりたての歴史的変化―中古以前」沼田善子・野田尚史編『日本語のとりたて 現代語と歴史的変化・地理的変異』くろしお出版
小柳智一（2007）「第1種副助詞と程度修飾句―程度用法の構文とその形成」青木博史編『日本語の構造変化と文法化』ひつじ書房

小柳智一（2008）「副助詞研究の可能性」『日本語文法』8-2
近藤泰弘（2007）「平安時代語の接続助詞「て」の機能」『國學院雜誌』108-11 國學院大學
田川拓海（2005）「テ形と共起するとりたて詞について」『言語学論叢』24
田中敏生（2002）「円朝口演速記における副助詞バカリの限定用法―単限定・複限定のありようを中心に」『四国大学紀要 人文・社会科学編』17
田中敏生（2006）「渋川版『御伽草子』における副助詞バカリの限定用法--複限定の認定を中心に」『四国大学紀要 人文・社会科学編』25
田中敏生（2009）「逍遥『当世書生気質』の副助詞バカリ・ダケ・ノミ―地の文と会話文との違いに留目して」『四国大学紀要』（A）32
寺田洋枝（2000）「明治期東京語における「だけ」の限定用法」『国語研究』63
中里理子（1995）「「だけに」「ばかりに」の接続助詞的用法について」『言語文化と日本語教育』9
日本語記述文法研究会編（2009）『現代日本語文法5』（第9部とりたて、第10部主題）、くろしお出版
沼田善子（1986）「とりたて詞」奥津敬一郎・沼田善子・杉本武『いわゆる日本語助詞の研究』第2章、凡人社
沼田善子（2009）『現代日本語とりたて詞の研究』ひつじ書房
前田直子（2009）『日本語の複文』くろしお出版
宮地朝子（2014）「名詞の形式化・文法化と複文構成―ダケの史的展開にみる」益岡隆志・大島資生・橋本修・堀江薫・前田直子・丸山岳彦編『日本語の複文構文』くろしお出版
宮地朝子（2016）「ダケノ句の史的展開」青木博史・小柳智一・高山善行編『日本語文法史研究』3、ひつじ書房
茂木俊伸（2002）「「ばかり」文の解釈をめぐって」『日本語文法』2-1
茂木俊伸（2003）「名詞句内のとりたて詞「ばかり」について」『日本語と日本文学』36
山田潔（2013）「『玉塵抄』における「ばかり」の用法」『近代語研究』17、武蔵野書院
湯澤幸吉郎（1936）『徳川時代言語の研究』刀江書院
湯澤幸吉郎（1954）『江戸言葉の研究』明治書院（増訂版1957）
湯澤幸吉郎（1953）『口語法精説』明治書院（覆刻版1977）

用例出典

『太陽コーパス』（国立国語研究所（2015）『日本語歴史コーパス』バージョン2015.8 https://chunagon.ninjal.ac.jp/による）／『二代目桂春団治「十三夜」録音文字化資料』

（平成十年度科研費基盤研究（C）研究成果報告書、研究代表者・金沢裕之、1998年）

付記
本研究の一部はJSPS科学研究費補助金15K02563（研究代表者：宮地朝子）および16H03411（研究代表者：ハイコ・ナロック）の助成を受けている。

3

上方語と江戸語の準体の変化
── 2つの変化の相違点と共通点

坂井美日

要旨

　本稿では、項位置の準体の歴史的変化について、上方語と江戸（東京）語の変化を対照し、まず相違点として、変化の時期と進度が異なることを示し、2者の変化が独立したものであることを指摘する。その一方で、重要な共通点として、1. ゼロ準体からノ準体への一方向の変化をしていること、2. その移行時のノ率の上昇は、形状タイプから起こること、そして、3. 形状タイプの移行がほぼ完了した時期以降に、事柄タイプのノ率が上昇し始めること、4. 最終的に両タイプの様相はノ準体として同じものとなることを指摘する。2つの独立した変化の経緯が一致していることから、ここには共通のメカニズムが働いている可能性が高い。本稿は、前稿坂井（2015）の仮説：準体の一連の形態変化は、形状タイプの再解釈を契機に引き起こされ、事柄タイプの変化は、形状タイプに外形をあわせるために起こる、という試論を補強する。

キーワード：準体、準体助詞「の」、上方語、江戸（東京）語

1. はじめに
1.1 本稿の位置づけ

　本稿は、準体（後述）の近世から近代にかけての変化をテーマとする。上方語と江戸語（近代以降の東京語を含む）の 2 方言[*1]の歴史を対照し、相違点・共通点を明らかにすることで、準体の変化のメカニズムに迫る。なお、本書のメインテーマである落語SPレコード資料については、本稿は、1. 上方語・江戸語

それぞれの近代後期の様相を調べるのに有効であるということ、そして、2. 近世から近代への言語変化を明らかにするのに有効であるということの2点を示すケーススタディーとなる。

1.2　本稿の研究対象—準体—

本稿が研究対象とする準体とは、次のようなものである。

（1）ゼロ準体（源氏物語「竹河」より）
　　a. 花の下に歩きて散りたるをいと多く拾ひて（形状物）
　　b. （風が吹き花が）乱れ落つるがいと口惜しうあたらしければ（事柄）
（2）ノ準体（（1）の現代語訳）
　　a. 花の下を歩いて散った の をとても多く拾って（形状物）
　　b. 乱れ落ちる の がとても口惜しくもったいないので（事柄）

まず、（1）ab下線部を見ると、裸の連体形で構成された節が、名詞相当に振る舞っている。（1）aでは、裸の連体形節が、目的語となり形状物（ここでは花）を指す。（1）bでは、裸の連体形節が、主語となり、乱れ落ちるという事柄を指す。

一方、現代では、上方・東京をはじめ多くの方言において、（2）abのように、連体形で構成された節は、準体助詞を伴う。

本論では、（1）（2）のように、用言で構成された節が、そのまま或いは準体助詞を付加することで、文法的に名詞相当となる（名詞化された）ものを、総称して「準体」と呼ぶ。そして形態面から、（1）のように裸の連体形で構成されるものを「ゼロ準体」、（2）のように準体助詞を伴うものを「準体助詞準体」、その中でも「の」を付すものを「ノ準体」と呼ぶ。なお、a対bのような、形状物か事柄かという観点からの分類については、3.2節で詳述する。

坂井（2015）（以下、前稿）では、上方語における、ゼロ準体からノ準体への変化について、その詳細な過程を明らかにした（本稿4.1参照）。本稿では、江戸語のデータを示し、上方語と、江戸語の変化を対照する。

2. 先行研究と問題点の整理

　上方語と江戸語の準体を扱ったものに、信太（1995）がある。信太（1995）では、近世前期から近世後期にかけての上方語資料と江戸語資料を対象とし、特に近世後期（洒落本）の調査が行われている。信太氏は、準体の歴史を考察する上で「文献の質的差」（p.66）をとりあげ、「言語の方処性ということが準体法（坂井注：本稿にいうゼロ準体）の衰退期を考えるに問題になるかどうかを検討」（p.67）されている。その結論は、方処性の考慮の必要はないとするものであり、「近世後期における上方語江戸語との差は準体の使用に関して方言的な差があると積極的に認める程のものではない」（p.78）と述べ、「前期上方語と後期江戸語とを連続するものとして捉えてもそれほどの誤差は生じないであろう」（p.79）と述べる。

　しかし、上方語と江戸（東京）語は、周知のように、音韻・文法・語彙のあらゆる面で違いが認められており、異なる言語体系とみるのが穏当である。「前期上方語と後期江戸語を連続するものとして捉え」た上で国語史を描くという手法は、かつて国語学で多く用いられてきたが、方言の多様性が注目される昨今、この手法は見直されるべき段階にある。改めて、上方語と江戸語を詳細に対照する必要があると考える。また、信太論文の歴史考察上の問題点として、変化の観察が点的であるというところが挙げられる。近世前期と後期という、歴史の2点を観察し、たとえその2点に、上方語と江戸語の差が一見なくとも、それをもって歴史の全体が同じであるというのは、いささか極論である。より細かい時期区分のもと、上方語と江戸語それぞれにおける連綿とした変化を捉えた上で、対照する必要がある。

　本稿では、上方語と江戸語の変化の詳細を明らかにし、相違点と共通点を浮き彫りにしてゆく。3節にて本論の枠組みを示し、4節にて上方語と江戸語のデータを示す。5節ではまとめとして、上方語と江戸語の対照を行ない、変化のメカニズムについて考察を行なう。要点を簡略に述べておくとまず、2者の変化は、時期・進度・ゼロ準体の残存傾向の点で、明らかな違いがある。ここからまず、2者の変化が明らかに別個のものであることを示す。その上で、2者の共通点として、変化の経緯が類似していることを述べる。別々の変化が同じ経緯を描くというのは偶然とは言い難い。ここから本稿は、変化のメカニズ

ムの試論を5節で試みる。

3. 本論の枠組み
3.1 調査の方針
　本稿では、前稿と同様、用言述語文の項となる準体を対象とする。方針も基本的に前稿と同様で、分裂文は対象とせず（分裂文は、坂井2016を参照）、典型をみる目的及び量的検証のため、次の（3）を保留とし、4節以降の表から除く。

（3）保留：a. 主部内在節（形状タイプに属するか事柄タイプに属するか議論があるため）。b. 「～スルガイイ」等、ゼロ準体が明らかにフレーズ化しているもの（対象範囲で一貫してゼロ準体で現れ、ゼロ準体が慣用とみられるもの。頻度が数値に影響するため保留）。c. 解釈により形状タイプと事柄タイプの両方の可能性が残るもの（主観の反映を防ぐため）

　時期区分は、次の（4）のように、約30〜50年ごとに設定する。それぞれの時期・地域の言語を反映している可能性が高い資料をもとに、ゼロ準体とノ準体の割合を出す。資料の質量を勘案し、上方語については近世中期Ⅰ〜明治後期―大正期を対象としている（ノ準体の用例は中世末から散見するものの、元禄より前は非常に稀で[*2]、本稿の目的：ゼロ準体とノ準体の質的・量的検証が、困難であるため）。江戸東京語については、近世中期Ⅲ〜明治後期―大正期を対象範囲とする（近世中期Ⅲ以前は、江戸口語資料そのものが少ないため）。

（4）本稿の時期区分
　　・近世中期Ⅰ（元禄―宝永期（1700頃））
　　・近世中期Ⅱ（寛延―宝暦期（1750頃））
　　・近世中期Ⅲ（明和―安永期（1770-1780頃））
　　・近世後期Ⅰ（寛政―文化期（1800頃））
　　・近世後期Ⅱ（文政―天保期（1820-1830頃））
　　・幕末―明治初期（1860-1870頃）
　　・明治後期―大正期（幕末―明治初期生まれの落語家による演目）

なお、使用する資料の中で、明らかに対象地域の言語の話者ではない者として描かれる人物（例：江戸語資料『浮世風呂』中の「かみがたすぢの女」、東京落語の柳家小さん「豊竹屋」中の花林堂（上方者）など）の発話や、明らかに対象時期の言語ではない発話（和歌等の引用や、古典のセリフ調）、また、落語SPレコードで音声不明瞭等で意味がとれない部分は、対象から除外する。

3.2. 分類の方針――形状タイプと事柄タイプ――

石垣（1942；1944；1955）以来、準体は一般に、①人や物等の形状物を指すタイプと、②事柄や作用を指すタイプの、大きく2つに分けられる。本論では、前者を形状タイプ、後者を事柄タイプと呼ぶ。ここでは、本稿における2タイプの分類基準を述べる。

まず、人や物などの形状物を指す形状タイプについて、例えば（5）（便宜的にゼロ準体で作例）では、準体が「食べた」の目的語となり、対象物（食物）を指している。

（5）形状タイプ（ゼロ準体・作例）
　　a. ［林檎の］［φ*3熟れた］i/NMNLを食べた。
　　b. たくさんの林檎を収穫して、［φ熟れた］i/NMNLを食べた。

構造面の特徴としては、当該の準体の内部にギャップ（ここでは便宜的に「φ」で表す）があり、そこに想定される形状物が、準体で指される。例えば（5）の場合、準体の主語にギャップがあり、そこに想定される「林檎」が準体で指されながら、「食べた」の目的語となっている。典型的には、（5）aのように同格句を前に伴い、その名詞句が指す集合内の要素が指される（（5）では「林檎」の中で「熟れた」ものが指される）。ただし同格句は（少なくとも近現代語では）任意であり、（5）bのように、文脈から集合が導かれる場合には、同格句は省略されうる。

次に、事柄や作用を指す事柄タイプについて、例えば（6）では、準体が「知っている」の目的語となり、「知っている」の対象である事柄（林檎が熟れたということ）が指されている。

（6）事柄タイプ（ゼロ準体・作例）：[林檎が熟れた]_{S/NMNL}を知っている。

　これは、石垣の「作用性名詞句」にあたるものである。さきほどの形状タイプが、準体内部のギャップを名詞化して指すのに対し、このタイプは、その文の事柄や作用をそのまま指す、いわば文の名詞化である。

　また、今回江戸語を扱うにあたって、「～といふ」（「～と申す」も含む。以下、まとめて「～といふ」として扱う）で構成される準体が特殊な振る舞いをするので、ここで簡単に分類方針を述べておく（詳細は後述）。

　江戸語資料には、文法化（「言う」の意味が希薄化）した「～といふ（～と申す）」で構成された準体が、無視できない傾向をもって散見する。前稿で上方語を扱った際には、本稿4.1にも述べるように、これに該当する例自体少なく、またゼロ準体とノ準体の比率に偏りを生じることもなかったが、江戸語では4.2に述べるように、この「～といふ」が形状タイプ準体を構成する時、ゼロを保持する傾向を示す。

　その傾向は先行研究も指摘するところであり、近世後期江戸語を対象とした原口（1978）は、「～といふ」の準体について、形状タイプのゼロ準体が「慣用的に残る形」（p.435）と述べており、またその中でも、存在詞との関連（4.2節に詳述）を示唆した指摘として「「トイウガアル」のきまった口調」（p.442）と述べられる。信太（1995）も「江戸語で「～といふ」型において準体（坂井注：ゼロ準体）の数が目立ち、これがいわば慣用表現として用いられていたと考えられる」（p.74）と述べられる。

　後節に示す本稿のデータも、形状タイプのうち「～といふ」で構成されたものが、ゼロ準体に偏るという結果となっている。なお、先の3.1（3）で、ゼロ準体の「慣用」は外すことを述べたが、当該の「～といふ」の構文は、以下の理由からデータに換算することとしている。まず、「～といふ」の「いふ」には、活用や、「申す」等のバリエーションが認められ、また「～といふ」と主節との、格関係や情報構造関係にもバリエーションが認められる。これらバリエーションの存在から、慣用というよりも、生産的であると考えられる。また、今回の観察範囲では、ゼロ準体だけでなくノ準体も見られ、ゼロ準体に固定した表現とは言いにくい。

上述の理由から「〜といふ」をデータに入れるのであるが、ここではその分類方針について述べておく。まず、用例には次のようなものがある。

（7）その半鐘が子分に風鈴五郎七といふがあったげなが（風呂）
（8）其外に奢といふはさつぱりなし。（風呂）

（7）（8）はいずれも、「いふ」が「言う」の意味ではなく、節内の名詞句と項関係を結んでいるわけではない。つまり、文法化した例である。先に（8）から見ると、ここでは奢るという行動が、準体で指されていると考えられる。ここから、先述の判断基準に基づき、本稿では、事柄タイプに準拠するものと扱っている。つづいて、問題は（7）であるが、（7）下線部を解釈すると、ここでは、先行文脈から導かれる「半鐘が子分」という集合の中の人物が指されている。この点を優先的に考慮し、本稿では、ひとまずこれを、形状タイプに入れてカウントしている。ただ、先述のように、当該の「いふ」は、文法化によって節内の項と繋がりを持たないため、厳密には（5）のような典型的な形状タイプとも異なることは、留意しなければならないと考える。この構文には問題が多いため、5.1節にて、改めて考察を行なう。

4. データ

4.1 上方語（坂井2015の改）

本節に示す上方語データは、坂井（2015、2016）に若干の更新と修正を加えたものである[*4]。使用した資料、具体例等の詳細は、前稿を参照のこと。結果は、次の通りである。例数を表1に、タイプごとのノ準体の割合（以下「ノ率」＝ノ準体÷（ゼロ準体＋ノ準体）×100）を表2に、表2のノ率をグラフ化したものを図1に示す。

表1：上方（例数）

上方例数	形状タイプ		事柄タイプ		計
	ゼロ	ノ	ゼロ	ノ	
近世中期Ⅰ	14	3	17	2	36
近世中期Ⅱ	11	7	14	3	35
近世中期Ⅲ	12	5	29	10	56
近世後期Ⅰ	6	17	37	15	75
近世後期Ⅱ	1	4	17	5	27
幕末・明治初	2	14	21	26	63
明治後・大正	0	15	0	13	28
計	46	65	135	74	320

表2：上方（ノ率）

ノ率	形状タイプ	事柄タイプ
近世中期Ⅰ	17.6%	10.5%
近世中期Ⅱ	38.9%	17.6%
近世中期Ⅲ	29.4%	25.6%
近世後期Ⅰ	73.9%	28.8%
近世後期Ⅱ	80.0%	22.7%
幕末・明治初	87.5%	55.3%
明治後・大正	100%	100%

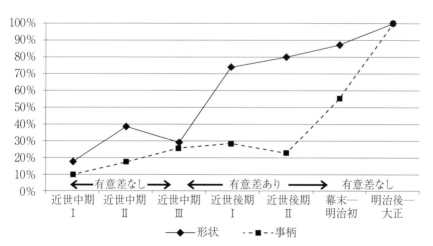

図1　上方における形状タイプと事柄タイプのノ率

上記の結果から前稿では、両タイプともに近世中期Ⅲまで（ノ準体は散見するものの）ノ率の有意な変動がみられないということ、そして、近世中期Ⅲの後、ノ率が上昇し、その過程で、形状タイプと事柄タイプに差が生じたということを指摘した。具体的には、形状タイプでは近世中期Ⅲから近世後期Ⅰにかけて、ノ率の有意な上昇が起こり、その変化に続いて、事柄タイプの方でも近世後期Ⅱから大正にかけて、ノ準体への移行が起こったという変化である。まとめると（9）の通り。

（9）上方語における項準体の変化
　　　a. 近世中期Ⅲに至るまでの長期間、ノ型は散見しつつもゼロ準体からノ準体への移行は進展しなかった。
　　　b. 近世中期Ⅲから、ノ準体への移行が進展した。
　　　b-1. 形状タイプは、近世中期Ⅲから近世後期Ⅰにかけて、ノ準体への移行を進展させた。その間、事柄タイプに変化は無い。
　　　b-2. 事柄タイプは、形状タイプの変化がほぼ収束した近世後期Ⅱ（文政—天保期）からノ準体への移行を始め、大正期にかけて変化した。

　なお、先述のように、江戸語の方で課題となる、「〜といふ」の準体については、上方語では、特に目立った傾向は見られない。上方語のデータにおける「〜といふ」の分布は、近世中期Ⅱ：ゼロ準体1例／近世中期Ⅲ：ゼロ準体3例、ノ準体2例／近世後期Ⅰ：ゼロ準体1例、ノ準体2例／明治後—大正期：ノ準体1例である。形状タイプの全体的な変動と軌を一にしており、特殊な振る舞いではない。また、これらの例数を除いたり、あるいは、事柄タイプに入れたりしても、前稿の結論や検定の結果に影響が生じることはない。
　次に、江戸語のデータを示す。

4.2　江戸（東京）語
　江戸語調査の時期区分と資料の概要は、次の通り（詳細は【使用言語資料】）。

　　　近世中期Ⅲ：江戸洒落本8作品／近世後期Ⅰ：江戸戯作3作品／近世後期

Ⅱ：為永春水人情本2作品／幕末―明治初期：仮名垣魯文戯作2作品／明治後期―大正期：東京落語SPレコード文字化資料68作品

調査の結果を示すと、次の通りである。例数を表3に、タイプごとのノ率を表4に、ノ率をグラフ化したものを図2に示す。

表3　江戸東京（例数）

江戸―東京 例数	形状		事柄		計
	ゼロ	ノ	ゼロ	ノ	
近世中期Ⅲ	3	10	13	2	28
近世後期Ⅰ	8	13	41	15	77
近世後期Ⅱ	2	11	20	21	54
幕末―明治初	3	11	9	17	40
明治後―大正	0	41	5	37	83

表4　江戸東京（ノ率）

江戸―東京	形状	事柄
近世中期Ⅲ	76.9%	13.3%
近世後期Ⅰ	61.9%	26.8%
近世後期Ⅱ	84.6%	51.2%
幕末―明治初	78.6%	65.4%
明治後―大正	100%	88.1%

具体例を挙げると、次のようなものがある。

(10) 形状・ゼロ・近世中期Ⅲ
 a. 【遊女について述べる場面】中には<u>引ケる</u>も有ろうがの。（美地）
 b. 筆も思恭が流なら、<u>御成小路のせんちんし</u>*5と云が有。（辰巳）
 c. さっきからも、くぐりのあく音で、大ぶのぼせた。（名代の新ぞう入かはり、馴染の女郎）おしつけ奥座敷に替んすと、<u>此やかましい</u>が、よくなりんす。（遊子）

(11) 形状・ゼロ・近世後期Ⅰ

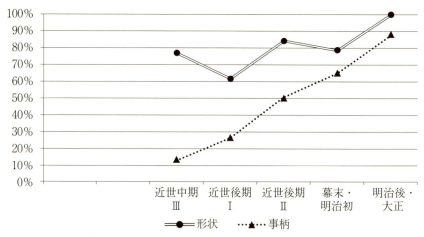

図2　江戸東京における形状タイプと事柄タイプのノ率

  a. 今の女の子の中にも（中略）一寸出るにも<u>定乗物できん〳〵</u>になるもあらうす（風呂）
  b. 水に<u>熱水</u>といふがあらうか。伊豆の熱海の外に熱水といふものはない（風呂）
(12)　形状・ゼロ・近世後期Ⅱ
  a. <u>姉さん</u>といふもごぞんじなひはづだね（梅児）
  b. <u>泣せむし</u>といふがあるものか（春告）
(13)　形状・ゼロ・幕末—明治初期
  a. 鮎ハ<u>わかき</u>をむねとし白魚ハはらまざるを珍とす（富士）
  b. 今戸の弁次郎へ風爐の注文ながら一昨日ちよつくらよりやしたら外を藝の<u>有名楼行</u>が二タ組ほど通りやす。たそやと見れバ豈はからん（安愚楽）
(14)　形状・ノ・近世中期Ⅲ：いやちと新町邊に見そめた<u>の</u>がある。（遊子）
(15)　形状・ノ・近世後期Ⅰ：手拭も新い<u>の</u>をかしてくりやれ（風呂）
(16)　形状・ノ・近世後期Ⅱ：能茶のとつた<u>の</u>があるかノ（春告）
(17)　形状・ノ・幕末—明治初期：極新らしい<u>の</u>を食ハせるから（安愚楽）
(18)　形状・ノ・明治後期—大正期：脇で盗んだ<u>の</u>、くれるもんかい。（花色）

(19) 事柄・ゼロ・近世中期Ⅲ：もたせるも、面白かろうではないか。（遊子）
(20) 事柄・ゼロ・近世後期Ⅰ：寒くてがた〳〵震ふをもかまはす（風呂）
(21) 事柄・ゼロ・近世後期Ⅱ：金を遣ひちらして遊ぶもいゝが（梅児）
(22) 事柄・ゼロ・幕末―明治初期：けふめへらねへもくやしいから（富士）
(23) 事柄・ゼロ・明治後期―大正期：雨が凍るにゃァ驚きましたなァ（嘘つき）
(24) 事柄・ノ・近世中期Ⅲ：おどけじゃァない人を。やかましくいふ のも。大がいに。しねんして（南閨）
(25) 事柄・ノ・近世後期Ⅰ：長ばなして骸が乾く のも忘れた（風呂）
(26) 事柄・ノ・近世後期Ⅱ：わちきがいろ〳〵苦労した のも知らずに（梅児）
(27) 事柄・ノ・幕末―明治初期：おかしい のをこらへてゐましたが（富士）
(28) 事柄・ノ・明治後期―大正期：吹き殻が、頭へ止まっている の が、ちっとも分かりません。（角力）

以下、観察を記述する。まず注目するのは、近世中期Ⅲの形状タイプのノ率である。先の4.1節に述べたように、上方語では、近世中期Ⅲまで、両タイプともにノ率が低く、タイプ間の差もなかった。一方、この江戸語では、中期Ⅲの時点で、形状タイプのノ率は7割台と高く、対して事柄タイプは1割台と低い。タイプ間に大きな差があり、ここに、上方語の様相との差が指摘できる。また、数値だけでは見えにくいが、例文を見ると、江戸語の形状タイプには、ゼロ準体の残り方に、上方語とは異なる特徴が見いだせる。(10)を見ると、ゼロ準体3例中、2例が、主節の述部に「ある／ない」（以下、存在詞。また、存在詞を述部とする文を存在文と称す。）をとっており、さらにそのうちの1例は、「〜といふ」の準体を項とする「〜といふが＋存在詞」の形((10) b) をしている。ここに見出す傾向は、中期Ⅲのデータを見るだけでは分かりにくいかもしれないので、次に示す近世後期のデータと合わせて注目されたい。近世後期Ⅰでは、形状タイプ・ゼロ準体8例中、4例が「〜といふが＋存在詞（ある／ない）」の形であり((7)、(11) b)、またそれ以外の例でも、3例が主節の述部に存在詞をとる((11) a)。そして、後期Ⅱのゼロ準体2例は、1例は「〜といふが＋存在詞」の形((12) b)、1例は、「〜といふ」の準体を項とするものである((12) a)。

上述の観察から、近世中期Ⅲから近世後期Ⅱにかけての、形状タイプ・ゼロ準体の残存傾向には、文法的な特徴が指摘できる。それは1.「～といふ」で構成される準体、2. 存在文の主語となる準体という2種にまとめられる。3.2節に挙げた、原口（1978）の「「トイウガアル」のきまった口調」（p.442）という言及については、厳密には先に指摘したように、慣用句的な「きまった口調」ではないと考えられるが、1と2の重なりから、「～といふが＋存在詞」の形が頻出することから、その事実を受けての言及であろうと考える。

　また、近世中期Ⅲの時点で既に、1と2の限られた環境下でしか、形状タイプのゼロ準体が見られなかったことを踏まえると、江戸語における形状タイプのゼロ準体は、近世中期Ⅲより前の段階で、かなり衰退していたと見るのが穏当である。ここから、近世中期Ⅲの上方語と江戸語を捉えなおすと、2者の準体の体系は、共時的に、明らかに異なるものであったと考えられる。詳細な上方語と江戸語の比較と、上記1、2の残存傾向の分析は、5.1節に行なう。

　続いて幕末明治初期のデータについて、一応ここにも形状タイプのゼロ準体として、(13) abの3例をカウントしている。ただしこれらの例は、近世後期Ⅱまでのものとは異なり、文法レベルでゼロ準体が残っているとは考えにくい例ばかりである。たとえば (13) aのゼロ準体は、形容詞ク活用、打消しの助動詞連体形「ざる」、サ変終止形「す」など、近世までには口語から衰退していたと考えられる古い文法形態と共に現れており、(13) bは、続く部分に「たそやと見れバ豈はからん」という語り調があるように、演芸の口調を模したような古いスタイルの中に現れる（該当部は、口語的な部分と入り混じる形で会話部に組み込まれていたため、選り分けることが難しく、本稿ではカウントに加えたが、周辺のスタイルが特殊であることは明白である）。幕末―明治初期の形状タイプゼロ準体は、古いスタイルの中に限定的に現れるのみであり、裏返せば、当時の口語の中では、衰退しきっていたと考えられる。

　続いて事柄タイプを見ると、先述のように、近世中期Ⅲの段階ではいまだノ率が低く、ゼロ準体を保持した状態で、形状タイプと異なる様相を見せている。その後、事柄タイプは、徐々にゼロ準体からノ準体の体系に移行するのであるが、前稿と同様の手法で、タイプ内の時期間の差を検定したところ、後期Ⅰから後期Ⅱにかけての間と、幕末明治初期から明治後期大正期にかけての間にお

いて、時期間に有意な差があった[*6]。つまりこの時期に有意な変化を推し進めたと解釈できる。これは、江戸語の方が上方語よりも、事柄タイプにおけるノ率の上昇開始時期が一期分早かったということや、変化のスパンが、方言によって異なっていたということを示す。

ここまでの観察をまとめると、(29) の通り。

(29) 江戸語における項準体の変化
   a. 近世中期Ⅲの時点で、形状タイプのノ率は高い。形状タイプ・ゼロ準体の用例には偏りが見られ、既に衰退が進んでいたことが窺える。近世中期Ⅲから後期Ⅱに残る形状タイプ・ゼロ準体は、1.「〜といふ」で構成される準体、2. 存在文の主語となる準体の、2つに偏る。そして、幕末—明治初期の段階で、形状タイプ・ゼロ準体は、口語の中でほぼ衰退しきっていたと考えられる。
   b. 事柄タイプは、近世中期Ⅲの時点では、ゼロ準体を主とする体系であった。近世後期Ⅰから近世後期Ⅱにかけての間と、幕末—明治初期から明治後期—大正期にかけての間でノ率を上昇させ、徐々にノ準体へと移行した。

5. 上方語と江戸語の対照
5.1 異なる点：変化の時差、ゼロ準体の残存傾向

4節において、上方語と江戸語の変化の様相を示した。ここでは2者の差異に注目し、2節に挙げた信太氏の見解を再検証する。

まず変化の時期について、上方語と江戸語を比較すると、前節に述べたように、2方言の変化には明らかな時差が認められる。近世中期Ⅲの時点で、上方語の形状タイプはゼロ準体を主とする体系であったが、江戸語の形状タイプはノ率が5割を優に超え、ノ準体を主とする体系である。また、上方語における事柄タイプのノ率は、近世後期Ⅱから明治後期—大正期にかけて上昇している一方、江戸語の方では、近世後期Ⅰから近世後期Ⅱにかけての間と、幕末—明治初期から明治後期—大正期にかけての間に上昇している。上昇の開始時期も、スパンも異なることが分かる。そして、時期の面だけでなく、ゼロ準体の衰退

の傾向についても、上方語と江戸語とでは異なることが分かった。具体的には、形状タイプ・ゼロ準体の衰退について、江戸語では、4.2節に示したように、1.「〜といふ」で構成される準体、2. 存在文の主語となる準体に、残りながら進行していた。一方上方語については、前稿にて、形容動詞で構成される準体に残りながら進行したということを指摘した。ゼロ準体の残存傾向は、明らかに異なっているといえる。これらの観察から、言うまでもなく2者の変化には「方言的な差があると積極的に認める」べきと、本稿では主張する。

なお、上述の残存傾向の仕組みについては、今後詳細な検討が必要であるが、上方語については前稿において、形容動詞の体言性に注目して考察を行なった。形容動詞は一般に、用言の中でも体言性が高いことから、形容動詞で構成される準体は、その体言性の高さゆえに、ゼロ準体のままでも体言としての振る舞いを保持する可能性を持つ。この点を踏まえ、上方語については、形容動詞の体言性を要因とするゼロ準体の残存という説明を試みた。

一方、江戸語については先述のように、1.「〜といふ」で構成される準体、2. 存在文の主語となる準体に、ゼロ準体が残った。この仕組みを考察するには、まだ用例数が十分ではないが、現時点のデータからの私見を述べる。

まず1.「〜といふ」で構成される準体に、ゼロ準体が保持されたこと（主節が存在詞であるものに限らず）について、先述のように本稿では、慣用のためとは見ていない。これは3.2節にも述べたように、「〜といふ」で構成される準体は、慣用とは性質が異なるためである。例えば、今回ゼロ準体の慣用例として保留対象とした「〜スルガイイ」等は、資料全範囲において、それ以外のバリエーションをほぼ持たず、「スルガイイ」でひとかたまりになっていることが窺えた。そしてこれら慣用については、そのかたまり化のために、ノの介在を許しにくかったという可能性が考慮されるため、今回の集計対象から外した。しかし、「〜といふ」の準体は先述のように、準体の「いふ」の語彙（いふ／申す等）にも、準体に後接する助詞にも、主節用言にもバリエーションが認められた。そのため、慣用には当てはまらず、ゼロ準体が保持されたことについては、別の可能性を探る必要がある。

ここで考察材料として、以下の作例（便宜上ゼロ準体）を見てほしい。

(30) a. 林檎の中で、［王林といふ］_NMNLをください。（〜といふ）
　　 b. 林檎の中で、［φ 熟れた］_i/NMNLをください。（典型的な形状タイプ）

　典型的な形状タイプの準体と、「〜といふ」の準体を見比べると、まず近い点は、両者とも、主節の中において形状物を指す項と解釈されうる点である。しかし一方で、2者の内部の構造は異なっている。3.2にも述べたように、典型的な形状タイプは、準体内部の述部用言（(30) b「熟れた」）の項に想定される形状物（(30) b「φ」にあたり、ここでは「林檎」が想定される）を、準体を以て指しながら主節用言の項になる（「［林檎］をください」）ものであり、準体の内部構造そのものが、主節における形状物の指示に関与的である。それに対し、「〜といふ」の準体は、述部用言「いふ」が文法化していることから、該当する項を持たず、上記の操作はない。見方をかえると、「〜といふ」の準体を、形状物を指すものとみる解釈は、先行文脈や主節述部など、準体の外部に支えられるのみで、「〜といふ」の準体の内部構造それ自体は、形状物の指示に対して関与が希薄である。この違いが、変化の遅早の要因ではないかと考えている。5.2節に後述するように、形状タイプがノ準体への変化を先行して推し進めた背景には、〈節が形状物を指す〉ことによる「ねじれ」の存在が、動機としてあると本稿は考えるのであるが、その形状物の指示という点において関与が弱い「〜といふ」の準体は、典型的な形状タイプよりも変化の動機が弱く、そのために変化が遅れたのではないかと考えている。

　続いて、2. 存在文の主語となる準体に、ゼロ準体が保持されたことについては、今回のデータの限りではあるが、気になる傾向が見つかった。存在文の主語という環境下に限定し、ゼロ準体の例と、ノ準体の例とを比較すると、通時的に偏りが見いだせるのである。具体的に述べると、ゼロ準体で残る例は、準体内部の述部が、ル形と、先述の「〜といふ」に偏っており、一方、ノ準体で現れる例の準体内部の述部は、タ形、テイル形、形容詞、形容動詞に偏っているのである。最終的には、ル形と「〜といふ」もノ準体になるのであるが、次表のように、時差があるものと考えられる。この結果を、アスペクトの観点から捉えると、ゼロ準体を残したものは、その準体のアスペクトが−状態性である、という傾向が見いだせる。

存在文の項準体	ル形		トイフ		タ形		テイル形		形容詞		形容動詞	
	ゼロ	ノ	ゼロ	ノ	ゼロ	ノ	ゼロ	ノ	ゼロ	ノ	ゼロ	ノ
近世中期III	1	0	1	0	0	1	0	0	0	3	0	0
近世後期I	2	3	5	0	0	0	0	1	0	1	0	0
近世後期II	0	2	1	0	0	1	0	0	0	0	0	0
幕末—明治初	0	0	0	0	0	0	0	0	2	0	0	0
明治後—大正	0	2	0	17	0	0	0	0	0	3	0	2

　まだ十分に分析できている段階とは言えないが、ここで一つ思い出されるのは、石垣（1955）の「作用性用言反撥の法則」第二則の例外である。この法則は、以下述べるように、時代・地域が異なる中古語の準体に対して提唱されたものではあるが、存在文の主語で、かつ−状態性の準体に生じる例外という点で共通しており、注目するところである。石垣の指摘の概要を述べると、中古語において形状タイプ準体は、一般に、その内部の述部が＋状態性で、その＋状態性というアスペクト特性が形状タイプを特徴づけるが、存在文の主語となる場合は例外が生じ、内部の述部が−状態性（ル形）になることがあるという。存在文の主語で、かつ−状態性の形状タイプ準体に生じる例外という点において、先の観察と共通するところがある。ただしここに、石垣法則と、江戸語の近現代の変化とを、直接的に結びつける意図はなく、石垣の法則と近現代語との個別的な関係は別途検証すべきであり、また、石垣（1955）にはアスペクト解釈に曖昧な点が残っている（金水2011等）点にも留意しなければならない。その上で、ここで注目したいのは、形状タイプの典型から外れるという位置づけの、存在文主語に立つ−状態性の準体が、ノの付加においても、形状タイプの典型的な変動の動きから逸脱しているという点である。では、なぜ存在文主語の準体は、形状タイプの典型から逸脱しうるのか。この要因として思い当たるのは、存在文の主語における、準体の徹底的な住み分けである。存在文の主語に準体が立つ場合、どの時代語においても、それは必ず形状タイプであるということが指摘されている（大島（1996）、渡邊（2008）、金水（2011）等）。事柄タイプ準体は立ちえず、事柄を主語とする場合は、事柄準体ではなく、必ずコト節にしな

ければならない（〜コトガアル）。この住み分けは、他の構文では徹底的ではなく、存在文の特徴といえる。このような存在文の徹底的な住み分けを考えると、裏返せば、存在文の主語に立つ形状タイプ準体は、仮に形状タイプの典型から逸脱しても、存在文という構文によって、それが形状タイプであるということが保証されることになる。このような、典型を保持する動機の低さが、存在文主語の形状タイプにおける、状態性の法則の逸脱の背景ではないかと考える。そして、このように典型から外れ、形状タイプらしくない形状タイプとして現れるのが、存在文主語の−状態性の形状タイプ準体ということになるが、この〈形状タイプらしくなさ〉が、今回のノ準体への変化において、典型的な形状タイプの変化から外れたことの要因の一つではないかと考えている。そしてこのように考えると、2. 存在文の主語となる準体に、ゼロ準体が保持されたことについては、それが形状タイプの典型から外れたものであるためとみることができる。そう考える一つのメリットとして、先の1と一括して捉えられる可能性が出てくる。1.「〜といふ」で構成される準体は、構造の面で、形状タイプの典型とは異なっていた。また、2. は、アスペクト特性の面で、形状タイプの典型とは異なっていた。ここから、江戸語のゼロ準体の残存傾向については、形状タイプの典型から外れたものに対する現象として、一括して捉えられるかもしれない。

　以上、江戸語における、形状タイプ・ゼロ準体の残存傾向について、それが「〜といふ」及び存在文に偏ることを述べ、その要因については、形状タイプの典型からの逸脱が関わっているという可能性を指摘した。先にも述べたように、上方語のゼロ準体の残存傾向は、形容動詞に偏り、その要因については、体言性の高さが関与していると考えられる。検証不十分なところは残るものの、データの事実からは確実に、上方語と江戸語の残存傾向に、明確な違いがあることが指摘できる。本節では、2者の変化が明らかに別個のものであるということを示した。

5.2　共通点：変化の方向性と順序

　5.1節を通して、上方語と江戸語の変化は、時期から見ても、またゼロ準体の残存傾向から見ても、全く独立の変化であるということを示した。本節では、

2者の共通点に着目する。上方語と江戸語の変化を改めて観察すると、その変化のプロセスには、重要な共通点を見いだせる。両者ともに1. ゼロ準体からノ準体への移行という一方向の変化をしており、2. その移行時のノ率の上昇は、形状タイプから起こり、3. 形状タイプの移行がほぼ完了した時期以降に、事柄タイプのノ率が上昇し始め、4. 最終的に両タイプの様相はノ準体として同じものとなっているのである。2つの言語体系における、独立した2つの変化の経緯が、一致するというのは偶然とは言い難い。ここに、プロセスを一致させるメカニズムがある可能性が考えられる。このメカニズムに関しては、基本的には前稿の仮説：a. ゼロ準体から準体助詞準体への形態変化は、形状タイプの再解釈を契機とした準体構造の変化により引き起こされ、b. 事柄タイプは、形状タイプとの類推によって変化するという試論を、補強する形で引き継ぎたい。まず、ゼロ準体から準体助詞準体への変化の要因が、準体助詞「の」にあるのか、準体自体にあるのかという点について考える必要がある。一見すると、上方語・江戸語ともに、準体助詞「の」を発達させたという点から、「の」の方に要因があるように見えるかもしれない。しかし、前稿にも述べたように、実は同様の変化は、「の」以外の準体助詞を発達させた方言にも、見られるという事実がある。例えば、現在まさにゼロ準体から準体助詞準体へと変化している南琉球宮古語では、「す」「むぬ」という、「の」とは形式も起源も異なる準体助詞を獲得しているのであるが、ここでも、形状タイプから、ゼロ準体の衰退と準体助詞の発達が進み、その形状タイプの変化に、事柄タイプが後続するという、上記1～4のプロセスを辿っている（坂井2013）。また、宮古語をはじめとする、「の」以外の準体助詞を持つ諸方言を観察しても、少なくとも現時点では、1～4のプロセスの反例となる方言は見つかっていない。これらを踏まえると、あらゆる準体助詞が同じ変化を引き起こしていると考えるよりも、準体そのものに、ゼロ準体を衰退させ準体助詞準体を発達させる要因があると考える方が穏当である。

　次に、その要因は具体的にどこにあるのかについてであるが、従来は、一連の形態変化の直接要因を、連体形と終止形の同形化に求める見方があった（信太1995、2006等）。見解にはいくつかあるが、概要を述べると、連体形が文終止を担うようになるという変化が生じたために、連体形で構成されるゼロ準体の

存立基盤が揺らぎ、それを補強するために「の」を付加したというものである。しかし、従来説には問題が多い。例えば上方語では、連体形と終止形の同形化から「の」の出現までに約400年、ノ準体の発達までを考えると約700年以上あり、この時差は、直接要因と結果の関係としては、いささか大きい。また、現代方言を見ても、方言によっては、連体形と終止形が同形化しているにも関わらず、未だゼロ準体が生産的な方言がある（出雲方言等）。従来説ではこれら事実を説明できず、少なくとも項位置における準体の変化に関しては、同形化と直接関連づけず考える必要がある[*8]。そこで、いまいちど本稿の観察を整理すると、項位置におけるゼロ準体から準体助詞準体への移行は、時代・地域・準体助詞形式に関わらず、共通して形状タイプから先に進展している。言い換えると、形状タイプが準体助詞準体への移行を進展させなければ、事柄タイプは移行しないと一般化できる。ここから、従来説とは異なる見方として、準体の形態変化の直接要因について、形状タイプ準体にあるという可能性を見いだせる。その仕組みについては、前稿を引き継ぐ形であるが、形状タイプ・ゼロ準体に対する再解釈が契機であると考えている。仮説の概要を述べると、まず前提として、かつてのゼロ準体は、連体形節そのものが名詞として振る舞うに十分な文法形式（連体形節の名詞化用法）であり、本来そこに主要部の欠損があるわけではなかったと考えられる（例：［熟した］名詞相当を食べた）。しかしこれが、再解釈によって、主要部の欠けた連体修飾節として認識されるようになれば（例：［［熟した］φ？］を食べた）、その節末の欠損を有形の要素によって埋めようとする変化が生じる可能性が出てくる（例：［［熟した］の］を食べた）。その、欠損を埋めようとする動き、およびその結果が、ゼロ準体の衰退と準体助詞準体の発達ではないかと考えている。当該の再解釈が生じる背景については、前稿に試論を述べたが、統語面・意味面から要因が考えられる。統語面については、連体形節の修飾用法（連体修飾）と名詞化用法（準体）との関係が、形状物を指す場合と事柄を指す場合とで異なることに着目している。事柄を指す場合は、5.1に述べた存在文をはじめ、述部によって程度の差はあれ、その項に事柄タイプ準体（名詞化用法）が立てるか、コト節（修飾用法）が立てるかが、一定の条件下で分かれ（工藤1985、渡辺2008等）、その区別は通時的に認めらる（青木2005、金水2011等）。一方、形状物を指す場合には、名詞化用法と修飾用法の間に、そ

のような住み分けはなく、名詞化用法と修飾用法の境界は、事柄タイプのそれほど明瞭ではない。この点から、形状タイプにおいては、名詞化用法（準体）と修飾用法を混在する可能性、つまり、ゼロ準体をヘッドレスの修飾用法だと再解釈する可能性が、事柄タイプに比し高いと考えられる。そして意味面においては、形状タイプ・ゼロ準体に意味的なねじれがあることに着目している。事柄タイプゼロ準体は、〈事柄を表す用言節〉で〈事柄〉を表すが、形状タイプゼロ準体は、〈事柄を表す用言節〉で〈形状物〉を指す。つまり形状タイプは、意味的主要部にねじれがあり、ここに「形状物を指す有形主要部が欠けている」と再解釈される可能性が想定される。節末が欠けているというヘッドレス再解釈が、節末を有形要素で埋めようとする動きに繋がることは自然な流れとして考えられ、それが、形状タイプにおけるゼロ準体の衰退と、準体助詞準体の発達の背景であったのではないかと考えている。ただし、節末を埋める要素については、方言によって採用するものがそれぞれで、そのために、現代方言には準体助詞形式の豊富なバリエーションがある（大野1983等）と考えられる（準体助詞「の」の起源については前稿）。

　続いて、事柄タイプも踏まえ、通時・通方言的に観察すると、形状タイプ・事柄タイプの両方がゼロ準体である体系（古典語、現代出雲方言等）、両方が準体助詞準体である体系（現代方言のほとんど）、形状タイプが準体助詞準体・事柄タイプがゼロ準体である体系（現代宮古砂川方言等）は観察されるが、事柄タイプが準体助詞準体で、形状タイプがゼロ準体である体系は、管見の限り確認できない（坂井2014、2016）。ここから読み取れることは、事柄タイプが準体助詞準体であれば、遍く、形状タイプも準体助詞準体であるということ、言い換えると、形状タイプが準体助詞準体でなければ、事柄タイプは準体助詞準体でないということである。本稿に示した上方語・江戸語の変化、及び、上記の観察を踏まえると、事柄タイプは、準体助詞準体への変化において、自発的ではない可能性が高いと考えられる。事柄タイプの準体助詞準体への変化は、事柄タイプ自体に何らかの動機があるというより、形状タイプの変化に引っ張られて起こっていると見るのが穏当である（形状タイプが準体助詞準体になったことで、事柄タイプも形式を合わせようとする動き）。

　以上、本節では試論として、準体の一連の形態変化が、形状タイプの再解釈

を契機に引き起こされる、ということを述べた。今後の課題としては、例えば、形状タイプの再解釈を引き起こす要因について、通方言的に共通のものがあるかどうか等の検討が残っている（なお、現時点では、形状タイプ・ゼロ準体の、名詞化用法としての不安定さ（上述）から、各方言で多発的にヘッドレス再解釈が起こったと考えているが、通方言的に共通する要因の可能性は、検討すべき課題である）。引き続き、検討を進めてゆきたい。

【使用言語資料】
(以下、次の略号を用いる…旧大系：岩波書店編集部（1957-1969）『日本古典文学大系』岩波書店／新全集：『新編日本古典文学全集』小学館／洒：洒落本大成編集委員会編（1978-1988）『洒落本大成』第一巻―補巻)
―上方―
上方語資料は、前稿坂井（2015）に同じ。前稿を参照されたい。
―江戸東京―
○近世中期Ⅲ…辰巳之園：旧大系59／遊子方言：旧大系59／両国栞：洒5／南閩雑話：洒6／甲駅新話：洒6／契国策：洒7／妓者呼子鳥：洒7／美地之蠣殻：忍頂寺
○近世後期Ⅰ…傾城買二筋道：旧大系59／商内神：洒21／浮世風呂：旧大系63
○近世後期Ⅱ…春色梅児誉美：旧体系64／春告鳥（十章まで*9)：新全集80
○幕末明治初期…滑稽富士詣（初～二編下之巻)、興津要・校（1961）『滑稽富士詣（上)』古典文庫162／牛店雑談安愚楽鍋：興津要・編（1966-1967）『明治開化期文学集1』ちくま書房
○明治後期―大正期…三游亭圓遊「野ざらし」「成田小僧」「菅原息子」「寿司屋の噺」「地獄めぐり」「郭巨の釜の唄」「湯屋番の鼻唄」「裁判の噺」「太鼓の当込」「地獄旅行」「山号寺号」「地口」／四代目柳亭左楽「地口」／三代目柳家小さん「豊竹屋（英国グラモホン)」「小言幸兵衛」「みかんや」「浮世風呂（英国グラモホン)」「葛の葉抜裏」「九年母」「二階ぞめき」「出入帳」「浮世風呂（独逸ライロフォン)」「豊竹屋（独逸ライロフォン)」「生酔」「粗忽長屋」「花色木綿」「嘘つき」「鉄砲弥八」「山号寺号」「六尺棒」「夜鳴うどん」「成田屋息子」「浮世風呂（日畜)」「高砂や」「千早振る」「うどんや」／六代目朝寝坊むらく「塩原多助之伝」「士族の商法」「角力将棋の噺」「田舎下男」「書生幽霊」「世事の悪い権助」／三遊亭圓右「向嶋」「仏教の笑い」「楽屋の穴」「まくらや」「動物園もぐら芝居」「焙じ茶」「掛取万歳」「鍋草履」／三遊亭小遊三「ズッコケ」「雷獣鍋」「菅原息子」／三代目古今亭志ん生「昔話田舎者」／三代目蝶花樓馬楽「長屋の花見」「寿限無」／四代目橘家

圓蔵「吉原一口噺」「昔の三題噺大根売」／四代目橘家圓喬「菖蒲売の咄」「曽我打丸小咄」「大学」「手と足の喧嘩」「三題咄（佃島・三月節句・囲者）」「角力の咄」「柿と栗の喧嘩」「魚売人」「癖」／三遊亭小圓遊「素人車」

注

1）国語学の慣習にならい、「上方語」「江戸語」という用語を用いるが、狭義の言語であることを積極的に主張するものではない。言語学の観点からは、2者は方言にあたるものであり、本文中では「方言」と言及することがある。

2）吉川（1950）p.31「慶長年間の例を初めとして、元禄初頭にかけての約百年になる文献には、かやうな『の』の用例はあまり多く見当らない」。なお、元禄より前のノ準体の例については、吉川（1950）に、次のような例が報告されている。
　形状：おなごの綺量のよさ相なのを見たてて（色道諸分難波鉦：延宝八）
　事柄：姫に肌に父が杖をあてて探すのこそ悲しけれ（貴船の本地：万治年間）

3）「i」：他箇所のiと対応し、同一のものを指す、ということをあらわす。

4）坂井（2015）の段階から、坂井（2016）では3例の更新（【近世後期Ⅰ】形状ゼロ：5例→6例、事柄ゼロ：36例→37例、【明治後期大正】事柄ノ：12例→13例）をしており、今回更に1例の修正（【近世中期Ⅱ】形状ゼロ8例→7例）を行なっている。なお、この更新・修正が、坂井（2015、2016）の結論に影響することはない。坂井（2015）の、統計（有意差の有無）の判定にも、影響しない。

5）古典文学大系p.380注21「未詳。書家の号をとったものか。」

6）データ間の差の有無を調べるもので、前稿同様、有意水準5％採用につき、χ^2値が3.841459以下、或いはχ^2が効力を持たない場合はp値が0.05以上の場合、有意差無しと解釈する（df=1、p<0.05）。詳細および留意点は前稿を参照。計算には'R version3.3.3'を使用。以下、小数点第3位四捨五入。近世中期Ⅲvs近世後期Ⅰ：p=0.5（有意差なし）、近世後期Ⅰvs近世後期Ⅱ：χ^2=6.05（有意差あり）、近世後期Ⅱvs幕末明治：χ^2=1.30（有意差なし）、幕末明治vs明治後期大正期：χ^2=5.07（p=0.03）（有意差あり）

7）石垣（1955）では、「トイフ」「ニナル」や、助動詞「ベシ」などを「準形状性用言」として、＋状態性のグループの中に入れている。

8）ただし、前稿にも述べたように（項位置の準体の変化に関しては、同形化の直接関与を否定するが）述部位置での変化に関しては、同形化が影響している可能性を否定しない。また、項位置の変化についても、準体助詞準体に移行した方言は全て、連体形と終止形が合流していることから、連体形と終止形の同形化が間接的な前提である可能性（連体形と終止形が同形化していなければ、項位置の準体も変化しない）は残る。今後の検討課題である。

9）中野三敏・神保五彌・前田愛校注（2000）『新編日本古典文学全集80　洒落本　滑稽本　人情本』小学館所収の解説によると、春水単独作は、はじめの十章と推定されるため（p.601）、今回は十章までに限定した。

【参考文献】
石垣謙二（1942）「作用性用言反撥の法則」『国語と国文学』19-11、東京大学（石垣謙二（1955）『助詞の歴史的研究』岩波書店所収、p.215-238）
石垣謙二（1944）「主格「が」助詞より接續「が」助詞へ（上）」『国語と国文学』21-3、東京大学（石垣謙二（1955）『助詞の歴史的研究』岩波書店所収、p.15-39）
大島資生（1996）「補文構造にあらわれる「こと」と「の」について」『東京大学留学生センター紀要』6、東京大学留学生センター
大野早百合（1983）「現代方言における連体格助詞と準体助詞（その一）」『大阪大学日本学報』2、大阪大学
坂井美日（2015）「上方語における準体の歴史的変化」『日本語の研究』11-3
坂井美日（2016）「上方語における分裂文の歴史的変化」『日本語文法史研究3』ひつじ書房
信太知子（1995）「近世後期の連体形準体法―上方洒落本を中心に―」『神女大国文』6、神戸女子大学国文学会
信太知子（2006）「衰退期の連体形準体法と準体助詞「の」―句構造の観点から」『神女大国文』17
原口裕（1978）「連体形準体法の実態―近世後期資料の場合―」『春日和男教授退官記念語文論叢』桜楓社
吉川泰雄（1950）「形式名詞「の」の成立」『日本文学教室』3、蒼明社
渡邊ゆかり（2008）「文補語標識「こと」「の」の意味的相違に関する研究』渓水社

4
不定の「やら」「ぞ」「か」の東西差と歴史的推移

川瀬 卓

要旨

　本稿では、近世後期以降における不定の「やら」「ぞ」「か」の地域差（東西差）と歴史的推移について考察した。近世後期以降、各助詞の使用割合は歴史的に推移していくが、各時代の東西差に注目すると、どの時代でも相対的に上方・大阪語で「ぞ」が多く、江戸・東京語で「か」が多い。助詞の歴史的推移で注目されるのは、先に「か」が発達した江戸・東京語のあとを追うかのように、規範性・標準性のある文体が関わりつつ上方・大阪語でも「か」が勢力を拡大していく点である。これは中央語としての東京語ないし標準語が、地域語としての大阪語へ影響を及ぼしたことによるものと考えられる。また、不定語と結びついて新たな語を形成するという点で、不定の助詞のありようは不定語の歴史的変化にも影響することが注目される。

キーワード：不定、不定語、副詞、副助詞、規範性・標準性

1. 問題の所在

　「やら」「ぞ」「か」には「何やら」「どこぞ」「誰か」のように不定語[1]と結びついて任意の要素を一つ指す語を形成する用法がある。この用法を「不定」と呼び、このような用法で用いられる助詞を総称して指すときには「不定の助詞」ということにする。不定の「やら」「ぞ」「か」はそれぞれ係助詞に由来し、山口堯二（1990）で論じられているように、係り結び衰退と関連して、助詞の性質を変えて現代にいたったものと考えられる。不定の助詞の歴史は、係り結

び衰退後の助詞の一展開として、文法史上興味深い問題である。

　不定の「やら」「ぞ」「か」については、湯澤幸吉郎（1929、1936、1954）によって記述的な立場から早くに指摘され、此島正年（1966）によってそれらの成立と勢力交替のありようが大まかに描かれている。此島（1966）では、不定の「やら」「ぞ」が中世には成立し、近世前期上方語まで主に用いられていることや、遅れて成立した不定の「か」が近世後期江戸語において勢力を伸ばしていくことなどが述べられている。

　不定の助詞を見るにあたって注意しなければならないのは、地域差の問題である。『方言文法全国地図』（GAJ）によって、現代における状況を見てみよう。不定に関する地図は以下の4つである。

（1）第57図：「誰やら」（来た）
　　　第253図：「誰かが」（知っているだろう）
　　　第254図：「どこかに」（あるだろう）
　　　第255図：「いつか」（聞いたことがある）

いずれも不定の事物を指す場合に、どのような表現がなされるかを聞いたものである。助詞に注目すると、関西圏については大まかに言って第57図で主に「やら」あるいは「ぞ」が、第253図、第254図では「ぞ」が見られる。第255図は「やら」「ぞ」「か」が混在している[*2]。それに対して、首都圏ではいずれについてもおおむね「か」が回答として現れている。第57図では、「やら」で質問しているにもかかわらず、「か」が回答されている点で注目される。このように現代において関西圏では「ぞ」が主に用いられるのに対して、首都圏ではもっぱら「か」が用いられている。

　このことをふまえると、不定の「やら」「ぞ」「か」は、地域差を考慮したうえで歴史を見る必要がある。此島（1966）など、先行研究においても地域差の指摘はあるものの、近世後期上方語における使用状況や、明治大正期の関西、東京それぞれの使用状況などについては不明なところが多く、まだ考察の余地が残されている。まずは不定の「やら」「ぞ」「か」について、近世後期以降の地域差と歴史的推移の実態を把握することが求められよう。

不定の助詞の地域差と歴史的推移は、不定語の歴史を考えるうえでも重要である。不定の助詞は不定語と一語化して、副詞となったり、副助詞となったりするという文法変化が起きる。これらの副詞の形成、副助詞の形成は、不定の助詞の地域差とどのように関連するのだろうか。また、こういった地域差の見られる現象の歴史は、各地域の言語の社会的位置づけも関係してくることが予想される。不定の助詞の歴史的推移は言語の社会的位置づけとどのように関連するのだろうか。このような問題意識は条件表現の歴史的研究である矢島正浩(2013)で提示されている。本稿はそれに倣う形で不定の助詞について検討を試みたい。

　本稿では、近世後期以降における不定の「やら」「ぞ」「か」の地域差（東西差）と歴史的推移について考察する。同時に、不定の助詞のありようと不定語の歴史的変化との関係や、言語の社会的位置づけが言語変化に及ぼす影響についても検討したい[*3]。本稿の構成は次のとおりである。まず2節で近世後期における不定の「やら」「ぞ」「か」の地域差を確認したうえで、3節で落語SPレコードを資料として明治大正期の「やら」「ぞ」「か」の地域差を記述し、近世後期から近代にかけての歴史的推移を把握する。次に4節で落語SPレコードのありようをもとに不定の助詞の地域差と副詞、副助詞の形成との関連について考察する。5節では2節と3節で検討した資料に加えて、他の近代大阪語資料も含めて資料間の対照を行うことで、上方・大阪語における不定の助詞の歴史的推移をあらためて把握し、上方・大阪語に対する東京語ないし標準語の影響について考察する。

2. 近世後期における不定の助詞

　本節では、近世後期における不定の「やら」「ぞ」「か」の使用状況について確認する。近世後期の中でも、年代や資料によって助詞の使用傾向が異なるが、不定の助詞の地域差と歴史的推移を大まかに捉えるために、ひとまず本稿では近世後期を一つの共時態として見ておく。

　これまで近世後期上方語における不定の「やら」「ぞ」「か」の研究はあまりない。名詞句位置の「か」の歴史を論じた衣畑智秀・岩田美穂(2010)では、近世前期から後期にかけて、資料を上方語に統一したうえで「か」の調査がな

されているが,不定の「やら」「ぞ」の使用状況については不明である。そこで、不定の「やら」「ぞ」「か」について、近世後期の上方洒落本を調査した。調査にあたって地の文の用例は除いた。

近世後期江戸語の状況については、堀崎葉子(1997)による詳しい調査がある。堀崎(1997)は1800年代に江戸で出版された人情本、滑稽本を資料とし、「不定表現」をつくる「やら」「ぞ」「か」について、構文上の特徴に注目した考察を行っている。堀崎の言う「不定表現」は「ナニ、ダレ等の不定語やそれを含む叙述に疑問・不定を表す助詞を下接した形式で表現」したものであり、「何か飲み物が欲しい」のようなものだけでなく、「誰が来るかわからない」のような節形式のものも含まれている。

上方洒落本による調査結果と、堀崎(1997)による江戸語の調査結果を合わせて示すと表1のとおりである。

表1 近世後期における不定の「やら」「ぞ」「か」

	やら	ぞ	か	合計
近世後期上方語	68 (24.0%)	199 (70.3%)	16 (5.7%)	283
近世後期江戸語	91 (7.1%)	262 (20.5%)	928 (72.4%)	1281

近世後期江戸語について補足説明を述べておく。堀崎の調査で示されている「不定表現」に用いられていた助詞はそれぞれ「やら」97例、「ぞ」262例、「か」1159例であったが、表1ではそこから間接疑問と思われる分(「やら」6例、「か」231例)を除いた。ただし、「ドコに行ったカ姿が見えない」のような挿入句タイプは除けなかったので、本稿の不定とは考察対象が一致していない。とはいえ、大まかな傾向はつかめると思われる。

表1を見てわかるように、上方語においては「ぞ」が最も多く用いられ、次に「やら」が用いられている。「か」はあまり用いられていない[*4]。一方、江戸語においては、「か」が最も多く用いられ、次に「ぞ」が用いられている。「やら」はあまり用いられていない。近世後期においてGAJのありようにつながる

地域差が見られることがわかる。ただし、近世後期江戸語においても「ぞ」が20%程度用いられているなど、各地域において一つの助詞のみが使われているわけでもない点は注意しておきたい。

　以上、不定の助詞「やら」「ぞ」「か」について、近世後期における使用状況を確認した。この後はどのように展開していくのだろうか。次節では、明治大正期の使用状況について、落語SPレコードを資料として見ていく。

3. 明治大正期落語SPレコードにおける不定の助詞

　ここからは明治大正期の落語SPレコードを資料として、ややくわしく検討していきたい。明治大正期の落語SPレコードにおける不定の助詞の使用状況は表2のとおりである。上接する不定語は比較的用例の多かった「どう」「何」を別に分け、それ以外の「誰」「いつ」「どこ」などをまとめて「その他」とした。また、「どう」は助詞と結びついて一語化した副詞として固定化するという側面があるため、表3で「どう」を除いて示した。

表2　落語SPレコードにおける不定の「やら」「ぞ」「か」

	大阪			東京		
	やら	ぞ	か	やら	ぞ	か
どう	1	27	2	0	33	15
何	0	13	9	0	2	34
その他	0	11	8	0	0	31
合計	1	51	19	0	35	80

表3　落語SPレコードにおける不定の「やら」「ぞ」「か」
（上接語が「どう」の場合を除く）

	やら	ぞ	か	合計
大阪	0 （0％）	24 （58.5％）	17 （41.5％）	41
東京	0 （0％）	2 （3.0％）	65 （97.0％）	67

明治大正期において、大阪落語では主に「ぞ」が用いられ、東京落語では主に「か」が用いられている。主要な不定の助詞が何かという点では、前節で見た近世後期の状況と変わらない。一方で、各助詞の使用割合という点では、近世後期の状況と異なる。「ぞ」には及ばないものの大阪における「か」の使用割合が高くなっている点、東京では「どうぞ」を除いて「ぞ」がほとんど用いられず、もっぱら「か」が用いられるようになっている点である。なお、両地域共に「やら」が用いられない点も近世後期の状況と異なるが、5節であらためて指摘するように、文体的な問題が関与している可能性があるため、単純に「やら」が衰退しているとは言えない。
　それでは、まず大阪落語について見ていく。大阪落語の「ぞ」の例は次のとおりである。なお、その他とした11例は「誰ぞ」1例、「どなたぞ」2例、「どこぞ」7例、「どないぞ」1例であった。

（2）a.「フーン、そりゃ間違うてるやろ。何ぞ聞いてみよ。もしもし、さっぱり分からん」（③桂文三「善は急げ」）
　　　b.「エ、誰ぞ降りて来てんか、…」（②曽呂利新左衛門「サツマ県のおまわり」）
　　　c.「もうし、どなたぞ来とおくなはれ」（②曽呂利新左衛門「馬部屋」）
　　　d.「へえへえ、どこぞお出ましでやすか」（②林家染丸「電話の散財」）
　　　e.「肉付きで、どううしてもこうしても取れませんが、どないぞ、取る工夫ごわせんか」（②曽呂利新左衛門「恵美須小判」）

　大阪落語の「か」の例は次のとおりである。なお、その他とした8例は「誰か」2例、「どなたか」1例、「どっか」2例、「どないか」1例、「何だか」1例、「なんじゃか」1例であった。

（3）a. 姐さん、これ何か間違うてやせんか（②曽呂利新左衛門「日と月の下界旅行」）
　　　b. 誰か来よったら、理屈二つ三つぱっぱって言うたら、胸がぐうっとすきよる。（④笑福亭松鶴「理屈あんま」）
（4）a. ヘイッ。有難い幸せでござります。何か一席伺います。（③桂米團治「ぬ

の字鼠」）

- b. また家も、無人(ぶにん)でなけねば、誰か送らしてお上げ申すけれども、ご承知の通り、家は無人ですからな。是非とも、泊まってお帰り（②曽呂利新左衛門「盲目提灯」）
- c. 「有難い。おやおや、外から入って参った加減か、うちらは何だか真っ暗がりのようだな」（②曽呂利新左衛門「湯屋」）

（3）のようなものもあるが、（4a）のような枕での使用、（4b, c）のようなあらたまった発話や、あまり大阪語らしくない語とともに用いられるものも目立った。大阪落語に見られた「何か」9例中7例、「その他」8例中4例が（4）のようなものであった。不定の「か」が「規範性・標準性を帯びた文体」（矢島2013：304）で使用されている様子が見てとれる。

次に東京落語について見ていく。上接語が「どう」の場合を除けば、東京落語の「ぞ」は次の2例のみであった。

- （5）a. 「…サァ、ここいらで聞いてみようかなァ。まばらに家(うち)があるんだからねェ。少々ご免下さい」「はい。何ぞご用ですかい」（③柳家小さん「鉄砲弥八」）
- b. 「ホーオ、エーひのくのは何ぞありますかなァ」（三遊亭圓遊「地獄めぐり」）

東京落語の「か」の例は次のとおりである。なお、その他とした31例は「誰か」6例、「どこか」1例、「どっか」5例、「いくらか」6例、「どっちか」3例、「いつか」1例、「いつのまにか」1例、「どうにか（こうにか）」2例、「何とか」3例、「何だか」3例であった。

- （6）a. 大分お腹がすいて、何か食べてみたいという心も出ましたんで、（快楽亭ブラック「蕎麦屋の笑」）
- b. エー、誰か家(うち)に来たって、気がつくもんじゃねえんだがな。（③柳家小さん「花色木綿」）

c. 私も今日はな、どっか行って一杯やりたいが、(③柳家小さん「山号寺号」)
　　　d. 「いくらか弾む気味があるなァ」(③柳家小さん「千早振る」)

　以上、見てきたように、明治大正期では東京でもっぱら「か」が用いられるようになる形で、大阪は「ぞ」、東京は「か」という地域差が出来上がっている。一方で、大阪でも近世後期上方に比べて「か」の使用割合が高くなっている点も注意される。大阪では主に「ぞ」が使用されつつも、規範性・標準性のある文体が関わって「か」の使用が拡大しつつあることが示唆される。
　さて、このような不定の助詞の地域差は、副詞の形成や副助詞の形成にも影響を及ぼしていることも注目される。次節ではこの点について見ていきたい。

4. 助詞使用の地域差と副詞、副助詞の形成との関連性
4.1 副詞「どうぞ」「どうか」
　副詞の形成については、不定の助詞の地域差と相関するところがある。行為指示を表す副詞である「どうぞ」「どうか」に注目する。先の表2で示したとおり、大阪落語では「どうぞ」27例に対して、「どうか」は2例しかなかった。一方、東京落語では「どうぞ」33例に対して、「どうか」も12例(副詞とは言いにくい「どうかする」のような例も入れると15例)見られた。東京において不定の「か」が活発に用いられるため、新たに「どう」と「か」が結びついた新たな行為指示の副詞が成立していると見ることができよう[*5]。

(7)「冗談言っちゃいけません。どうかまァ、そんなことを仰らないでご勘弁を願います」(③柳家小さん「うどんや」)

　一方で、不定語と助詞の結びつきが固定化し、一語の副詞となることで独自の発展を遂げてもいる。「どうぞ」は不定の「ぞ」が用いられる大阪落語だけでなく、不定の助詞がほぼ「か」である東京落語でも多く用いられている。

(8) アッハ、俺ァもう、オー、浮気もしないから、どうぞ堪忍しとくれよ。

堪忍しとくれよ……」（三遊亭圓右「焙じ茶」）

また、〈依頼〉あるいは〈懇願〉とでも言えそうな（8）のような話し手利益の行為指示だけでなく、さらに意味変化して聞き手利益の行為指示でも用いられるようになっている。（9a）は大阪落語、（9b）は東京落語の例で、いずれも聞き手利益の行為指示である〈勧め〉と見ることができる[*6]。

(9) a.「おお、これはご隠居さんでございますかいな、ようこそ。どうぞこちらへ、どうぞこちらへ」（桂文雀「狐釣り」）
    b.「まァ、本当にひどいじゃァありませんか。どうぞお上がんなすって」（三遊亭圓遊「成田小僧」）

このように、不定の助詞のありようと副詞の形成が連動する側面と、不定語と助詞が一語化して副詞として独自に歴史的に展開する側面とがある。不定語と助詞が結びついて一語化した副詞の歴史は、この二つの側面から説明する必要がある[*7]。

4.2 副助詞「なぞ」「なんぞ」「なんか」

不定語と助詞が一語化したものの中には、副助詞に変化するものもある。明治大正期落語SPレコードに見られる副助詞のうち、「なぞ」「なんぞ」「なんか」がそれに該当する。なお、近世において「なぞ」「なんぞ」はすでに副助詞化しているが、「なんか」はまだ副助詞化していない（湯澤1936、1954、此島1966）。

明治大正期落語SPレコードにおける副助詞「なぞ」「なんぞ」「なんか」の使用状況は表4のとおりである。

表4　落語SPレコードにおける副助詞「なぞ」「なんぞ」「なんか」

	なぞ	なんぞ	なんか
大阪	11	0	0
東京	3	26	2

なお、表4に整理した副助詞「なぞ」「なんぞ」「なんか」の用例数は前節の表2、表3の用例数には含まれていない。
　大阪落語においては、副助詞「なぞ」の例は見られたが、「なんぞ」「なんか」の例は見られなかった。

(10) a. 鳥類、虫類、魚類なぞの動物の、さまざま弁護をするのが、お話の主意でござりまするが、(②曽呂利新左衛門「日と月の下界旅行」)
　　　b. 「ええとこへおいでなすった。暑い時分なぞは、みな不行儀(ふぎょうぎ)に寝て、寝冷えをしてどうもならん。(④笑福亭松鶴「やいと丁稚」)

　一方、東京落語においては、副助詞「なぞ」は3例にとどまり、副助詞「なんぞ」の例が26例（うち「なんぞ」19例、「なんぞは」の縮約した「なんざ」が7例）見られた。東京では不定の「ぞ」はほとんど用いられないが、副助詞化した「なんぞ」は用いられ、東京語的特徴の一つとなっている。なお、副助詞「なんぞ」の使用は江戸語の状況を引き継ぐものである。

(11) a. 小僧さんなぞは、別段にどうてェほどのこともありませんが、(③柳家小さん「浮世風呂」)
　　　b. 「ヘッヘ、道楽なんぞは致しません。誠にありゃァ、何でござんすよ旦那、正直なもんでござんす」(⑥朝寝房むらく「塩原多助之伝」)
　　　c. 「何だ角力。角力なんざァ面白かァねえじゃねえか。常陸山、大砲(おおづつ)、あんなものは何だい」(三遊亭圓右「アズサメ」)

　興味深いのは東京において「なんか」も副助詞化していると見られる点である。名詞に「なんか」が直接下接している(12)の2例は、副助詞「なんか」の例と考えてよいだろう。これも「どうか」と同じく、東京において不定の「か」が活発に用いられるため、新たに発達していっている形式と考えられる。

(12) a. 「あら悔しいのゥ。佃島なんか歩いちゃ行かれないかい」(④橘家圓喬「三題咄佃島・三月節句・囲者」)

  b. また、往来のはじの方を歩くのを「端」ってェます。上方言葉<u>な</u>
    <u>んか</u>で。(④橘家圓喬「菖蒲売の咄」)

 このような副助詞化した例は、以下のように要素を列挙して例示するパターン（Nやなんか、Nかなんか、Vたりなんかする等）を通して生じたものと思われる。

(13) a. 「ふざけちゃいけないよ、この人は。マァ、車を引くもいいが、いろいろも気を付けないと、子供<u>やなんか</u>危ないから…」(三遊亭小圓遊（②圓遊）「素人車」)
  b. 「弱っちゃったなァ、どうも。今夜なんだからね。どっか、清元の師匠<u>かなんか</u>で、教えてくれますかい」(③柳家小さん「高砂や」)
  c. こういうのは引き摺り上げようと思うと、もうこの方が上手で、却って若い衆の方が遊ばれ<u>たりなんか</u>するのがいくらもある。(④橘家圓蔵「吉原一口噺」)

 名詞と「なんか」が並列助詞「や」「か」「たり」などで結びつけられている(13)のような例は、例示を表している点で意味的には(12)と共通するが、「なんか」がまだ名詞的な要素として用いられていると見ることもできるため、副助詞の例としては用例数に含めず、前節の表2で示した「何か」34例に含めた。「何か」34例のうち、13例が上記のような例である。例示を表す「なんか」が副助詞になる変化は、形式名詞が文法化する現象として興味深いものである[*8]。
 不定の「か」が活発に用いられる東京において、副詞「どうか」や副助詞「なんか」など、不定語と助詞が結びついた新たな語が生み出されている。一方、不定の「ぞ」がほとんど用いられない東京においても、副詞「どうぞ」や副助詞「なんぞ」は用いられ、不定の助詞から独立した展開を見せている。不定の助詞のありようが新たな副詞の形成や副助詞の形成に関わり、またその一方で、不定語と助詞が一語化した語は独自の展開を見せる点が注意されよう。

5. 上方・大阪語における不定の助詞の歴史的推移とその背景

 前節までで明治大正期落語SPレコードにおける不定の「やら」「ぞ」「か」

の使用状況、およびそれと関連する現象について見てきた。本節ではこれまで検討してきた資料に加えて、他の近代大阪語資料も含めて資料間の対照を行うことで、上方・大阪語における不定の助詞の歴史的推移について見通しを述べるとともに、近代以降における東京語ないし標準語から大阪語への影響という点について考察したい。

明治大正期落語SPレコードと同時代の資料として近代大阪小説、同じ落語資料でもやや性格の異なる資料として五代目笑福亭松鶴による落語速記本『上方はなし』、時代の下った落語録音資料として戦後に録音された二代目桂春団治の「十三夜」を調査した[*9]。いずれも大阪語の資料である。近代大阪小説の調査は、基本的に会話文を対象としたが、地の文にも大阪の言葉が見られるものは地の文も対象とした。

前節までで見てきた近世後期上方洒落本、明治大正期落語SPレコードの調査結果もあわせて示すと表5のようになる。3節と4節で見たように、不定の助詞と一語化してふるまいが異なってくるので、上接語が「どう」の場合を除いている。そのため、上方洒落本について2節で示した数値と異なっている[*10]。

表5　上方・大阪語の各資料における不定の「やら」「ぞ」「か」

	やら	ぞ	か	合計
上方洒落本	40 (23.1%)	126 (72.8%)	7 (4.0%)	173
落語SPレコード	0 (0%)	24 (58.5%)	17 (41.5%)	41
近代大阪小説	9 (23.1%)	22 (56.4%)	8 (20.5%)	39
落語速記本	27 (17.6%)	82 (53.6%)	44 (28.8%)	153
戦後落語録音	0 (0%)	27 (39.7%)	41 (60.3%)	68

まず「やら」について見てみる。近世後期上方語では「ぞ」には及ばないも

のの「か」に比べれば使用割合の高かった「やら」が、明治大正期落語SPレコードで用いられておらず、戦後落語録音資料でも用いられていない。これだけ見ると「やら」が衰退したようにも見えるが、一方で近代大阪小説や落語速記本『上方はなし』には一定数見られる。資料の文体的性質によるものであることが示唆されるが、現時点でははっきりしたことは言えない[*11]。

　注目したいのは上方・大阪語における「ぞ」と「か」の勢力関係の変化である。今回調査した資料においては、近世後期において70％を越えていた「ぞ」の使用割合が、明治大正期、昭和初期では60％を下回り、戦後では40％を下回っている。それに対して「か」の使用割合は次第に上がり、戦後では「ぞ」よりも使用割合が高くなっている[*12]。3節で見たように、明治大正期の東京ですでにもっぱら「か」が用いられていたことをふまえれば、「ぞ」の使用がある程度見られるのは大阪の地域的特徴を示すものであるといえるが、一方でその「ぞ」が次第に勢力を弱めているのである。

　「ぞ」よりも「か」が多く用いられるようになっている戦後落語録音資料について、ややくわしく見てみよう。戦後落語録音資料では、とくに上接語が「何」の場合に「か」が多く、「ぞ」が9例であるのに対して「か」は31例であった。文体的にも「か」があらたまった場合に偏って用いられるという傾向はないようであり、「か」が大阪語の中にだいぶ取り込まれている様子が見てとれる。

(14) 笑うな、気色の悪い。<u>なんぞ</u>用かい？（阿弥陀池）
(15) a. <u>ばんと</u>番頭はん、<u>なにか</u>用事かえ。（壺算）
　　 b. ちょっと<u>なんか</u>スーッとするもんくれんか、おおい、誰もいいへんのか。（按摩炬燵）

ただし、その他は「だれぞ」9例、「どこぞ」7例で合計16例に対して、「だれか」4例、「どっか」2例、「どっちか」1例、「なんとか」3例で合計10例と「ぞ」が優勢であった。

　さらに、副助詞について見てみると、明治大正期落語SPレコードと異なり、戦後落語録音資料では副助詞「なんか」が用いられている点も注目される。戦後落語録音資料では明治大正期落語SPレコードで見られた副助詞「なぞ」が

用いられていないのに対して、副助詞「なんか」が15例用いられていた。

（16）a. エー、あの恰好、二人が差し向かいで餅ついてる恰好なんかよう出来てるな。顔なんか見てみい、（壺算）
　　　b. 風呂行き賃がなんぼいると思いるねえ。んなもんお風呂へなんか行かんとそれで燃料買うて湯をわかすから、行水をしたらどうえ（按摩炬燵）

（16a）は例示である。（16b）は京都の人のやりとりを引用した部分であるが、格助詞に下接しており、意味的には否定的特立である。

　上方・大阪語における「か」の増加について、どのように考えればよいだろうか。筆者は江戸・東京語ないし標準語の影響によるものと見る。「か」は江戸語において発達し、明治大正期の東京落語においてすでに不定の助詞としてもっぱら「か」が用いられるようになっていた。そのあとを追うかのように大阪語も「か」が増加している。明治大正期の大阪落語における「か」は、規範性・標準性のある文体になじむ側面があった。そういった規範性・標準性のある文体が関わりつつ、大阪語に取りこまれていったものと思われる。

　戦後落語録音資料における副助詞「なんか」の使用についても、東京語標準語の流入と考えられる。明治大正期において、東京落語では（13）のように副助詞につながるような使用（Nやなんか、Nかなんか、Vたりなんかする等）が見られるのに対して、大阪落語ではそのような使用に乏しい[*13]。それにもかかわらず戦後落語録音資料で副助詞「なんか」が用いられるという状況は、大阪語の内的変化によるものとは考えにくいだろう。

　このように、不定の助詞や副助詞の使用について、中央語としての東京語ないし標準語が、地域語としての大阪語に影響を及ぼしているという様子が見てとれよう[*14]。

6. まとめ

　本稿では、近世後期以降における不定の「やら」「ぞ」「か」の地域差（東西差）と歴史的推移について考察した。同時に、不定の助詞のありようと不定語の歴

史的変化との関係や、言語の社会的位置づけが言語変化に及ぼす影響についても検討した。本稿の考察をあらためてまとめ直せば、次のようになる。

　近世後期以降、「やら」「ぞ」「か」の使用割合は歴史的に推移していくが、各時代の東西差に注目すると、どの時代でも相対的に上方・大阪語で「ぞ」が多く、江戸・東京語で「か」が多い。助詞の歴史的推移で注目されるのは、先に「か」が発達した江戸・東京語のあとを追うかのように、上方・大阪語で「か」の使用割合が高くなっていく点である。上方・大阪語において、規範性・標準性のある文体が関わりつつ「か」が取り入れられていったものと思われる（以上、2節、3節、5節）。このような上方・大阪語における「か」の勢力拡大は、中央語としての東京語ないし標準語が、地域語としての大阪語に影響を及ぼしたことによるものと考えられる（5節）。また、不定語と結びついて新たな語を形成するという点で、不定の助詞のありようは不定語の歴史的変化にも影響することが注目される（4節）。

　不定の「やら」「ぞ」「か」の地域差と歴史的推移は、係り結び衰退後の助詞の一展開として文法史上、興味深い現象といえ、また、不定語の歴史を明らかにするうえでも重要である。さらに言語の社会的位置づけと言語間の影響関係なども視野に入れて複層的な日本語の歴史を描くことにもつながりうる問題である。ただし、本稿は問題のありかと大まかな見通しを提示したにとどまる。構文的な観点や文体的、位相的な観点からの詳細な検討、疑問文の歴史との関連など、扱えなかったことも多い。今後さらなる調査と考察が必要である。

注

1）不定語とは「なに」「だれ」「どう」「いつ」「どこ」などの「欄が空である」（尾上2001）という性質をもつ語のことである。
2）関連する項目としては、不定語を含む間接疑問の地図である第56図「何が起こるやら（わからない）」、第258図「誰が「行くか」（分からない）」などもある。これらは不定で「ぞ」が用いられる地域でも「やら」「か」など別の助詞が現れている。
3）調査対象とする時代と考察対象について補足しておく。不定の助詞の歴史を明らかにするには、当然、近世前期以前についても見る必要があるが、本稿では地域差が問題となってくる近世後期以降を扱う。また、近世後期以降の中でも、落語SPレコード

に基づいた明治大正期の検討にやや比重がある。

不定の助詞のありようは直接疑問文や間接疑問文でどの助詞が用いられるかということと関連すると思われるが、疑問文については今後の課題とし、本稿ではひとまず不定に絞って考察する。

4）「か」16例のうち、上接語が「なに」である「なにか」は6例であるが、地の文には他に18例見られた。つまり、「なにか」は地の文ではある程度用いられるが、会話文ではあまり用いられないということである。この偏りの意味するところは定かではないが、「か」が上方語的ではなかったことが示唆される。

5）「どうか」自体は江戸語においてすでに見られる。ただし、江戸語の「どうか」は「どうやら」に相当する意味も表すなど、性質が異なる（湯澤1954、川瀬2017）。行為指示の副詞としては、明治期に成立する（齊藤2009）。

6）聞き手利益で用いられていると考えられる「どうぞ」の使用場面は、客への対応に偏っている。疎の関係において、あたかも話し手利益であるかのように表現することで丁寧さを出していると見れば、〈依頼〉の転用とも考えられる。おそらくこのような使用から〈勧め〉へ用法が拡張していったものと思われるが、詳しい考察は別稿にゆずる。

7）「どうやら」「どうぞ」「どうか」など、不定語と助詞によって構成される副詞の史的変遷と不定の「やら」「ぞ」「か」の歴史的推移が関わることについては川瀬（2017）でも示唆した。

8）湯澤（1936、1954）、此島（1966）に「なんか」の副助詞化に関する示唆がある。副助詞化については、地域差も考慮しつつ、歴史的変化を詳細に考察する必要がある。

9）今回調査した近代大阪小説の作品成立年は高濱虚子「大内旅宿」のみ明治期であり、後の6作品は大正期である。ただし、作家の生年は1873年から1899年（岩野泡鳴1873年、上司小剣1874年、高濱虚子1874年、里見弴1888年、宇野浩二1891年、川端康成1899年）であり、落語SPレコードの噺家の生年（1840年代2人、1850年代2人、1860年代6人）より少しあとである。

『上方はなし』は五代目笑福亭松鶴（1884年生）の編集による落語速記本で昭和11年から昭和15年（1936年から1940年）まで発行された。発行年は昭和だが、明治期大阪語が反映していると言われる（金沢1998第5章第3節）。

二代目桂春団治「十三夜」は昭和26-27年（1951-52年）に録音された落語である。二代目桂春団治は1894年生まれで、前節までで資料とした明治大正期落語SPレコードとは噺家の生年、録音年代ともに25年から50年程度の差がある。近代大阪小説の作家や五代目笑福亭松鶴と比べると、生年で見れば差があまりない（あるいは同年代）といえるが、録音年代が戦後であること、音声資料であることから、より新しい言語状況を反映していると見ることができるだろう。

10) 明治大正期以降においては「どう」を含めるかどうかで「ぞ」と「か」の割合がかなり異なるが、近世後期の上方洒落本においては、「どう」を含めても含めなくてもさほど変わらなかった。
11) やや書き言葉的、古めかしいというような語感があるのだろうか。また、GAJの第255図「いつか」で「やら」の分布が広いように、上接する不定語によっても異なる可能性がある。具体的にどのような文体的価値があるかということとあわせて今後の課題としたい。
12) 近代大阪小説や落語速記本『上方はなし』では「か」の使用割合が落語SPレコードに比べてやや低い。その分、「やら」が用いられているように見える。
13) 明治大正期大阪落語に見られた「何か」9例のうち、以下のような例が1例あったが、文体的にあらたまった発話であり、あまり大阪語らしくない。
　　　紺がすりのてっぽうに、えび茶の袴の短いやつをはいて、ゴム靴かなんかで走り出してご覧なさい（桂文雀「滑稽女子大学」）
14) 現代の大阪においては、不定の助詞に「か」を用いるという傾向がさらに顕著になっていると思われる。たとえば、1958年生まれの東野圭吾による『浪速少年探偵団』（講談社、1988年）は会話が大阪の言葉で書かれているが、不定の助詞は「か」が用いられているようである。

調査資料
上方洒落本：穿当珍話、新月花余情、聖遊郭、陽台遺編、妣閣秘言、月花余情、原柳巷花語、異本郭中奇譚、風流裸人形、短華蘂葉、粋のすじ書、北華通情、うかれ草紙、阿蘭陀鏡、十界和尚話、身体山吹色、南遊記、嘘の川、竊潜妻、当世廓中掃除、粋の曙、箱まくら、色深狭睡夢、北川蜆殻、風俗三石士（『洒落本大成』中央公論社）
明治大正期落語SPレコード（本書第I部2　金澤裕之「SP盤落語レコードとその文字化について」の《資料一覧》参照）
近代大阪小説：高濱虚子「大内旅宿」（『明治文学全集』筑摩書房）、岩野泡鳴「ぽんち」、上司小剣「鱧の皮」「天満宮」、宇野浩二「長い恋仲」（以上『現代日本文学大系』筑摩書房）、里見弴「父親」（『現代日本文学全集』筑摩書房）、川端康成「十六歳の日記」（『川端康成全集』新潮社）
上方落語速記資料：猿後家、人形買、たちぎれ線香、子は鎹、市助酒、吉野狐、天王寺詣り、借家怪談、貝野村、口入屋、尻餅、土橋万歳、百年目、貧乏花見、莨の火、船弁慶、千両みかん、仔猫、菊江仏檀、三枚起請、天神山、後家馬子、鮑貝、悋気の独楽、猫の忠信、くしゃみ講釈、雑穀八、鴻池の犬（五代目笑福亭松鶴編（1971-1972）『上方はなし』三一書房）

昭和戦後落語録音文字化資料：金沢裕之（1998）『二代目桂春団治「十三夜」録音文字化資料』文部省科学研究費補助金「明治時代の上方語におけるテンス・アスペクト形式」研究成果報告書・課題番号：09610427（研究代表者：金沢裕之）

方言文法全国地図：国立国語研究所編（1989）『方言文法全国地図1』財務省印刷局、国立国語研究所編（2002）『方言文法全国地図5』財務省印刷局

なお、引用にあたっては、ルビの省略など、表記を私意に改めた箇所がある。

参考文献

尾上圭介（2001）『文法と意味Ⅰ』くろしお出版

金沢裕之（1998）『近代大阪語変遷の研究』和泉書院

川瀬卓（2017）「副詞「どうやら」の史的変遷」『語文研究』124

衣畑智秀・岩田美穂（2010）「名詞句位置のカの歴史―選言・不定用法を中心に―」『日本語の研究』6-4

此島正年（1966）『国語助詞の研究―助詞史の素描―』桜楓社

齊藤瑛子（2009）「副詞「どうか」「どうぞ」における依頼用法の成立過程」『国語語彙史の研究』28

堀崎葉子（1997）「江戸語の不定表現に用いられるカ・ゾ・ヤラ」『青山語文』27

矢島正浩（2013）『上方・大阪語における条件表現の史的研究』笠間書院

山口堯二（1990）『日本語疑問表現通史』明治書院

湯澤幸吉郎（1929）『室町時代の言語研究』大岡山書店（1955年に風間書房から再出版『室町時代言語の研究』）

湯澤幸吉郎（1936）『徳川時代言語の研究』刀江書院（1955年に風間書房から再出版）

湯澤幸吉郎（1954）『江戸言葉の研究』明治書院

付記

本稿は第268回筑紫日本語研究会（2016年12月28日、於九州大学）での発表をもとに加筆修正したものである。本研究はJSPS科学研究費（課題番号24820004、および課題番号16K16840）による研究成果の一部である。

5
近代落語資料における行為指示表現の東西差
―― 上方・大阪と江戸・東京の指向性の異なり

森 勇太

要旨

　本稿では、近代落語資料の行為指示表現について、上方・大阪と江戸・東京を対照して調査した。上方・大阪では、依頼で用いる命令形式（テ形命令・「～てんか」）や、禁止表現における「連用形＋禁止な」形式など、近世後期以降に成立した直接的形式が用いられていて、頻度も高い。また「ください」は少なく、「～くんなはれ」の頻度が高い。江戸・東京は、直接的形式はナ形命令以外形成されておらず、禁止では間接的形式の頻度が高かった。このような状況は方言資料や、近代大阪方言が用いられている文学作品の状況とも一致し、近代の両方言の状況を反映しているものと考えた。

　上方・大阪方言で直接的な行為指示表現が豊富なことについて、その社会的な要因として、"対人的対応、状況対応の細やかさと速さ" が挙げられる。対人的配慮を果たしながら短く、明確に行為指示の意図が伝わる形式を形成するという指向性の表れであると考えた。

キーワード：命令形式、待遇表現、指向性、対人的対応

1. はじめに

　人々が社会の中で生きていくときに、他者と関わり、他者に配慮することは避けられない。しかし、それをどのような言語表現で行っていくかには地域差がある。例えば、近畿方言は対人的配慮を示す表現が発達し、言語的配慮を口にしやすい傾向があることが指摘される（尾上1999、小林・澤村2014）。一方、江

戸・東京はその傾向は薄いといわれるが、一方で、古代には一地方であった江戸が、江戸後期以降政治・文化の中心地となるというような社会変化の中で、対人配慮のあり方も変化しつつある。

このような変化の途上にある近代は、待遇表現研究において重要な時代であり、上方・大阪と江戸・東京の両地域でこの時期に栄えた落語のデータはこの問題を探っていくのに非常に重要な資料である。本稿では、言語的な配慮を示す場面の一つとして、聞き手に対して何らかの行為の実行を求める表現（"行為指示表現"）を取り上げ、落語資料の行為指示表現について考察するとともに、上方・大阪と江戸・東京に起こった言語変化とその地域差について考えたい。

本稿の構成は以下の通りである。2節では、これまでの行為指示表現研究について整理する。3節では、具体的に落語SPレコードに見られる行為指示表現を、速記資料や他の方言資料と対照しながら考える。4節では、落語SPレコードの行為指示表現の状況を行為指示の歴史的変化の中で考える。最後の5節はまとめである。

2. 研究の枠組み
2.1 近代の行為指示表現

行為指示表現の研究は、依頼・命令（指示）・禁止表現の研究として進められており、多くの成果が挙がっている。述部に着目したものに絞っても、明治期の共時的記述として陳（2004a；2004b等）、山田（2014）、高澤（2015）等、通時的なものとして、工藤（1979）、中田（2014）等、一定数の研究がある。このような研究の中では、日本語の行為指示表現に用いられる述部形式が、近世以降に多様化したことがわかっている。例えば、現代関西方言で使用される連用形命令（「書き」）や、現代東京方言などで使用されるナ形命令（「書きな」）は近世後期以降用いられるようになったものである。

(1) a ［遊里語の指南］まち わたしも行くは まち　　のみ 最一ツ のみ ［連用形命令］
　　　　　　　　　　　　　　　　　　　　　　（くだまき綱目：③153 [1761]）
　　b ［芸者・やそ→芸者・とめ］「すだれあげな」［ナ形命令］
　　　　　　　　　　　　　　　　　　　　　　（廓中奇譚：④299 [1769]）

近世後期以降に形成された表現の中には、上方・大阪と江戸・東京で使用頻度の差があるものもある。例を挙げると、否定疑問形による行為指示表現(「書かんかい」)は、近世後期・化政期以降、江戸・東京の作品にはあまり用例が見られない(矢島 2016a；2016b、森 2014)。その一方で、条件表現由来の行為指示表現(「書いたら｛いい／どう｝」、(2b))は江戸・東京の作品に用例が多く(森 2015、矢島 2016b)、大正期以降に条件形のみで行為指示するもの(「書いたら」、(2c))が見られるようになった(森 2015)。

(2) a 〔道臣は届き物の風呂敷包を片付けさせようとする〕〔道臣→お駒〕「早う<u>持つて行きんか</u>。何グヅグヅしてるんや。」〔否定疑問形〕

(天満宮、上司小剣：254 [1914])

b 〔先生→主人〕「やはり肝癪が起りますか」〔主人→先生〕「起りますとも、夢にまで肝癪を起します」〔先生→主人〕「運動でも、<u>少しなさつたらいいでしょう</u>」

(吾輩は猫である [1905])

c 其処に武子は入って来て、「御病気どう」と云った。「ありがとう、もう随分よろしい」と野島は云った。「<u>熱をお計りになったら</u>」「ありがとう」彼は武子の親切をありがたく思った。(友情、上篇、29 [1919])

　このように近世後期から明治・大正期にかけて、行為指示表現にはさまざまな変化が重なり合って起こっている。

2.2　東西差の対照への視座

　これまでの行為指示表現の研究は、主に使用する表現と話者の属性・位相の関係に注目が集まっており、待遇表現研究の延長線上で行われてきたものであるといえる。一方で、当時の共時的な体系がどのようなものか、という点には目が向けられることが少なかった。しかし、行為指示表現の地域差を考えるとき、単に言語形式が異なるという点だけではなく、ある機能を果たすときに、必要とされる言語的な手段やその組み合わせには方言間で差があるのか、といった視点も必要となる。
　また、資料の面でも、これまでの明治期の待遇表現研究は小説など文学作品

が取り上げられることが多く、落語が取り上げられることは少なかった。ただ、金澤（1991）では落語資料の利点として"登場人物が比較的多様"、"会話形式が中心"という点が指摘されており、小説資料と比較して行為指示表現の出てくる頻度は高い。このことから落語資料は待遇表現・行為指示表現研究に適した資料であり、重要なものである。

2.3　調査資料

本稿では、上方・大阪と江戸・東京の落語について、それぞれSPレコード文字化資料と、速記資料を用いた。SPレコードについては、本書金澤氏解説の資料、速記資料は、上方・大阪のものとして五代目笑福亭松鶴が口述した『上方はなし』所収の10作品（1936-1940年）、江戸・東京のものとして『口演速記明治大正落語集成』所収の10作品（1895、1921-1924年）を使用した。作品の詳細は稿末の資料欄に挙げた。

3. 落語の行為指示表現の東西差
3.1　形式の分類と全体的な対照

まず、行為指示表現の枠組みと分類について述べていく。本稿では、"行為指示"を、"聞き手に何らかの行為の実行（不実行）を求めること"全体をさすものとする。行為指示は肯定の行為指示と否定の行為指示（禁止）に分類でき、また両者には直接的形式と間接的形式が存在する。表1に本稿での分類を示す。

表1　本稿における行為指示表現の分類

		直接的形式		間接的形式
		敬語・授受形式なし	敬語・授受形式あり	
行為指示	肯定	命令形式 〜しろ（命令形命令） 〜し（連用形命令） 〜して（テ形命令）	〜してくれ 〜なはれ 〜てください	〜したほうがいい
	否定 （禁止）	〜な	〜なさんな	〜してはいけない 〜したらあかん

直接的形式は基本的に主語が二人称のみに限られ、聞き手に対して用いたと

きに行為指示以外の解釈を許さないものである。(3) のように命令形に接続する終助詞 (上方・関西は「や」、江戸・東京は「よ」等) が用いられることも指標となる。

(3) a 命令形命令　　　書け　　　　書けや
　　 b 連用形命令　　　書き　　　　書きや
　　 c テ形命令　　　　書いて　　　書いてや
　　 d 否定疑問形　　　書かんかい　書かんかいや

　直接的形式のうち、(3) のように敬語や「てくれる」「てくださる」等の授受表現が付与されない形式を"命令形式"と呼ぶことにする。
　間接的形式は、その形式自体は主語が二人称以外でも許容されるものである。聞き手が主語となり、聞き手に向けられたときに語用論的に行為指示となる。

(4) a 明日 (あなたは) 検査まで何も食べてはいけないよ。[聞き手に向けられれば、禁止]
　　 b 明日 (私は) 検査まで何も食べてはいけないんだよ。

落語資料に見られる行為指示表現の用例数を表2に示す。

表2　落語資料の行為指示表現

		上方・大阪		江戸・東京	
		SPレコード	速記	SPレコード	速記
肯定	命令形式	96 (34.7%)	116 (32.9%)	78 (25.3%)	125 (45.1%)
	授受表現・敬語付与形式	137 (49.5%)	184 (52.1%)	169 (54.9%)	98 (35.4%)
	間接的形式	9 (3.2%)	12 (3.4%)	11 (3.6%)	19 (6.9%)
否定 (禁止)	直接的禁止	33 (11.9%)	41 (11.6%)	21 (6.8%)	16 (5.8%)
	間接的禁止	2 (0.7%)	0	29 (9.4%)	19 (6.9%)
	合計	277	353	308	277

以下、3.2節では直接的形式のうち命令形式、3.3節では、直接的形式のうち敬語・授受表現付与形式、3.4節では、禁止形式について考える。

3.2 命令形式
3.2.1 命令形式の対照

命令形式の用例数を表3に示す。上方・大阪と江戸・東京の両方言で、命令形命令と、近世期に形成された命令形式（上方・大阪は連用形命令、江戸・東京はナ形命令）の頻度が高い。

表3　命令形式の内訳

	上方・大阪				江戸・東京			
	SPレコード		速記		SPレコード		速記	
命令形命令	51	(53.1%)	56	(48.3%)	46	(59.0%)	63	(50.4%)
連用形命令	8	(8.3%)	22	(19.0%)	1	(1.3%)	0	
ナ形命令	0		0		29	(37.2%)	51	(40.8%)
テ形命令	17	(17.7%)	12	(10.3%)	1	(1.3%)	6	(4.8%)
～てんか	11	(11.5%)	14	(12.1%)	0		0	
否定疑問（標準の接続）	7	(7.3%)	9	(7.8%)	1	(1.3%)	5	(4.0%)
否定疑問（連用形接続）	2	(2.1%)	3	(2.6%)	0		0	
合計	96		116		78		125	

（5）a ［子どもを呼びつけて］「今夜からこう<u>せえ</u>。馬部屋の二階の竹簀子の上へ筵ォ敷いて、そこへ布団を持って行て、そこで<u>寝え</u>。」［命令形命令］

　　　　　　　　　　　　　　　　（SP、②曽呂利新左衛門、馬部屋［1903］）

　　b 「百円札が十枚？［中略］サァサァさ子供が持ってるもんじゃねえ。そんなもの、お父っつァんの方へ<u>出せ</u>」［命令形命令］

　　　　　　　　　　　　　　　　（SP、③柳家小さん、鉄砲弥八［1911］）

（6）a ［俵を着る方法を考えて］二つ目の縄、両側でこう切って、ピタッとするように、ずーっと手ェと頭と突っ込んで、で、上から首（を）

　　　　出しィ」［連用形命令］　　　　　　　（SP、②林家染丸、日和違い［1923］）
　　b　「与太郎や、エー、ちょっとここへ来な。」［ナ形命令］
　　　　　　　　　　　　　　　　　　　　　（SP、③柳家小さん、みかんや［1903］）
　　c　［知り合いと話して］「アッ、角力を見ねェ」［「なさい」＞「ない」
　　　　＞「ねえ」。「ない」「ねえ」の用例数はナ形命令に含めた］
　　　　　　　　　　　　　　　　　　　　　（SP、三遊亭圓右、鍋草履［1913］）

　この中で最も大きな違いは、依頼を本務とする命令形式のテ形命令・「〜て
んか」である。テ形命令は上方・大阪のほうで頻度が高く、「〜てんか」も上方・
大阪のみに見られる[*1]。

（7）a　［幇間が警察官の巡回に答えている］〔幇間→二階の人〕「エ、誰ぞ降
　　　　りて来てんか、難儀やなァまた。」［「〜てんか」］
　　　　　　　　　　　　　　　　（SP、②曽呂利新左衛門、サツマ県のおまわり［1903］）
　　b　［若旦那が、煙管を欲しがる女中に対して］「エ、それだけ（は）堪
　　　　忍して」［テ形命令］　　　　　　　　（SP、桂枝雀、煙管返し［1909］）

　否定疑問形については、上方・大阪で頻度が高く、特に五段動詞の連用形に
接続する形式は上方・大阪にしか見られない。

3.2.2　他の資料との比較

　依頼を本務とする命令形式について、他の方言資料も確認しておく。『方言
文法全国地図』（以下GAJ）215-217図では、孫に対して"窓をあけるようにや
さしく頼む"場面の調査がある。略図を作成し図1に示した。
　この回答を見ると、近畿方言の一帯でテ形命令、および「〜てんか」が回答
されており、四国・中国地方まで広く見られるのに対し、首都圏周辺では活発
ではない。落語資料の様相は、テ形命令の定着・形成が近畿で早かったことを
そのまま反映していると捉えられる。

図1　GAJ215-217図　孫に対して"窓をあけるようにやさしく頼む"

3.3　敬語・授受表現付与形式
3.3.1　敬語・授受表現付与形式の対照

　東西の敬語・授受表現付与形式を対照すると表4の通りである。

　まず、「くれる」等の授受表現が含まれない形式について見る。最も多い形式は尊敬語を使う「(お)―尊敬語」であり、その中でも「なさる」「なはる」を用いるものが多い。

（8） a 〔女房→若旦那〕「何ですね芝居の真似をして、サァさ、こちらへお入りなさい」　　　　　　　　　　（SP、三遊亭圓遊、菅原息子［1903］）
　　　 b 〔花林屋の胴八→豊竹屋節右衛門〕「まああんた、［三味線を］一ぺんやってみなはれ」　　　　　　（SP、③桂文三、豊竹屋節右衛門［1908］）

　ただし、「お」を冠するかどうかには東西差が見られる[*2]。表4の「お―尊敬語」と「―尊敬語」を比較すると、江戸・東京では、「お」を冠した「お―尊敬語」［(8a)］の例が多いが、上方・大阪では「お」を冠さない「―尊敬語」［(8b)］が多い。上方・大阪で"お―尊敬語"のときに用いられる尊敬語は「あそばす」が5例、「なさる」が4例、「なはる」は1例であり、関西方言にしか見られない「なはる」は「お」を冠しない「―尊敬語」が一般的だと言える。

　次に授受表現を含む形式について見る。ここでも両方言で、「～おくれ」「～おくんなさい（おくんなはれ）」による行為指示は一定数見られる。

（9） a 〔巡査→主人〕「ちょっとこれへ呼んどおくれ」
　　　　　　　　　　　　　　（SP、②曽呂利新左衛門、サツマ県のおまわり［1903］）
　　　 b 「サァ今夜、姐さん家に帰って待ってるから来ておくれ」
　　　　　　　　　　　　　　　　　　　　　（SP、三遊亭圓遊、野ざらし［1903］）
（10） a ［説教中に左兵衛が寝ている］〔和尚→聴衆〕「［左兵衛を］起こしとおくんなはれ」　　　　　　　　　　（SP、桂枝雀、亀屋左兵衛［1903］）
　　　 b 「わしの考えたのも聞いとくんなさい」（SP、④柳亭左楽、地口［1906］）

表4　敬語・授受表現付与形式の内訳

		上方・大阪 SPレコード		上方・大阪 速記		江戸・東京 SPレコード		江戸・東京 速記	
授受表現なし	お—	16	(21.3%)	30	(27.3%)	37	(40.2%)	13	(32.5%)
	特定形	6	(8.0%)	5	(4.5%)	10	(10.9%)	3	(7.5%)
	お—尊敬語	10	(13.3%)	10	(9.1%)	28	(30.4%)	16	(40.0%)
	—尊敬語	39	(52.0%)	54	(49.1%)	10	(10.9%)	8	(20.0%)
	その他	4	(5.3%)	11	(10.0%)	7	(7.6%)	0	(0.0%)
	合計	75		110		92		40	
授受表現付与	〜くれ	7	(11.3%)	1	(1.4%)	2	(2.6%)	9	(15.5%)
	〜おくれ	28	(45.2%)	33	(44.6%)	27	(35.1%)	12	(20.7%)
	〜(お)くれない 〜(お)くれな	1	(1.6%)	0		16	(20.8%)	4	(6.9%)
	〜(お)くんなさい 〜おくんなはれ	24	(38.7%)	18	(24.3%)	9	(11.7%)	13	(22.4%)
	〜ください	1	(1.6%)	22	(29.7%)	23	(29.9%)	20	(34.5%)
	その他	1	(1.6%)	0		0		0	
	合計	62		74		77		58	

「くれる＋尊敬語」と同じ機能を持つといえる「くださる」の使用には東西差が見られる。「くださる」の命令形「ください」は上方・大阪のSPレコードには1例しか見られない。速記『上方はなし』では「くださる」が一定数用いられているが、用いられている作品に偏りがあった。「人形買」「たちぎれ」に1例ずつ、「吉野狐」に4例、「貝野村」に16例見られたが、その他の作品には用例がなかった。

(11) a 〔旦那→つむじ屋〕「もっとゆっくり言うて下さい」

(SP、③桂文三、善は急げ [1903])

b 〔旦那〕「オイオイお清弁当を拵えてやって下され」

(上方はなし、貝野村)

江戸・東京においては、「ください」がSPレコード・速記ともに一定数ある。

(12) a 〔長太→姐さん〕「ヘェ、そうでげすか、男芸者が二人。じゃァこちらへ一つ呼んで下さいな。」
(SP、三遊亭圓遊、成田小僧 [1903])

　　b 〔女→亭主〕「マア御遠慮なく仰有て下さい」
(速記、④橘家円喬、鼻無し [1895])

3.3.2　他の資料との比較

　上方・大阪において、「ください」の頻度が少ないという状況は近代大阪の小説においても見られる。筆者が調査した大阪方言が用いられている資料（稿末の資料欄参照）では、「ください」が2例、「おく（ん）なはれ」が32例見られた。

(13) a 「肌をお入れ下さい、規則ですから」と、車掌にやッつけられて、松さんがすごすご肌を入れたのは、定さんには気味がよかつた。
(ぽんち、岩野泡鳴：103 [1913])

　　b 「やっぱり君ちゃんやった。いや、なに、この写真を見たはるんでね、そうじゃないかと思ったんや」大阪弁と東京弁をごっちゃに使って言い、〔中略〕「そんなら僕がそう言って、貰ってあげましょうか。ちょっと待って下さい。どこイも行かんと……。行ってしもたら、駄目ですよ」次郎はそう言うと、二段ずつ階段を上って行った。
(わが町、織田作之助：303 [1943])

(14)〔源太郎→姉〕「まアー寸でよいさかい、其の手紙を読んどくなはれ。それを読まさんことにや話が出来まへん。」(鯉の皮、上司小剣：228 [1914])

　(13a) は"車掌"、(13b) は"東京弁をごっちゃに"使った人物の発話であり、典型的な大阪方言として使われているとは言い難い。

3.4　禁止形式

3.4.1　禁止形式の対照

　東西の禁止形式を対照すると、表5の通りである。

表5　禁止表現の内訳

		上方・大阪		江戸・東京	
		SPレコード	速記	SPレコード	速記
直接的形式	終止形＋な	5 (14.3%)	10 (24.4%)	12 (24.0%)	12 (34.3%)
	連用形＋な	14 (40.0%)	21 (51.2%)	0	0
	敬語・授受付与形式＋な	14 (40.0%)	10 (24.4%)	9 (18.0%)	4 (11.4%)
間接的形式		2 (5.7%)	0	29 (58.0%)	19 (54.3%)
合計		35	41	50	35

　直接的形式に関して、上方・大阪は「終止形＋な」の使用が少なく、「連用形＋な」や「敬語・授受付与形式＋な」の使用が多い。なお、江戸・東京の「敬語・授受付与形式＋な」について、SPレコードの9例中6例、速記の4例中3例は三代目柳家小さんによるものであり、これを考慮すると、江戸語の直接的禁止形式はほとんどが「終止形＋な」であったといえる[*3]。

(15) a 〔客→銭湯の主人〕「こりゃ、馬鹿言うな。」〔終止形＋な〕
(SP、②曽呂利新左衛門、湯屋［1903］)
　　 b 「うだうだ言いないな。」〔連用形＋な〕
(SP、③桂文團治、四百ブラリ［1925］)
　　 c 「あほらしい事をいいなさんな」〔敬語＋な〕
(上方はなし、吉野狐［1936-1940］)
(16)「そうじゃないよ、余計なことを言いなさんな。」〔敬語＋な〕
(SP、③柳家小さん、千早振［1909］)

　また、間接的形式について、上方・大阪では使用頻度が低い[*4]のに対して、江戸・東京では多い。

(17) a 〔鰻の香りの代金を鰻屋に渡して〕「あ、これこれ、銭持って去んだらいかん。」
(SP、③桂文團治、倹約の極意［1908］)
　　 b 〔袋を見せて〕「ええ、エーソン中に、エー、アッ、無闇に開けちゃァ

　　　　　いけませんよ、ええ。」　　　　（SP、三遊亭圓右、焙じ茶［1911］）
　　　c　「馬鹿なこと言っちゃいけないよ。」（SP、③柳家小さん、嘘つき［1911］）

3.4.2　他の資料との比較

　GAJで禁止表現が取り上げられているものとしては、221図、223図、225-226図がある。225-226図は間接的形式を誘導しているが、"孫にむかって"と文脈にあるので、行為指示場面が想起されやすかったと思われる。回答の概要を表6に示す[*5]。（カッコ）の数字は回答の見られた地点数である。

表6　GAJに見られる禁止表現

地図番号	調査文	大阪府	東京都
221	孫に向かって，やさしく「そっちへ行くな」	■いきな（2） ■いかんとき（1） ■いきなさんな（1） いったらあかん（3）	■いくな（5） いっちゃ（ー）だめ（3） いっちゃいけねー（1）
223	孫に向かって，きびしく「そっちへ行くな」	■いくな（4） ■いきな（1） いったらあかん（4）	■いくな（1） いく（ん）じゃねー（2） いっちゃ（ー）だめ（4）
225-226	孫に向かって「そっちへ行ってはいけない」	いったらあかん（5） いったらいかん（1）	いくじゃない（1） いってはだめ／いっちゃーだめ（3） いっちゃ（ー）いけねー（4）

　大阪府6地点、東京都（島嶼部除く）6地点。複数回答がある。■は直接的形式。

　両方言で、直接的形式と間接的形式が用いられているが、東京都と大阪府の回答を比較すると、回答の傾向には異なりがある。大阪府の回答は、「やさしく」「きびしく」両場面で半数程度、直接的形式が用いられている。しかし、東京都の回答を見ると、「やさしく」の場面では半数程度が直接的形式であるが、「きびしく」の場面では直接的形式の回答は1例にとどまる。
　もちろん、GAJの調査は、用いることのできる形式を網羅的に挙げるものではない。しかし、同じ調査文を示されたときに意識にのぼりやすい形式として、このような傾向の差があることは、東京方言の話者の中で、特に"きびしい"

場面のときに間接的形式の頻度が高いことを示すのではないかと考えられる。落語資料で、上方・大阪で間接的形式が少なく、江戸・東京で間接的形式が多いのは、このような両方言の状況に符合していると考える。

4. 落語に見られる行為指示表現の解釈
4.1 東西差
4.1.1 行為指示表現体系の指向性の異なり

　ここまで、落語資料に見られる明治・大正期の行為指示表現の体系を、上方・大阪と江戸・東京の2地域の対照という観点から見てきた。どちらの表現も一定のバリエーションを持っており、単純な体系ではない。

　近代の行為指示表現の体系を歴史的変化の中で捉えたとき、近代落語資料の東西差は、以下のような近世後期～近代における行為指示表現の歴史的変化の地域差を反映していると考えられる。

1）上方・大阪は直接的形式の数を増やす：連用形命令・否定疑問形・依頼を本務とする命令形式（テ形命令、「～てんか」）の形成、禁止における「連用形＋な」・「敬語＋な」形式の形成。
2）江戸・東京は直接的形式を増やさない：ナ形命令は形成したものの、依頼で用いる命令形式を形成せず、禁止表現においても直接的形式を増やさず、間接的形式の頻度を高くする。

　加藤（1973）等では日本語諸方言における敬語体系のありようとして、西日本では敬語が用いられる地点が多く、特に近畿地方は運用が複雑な地域であるのに対し、東日本はそれほど敬語が発達していないことが指摘されている。落語資料の行為指示表現が示す状況も同様だといえる。

4.1.2 コミュニケーション上の指向性

　大阪方言は、なぜ直接的形式の数を増やしているのか、コミュニケーションの指向性の面からも考えてみたい。尾上(1999)は、大阪方言のコミュニケーションの特徴として、いくつかの点を挙げているが、そのうち、本研究で重要であ

ると思われるのは、"対人的対応、状況対応の細やかさと速さ（尾上 1999：181）"である。大阪方言話者である尾上氏が"相手と自分の関係や、場面、状況のあり方を精密、緻密に感じ分け、それに応じて要求の仕方を微妙に使い分ける（尾上 1999：67）"と述べているように、上方・大阪における依頼で用いる命令形式、連用形命令、禁止における「連用形＋な」・「敬語＋な」はこのような運用を実現するためのものであるといえる。このような形式は語彙的資源として敬語を利用するなどして、聞き手への拘束力が弱く、"優しい"感じを与える形式として成立している。

　また、矢島（2016b）は近世後期の上方語と江戸語で（18）のような運用の差があることを理由に、上方・大阪方言を"共有指向性／説明・打診型"の言語、江戸・東京方言を"一方向性／主張・提示型"の言語と位置づける。

(18) a 「～ではないか」第Ⅰ・Ⅱ類：江戸語は既定事実を確認する表現が多く、上方語は認識評価を共有する表現が多い。
　　 b 否定疑問形による行為指示：上方語では、否定疑問形による行為指示（提案・依頼・命令）の頻度が高い。
　　 c 間接的な行為指示形式：上方語で多用される「～ねばならぬ」類は、"聞き手に同一認識の共有をはかることで結果的に特定の動作を促す方法（矢島 2016b：201）"である。江戸語で多用される間接的禁止表現「～てはいけない」は、"具体的・個別動作についての指示を一方向的に行う方法（同：202）"である。
　　 d 談話標識：上方語で多用される「それなら」「そうしたら」は"新規に情報を獲得しつつある"ことを示すことにより"状況を詳しく説明しやりとりを展開する（同：202）"ものであるが、江戸語で多用される「それだから」は"話者の状況理解は確定済みであり、聞き手に反論の余地を与えずに話者の主張を提示する方法（同：202）"である。

　落語資料の行為指示表現を見てもこのような"共有指向性／説明・打診型"としての性格は認められる。本稿の調査での例を挙げると、授受表現「くれる」

「くださる」と否定疑問を組み合わせた形は、江戸・東京のSPレコードでは1例しか見られなかったのに対し、上方・大阪では8例見られ、"説明・打診"の姿勢が表れているといえる。

(19)「エー、住吉の鳥居前まで、往復、<u>やっとくれんか</u>」

(SP、桂枝雀、いびき車［1909］)

　一方で、行為指示表現の記述という立場からは、上方・大阪方言で直接的形式の頻度が高いということにも目を向けておきたい。上方・大阪に特徴的であった「〜てんか」や「連用形＋んか」の形式は、主語が聞き手以外の人物になることは基本的になく、もっぱら行為指示として用いられる直接的形式である。下降イントネーションを伴う否定疑問形（標準の接続）の形式は、"そのことが実行されているべきなのになされていない"という違反矯正（井上 1993）の意味を示し、行為指示の拘束力は強い（森 2014）。もちろんこのような形式の語彙的資源は疑問形式であるので、言語変化の根底に"説明・打診"の指向性があったことは否定できないが、矢島（2016b）自身も指摘するように、共時的には聞き手に対して情報を要求する形式ではない。禁止表現を見ても、直接的形式の頻度はむしろ上方・大阪方言で高い。このことから、関西方言の行為指示においては、聞き手との関係・距離や行為指示の内容（利益のありか、行為指示がいつ実行されるか、されるべきかについての認識）などに応じた言語的手段を豊富に持ち、配慮を言語化しようとするのが特徴であると見ておきたい（小林・澤村 2014）。直接的形式として、短く、明確に行為指示の意図が伝わる形式も用意されているのであり、尾上（1999）の述べる"対人的対応、状況対応の細やかさと<u>速さ</u>（尾上 1999：181）"のうちの"速さ"もやはり重要な要素である。"速さ"があるからこそ、"説明・打診"の指向性がより効果的に機能するといえる。

4.2　音声資料と文字資料の差異

　また、記録媒体の差異についても考えておきたい。SPレコードという音声による記録と、速記ではどのような差があるだろうか。ここではそれぞれの資料で用いられている敬語形式に着目する。敬語形式を表7に示した。

表7　行為指示表現として使用されている尊敬語

上方・大阪				江戸・東京			
SPレコード		速記		SPレコード		速記	
くださる	1	くださる	22	くださる	22	くださる	19
				くださんす	1		
あそばす	5	あそばす	8			あそばす	2
さい	1						
		（さ）んす	6				
な	1			な	3	な	3
				ない	24	ない	3
なさる	12	なさる	37	なさる	46	なさる	42
なはる	51	なはる	31				
						ねえ	1
やっしゃる	1	やしゃる	1				
やる	1			やる	3		
られる	1						

肯定行為指示の直接的形式に使われている敬語形式。
1つの表現に複数の形式が用いられていることがあるため、
用例数は他の表と一致しないところがある。

　全体的に見ると、使用した敬語のバリエーションが両地域で速記資料のほうが少ない。このことは、録音のほうが比較的自由に敬語形式を選択できるのに対し、速記のほうが比較的規範的・統一的な敬語選択をしているということの表れと見ることも可能である[*6]。この点は、矢島（2013：413）が"［音声資料と文字資料の差異について］その隔たりは、概括して言えば、音声資料に比べて文字資料では古態を反映する指向、および規範を意識する傾向が強い"と述べるのと共通していると考えられる。
　また、ここでは、上方・大阪における「なさる」と「なはる」の差、および「くださる」にも注目したい。上方・大阪において、SPレコードでは、「なはる」は「なさる」の4倍以上の用例数があるが、速記では「なさる」と「なはる」の用例数はほぼ同じである。命令形に限らない「なさる」と「なはる」の比較は、金澤（2016）でなされており、速記で「なさる」が出やすいことが指摘さ

れているが、本稿の行為指示表現の調査でも同様の傾向だといえる。

　また、「くださる」について、上方・大阪では、速記で「くださる」の用例が多い。江戸・東京では「くださる」の用例数の差はあまり見られないが、行為指示の内容には差がある。江戸・東京のSPレコードの「ください」は21例中14例が「ごめんください」の例であり、バリエーションとしては多くない。一方で、速記資料の「くださる」には「ごめんください」が1例あるものの、あいさつのまとまった用例は見られない。

(20)「おい、コラ、コラ、コラ。コラ、コラ、なぜ音声を発するかい」「(ヒック)ご免下さい、食べ酔っておりますもんでェ…、いかい…」
（SP、三遊亭小遊三、ヅッコケ［1903］）

　「くださる」自体は上方・大阪でも近世期から用いられていたものであり、当時の関西方言に全くなかったとは考えにくい。「くださる」は近代において標準的な形式として認識されており、規範意識の働く速記では選ばれたものの、口頭語・日常語的なSPレコードでは選ばれなかったと考えられる。

5. まとめ

　本稿では、落語の行為指示表現について、東西差に着目して調査した。両方言の全体的な傾向として、上方・大阪は直接的形式の数を増やす（連用形命令・否定疑問形・依頼を本務とする命令形式の形成［3.2節］、禁止表現における「連用形＋禁止な」形式の形成［3.4節］など）が、江戸・東京は、ナ形命令以外の直接的形式を増やさない（依頼で用いる命令形式を使用せず［3.2節］、禁止表現において間接的表現を増やす［3.4節］など）という点を述べた。

　その要因として、上方・大阪方言には尾上（1999：181）の述べる“対人的対応、状況対応の細やかさと速さ”という指向性があり、対人配慮を果たしながらも短く、明確に行為指示の意図が伝わる形式を豊富に持っている体系となっている［4.1節］。一方で、江戸・東京方言は直接的形式をあまり増やさず、上方・大阪方言と比較して、少ない形式で意図を伝えようとしているといえる。

　本稿では行為指示表現の体系の面に重点を置いたため、それぞれの形式の機

能には詳しく触れられていない。この点については、引き続き考えていきたい。

注

1) テ形命令は、現代の行為指示において勧め・命令にわたって広い機能で用いられるが、依頼では他の命令形式を用いることができないという点で、テ形命令は依頼を本務とすると考える。現代における大阪方言の命令形式の運用については、牧野（2008）で詳細な調査がなされている。
2) ここでは、「ご覧」や「おいで」等、「お」や「ご」を語彙的資源としている特定形の形も「お」を用いているものとして数に含めた。
3) ③柳家小さんは、文末（断定）表現で「でやす」を用いることがある。この表現は、上方・大阪ではよく用いられるものの、江戸・東京ではあまり用いられず、表現選択に上方の影響があるのではないかと推測される。
　　[ⅰ]ありゃどういう訳でやすな　　　　　　（SP、③柳家小さん、千早振る［1909］）
4) 『上方はなし』で範囲を広げ、28作品を調査したが、「たらあかん」の形で禁止表現と解釈できるものが5例見られた。全く用いられないものはないものの、使用頻度は少ないといえる。
　　[ⅱ]「お前居眠って若旦那逃がしたらあかんで、」（上方はなし、土橋万歳［1936-1940］）
5) 表6では、「よ」「で」等の終助詞・文末表現は捨象している。
6) ただし、この点については、SPレコードのほうが、1話が短いために噺家の数も話の数も多く、その点でバリエーションが増えてしまっている可能性も否定できない。

資料

くだまき綱目・廓中奇譚　洒落本大成編集委員会編（1978-1988）『洒落本大成』中央公論社

上方・大阪落語　「猿後家」「人形買」「たちぎれ線香」「子は鎹」「市助酒」「自動車の蒲団」「吉野狐」「天王寺詣り」「借家怪談」「貝野村」（五代目笑福亭松鶴編（1971-1972）『上方はなし』三一書房）

江戸・東京落語　④橘家円喬「鼻無し」「狸」、③柳家小さん「無筆」「粗忽長屋」、②禽語楼小さん「親の無筆」（以上1895年演述、『口演速記明治大正落語集成』3、講談社）、②三遊亭金馬「自動車の布団」、②古今亭今輔「雷飛行」、②柳家つばめ「ちりとてちん」、③柳家小さん「猿丸大夫」「唐茄子屋」（以上1921-1924年演述、『口演速記明治大正落語集成』7、講談社）

大阪小説資料　岩野泡鳴『ぽんち』[1913]、上司小剣『鱧の皮』[1914]『天満宮』[1914]、宇野浩二『長い恋仲』[1920]、里見弴『父親』[1920]（以上『現代日本文学大系』筑摩書房）、川端康成『十六歳の日記』[1925]（『川端康成全集』2、新潮社）、水上瀧太郎『大阪の宿』[1925-1926]、武田麟太郎『釜ケ崎』[1933]（以上『現代日本文学大系』筑摩書房）、織田作之助『わが町』[1943]（『定本織田作之助全集』3、文泉堂書店）。作品の選定にあたっては木村（1981）、藤本（1981）を参照した。

吾輩は猫である　新潮社（1997）『CD-ROM版 明治の文豪』

友情　新潮社（1995）『CD-ROM版 新潮文庫の100冊』

方言文法全国地図　国立国語研究所（2002）『方言文法全国地図 第5集』。作図にあたっては国立国語研究所による方言文法全国地図データおよびプログラムを利用した。

参考文献

井上優（1993）「発話における「タイミング考慮」と「矛盾考慮」―命令文・依頼文を例に―」『研究報告集』14、pp.333-360、国立国語研究所

尾上圭介（1999）『大阪ことば学』創元社（2014年4刷、岩波現代文庫）

加藤正信（1973）「全国方言の敬語概観」林四郎・南不二男編『敬語講座6 現代の敬語』pp.25-83、明治書院

金澤裕之（1991）「明治期大阪語資料としての落語速記本とSPレコード―指定表現を中心に―」『国語学』167、pp.15-28、国語学会

金澤裕之（2016）「現代に繋がる近代初期の口語的資料における言語実態―速記本とSPレコードによる東西の落語を対象として―」『国立国語研究所論集』10、pp.55-84、国立国語研究所

木村東吉（1981）「近代文学に現れた全国方言　近畿（一）」藤原与一先生古稀御健寿祝賀論集刊行委員会編『藤原与一先生古稀記念論集Ⅱ―方言研究の射程―』pp.406-419、三省堂

工藤真由美（1979）「依頼表現の発達」『国語と国文学』56-1、pp.46-63、東京大学国語国文学会

小林隆・澤村美幸（2014）『ものの言いかた西東』岩波新書新赤版1496

高澤信子（2015）「近現代における「指示・命令表現」について―江戸期から平成期へ―」『立教大学日本学研究所年報』13、pp.90-97、立教大学日本学研究所

陳慧玲（2004a）「明治前期東京語の直接命令表現の考察―位相との関連を視点として―」『文学研究論集 文学・史学・地理学』22、pp.1-20、明治大学大学院

陳慧玲（2004b）「明治期東京語における士族・知識層男性の命令表現の考察」『文化継承学論集』1、pp.27-43、明治大学大学院文学研究科

中田幸子（2014）「江戸語から現代語に見られる禁止表現形式の変遷について」小林賢次・小林千草編『日本語史の新視点と現代日本語』pp.583-565、勉誠出版

藤本千鶴子（1981）「近代文学に現れた全国方言　近畿（二）」藤原与一先生古稀御健寿祝賀論集刊行委員会編『藤原与一先生古稀記念論集Ⅱ―方言研究の射程―』pp.419-431、三省堂

牧野由紀子（2008）「大阪方言における命令形の使用範囲―セエ・シ・シテをめぐって―」『阪大社会言語学研究ノート』8、pp.55-74、大阪大学大学院文学研究科社会言語学研究室

森勇太（2014）「行為指示表現としての否定疑問形の歴史―上方・関西と江戸・東京の対照から―」『日本語文法史研究』2、pp.153-172、ひつじ書房

森勇太（2015）「条件表現を由来とする勧め表現の歴史―江戸・東京と上方・関西の対照から―」『近代語研究』18、pp.45-64、武蔵野書院

矢島正浩（2013）『上方・大阪語における条件表現の史的展開』笠間書院

矢島正浩（2016a）「連用形＋ンカの用法が示す近世後期上方語の表現指向」『国語国文学報』74、pp.34-15、愛知教育大学国語国文学研究室

矢島正浩（2016b）「否定疑問文の検討を通じて考える近世語文法史研究」大木一夫・多門靖容編『日本語史叙述の方法』pp.187-214、ひつじ書房

山田里奈（2014）「明治期における〈てくれ〉の尊敬表現―「～てください」、「お（ご）～ください」、「～ておくんなさい」―」『早稲田大学大学院教育学研究科紀要　別冊』22-2、pp.161-174、早稲田大学大学院教育学研究科

6

近代落語資料における順接条件系の接続詞的用法について

矢島正浩

要旨

　落語と方言談話・小説を資料として、ソレナラ・ソレデハ・ソウシタラ・ソウスルトによる接続詞的用法の使用状況から、各資料に描かれる東京語と大阪語の相違を観察した。落語は方言談話・小説会話文とよく似た使用状況を示し、東京落語をはじめとする東京語資料にはソレデハ、ソウスルトの多用傾向が見え、大阪落語をはじめとする大阪語資料にはソレナラ、ソウシタラの多用傾向が見える。それは文化文政期以降の近世から続く流れの中で捉えられるものであり、両地域の表現指向の相違から説明されるものである。この検討から、落語などにうかがえる地域に密着した言語を観察し、日本語史を捉えていくことの重要性が明らかになる。

キーワード：落語資料・接続詞的用法・表現指向・［一方向性／主張・提示型］・［共有指向性／説明・打診型］

1. はじめに
1.1　目的

　本稿の課題は、接続詞的用法を表現するに際して、東京落語と大阪落語はどのような形式をそれぞれ選好し、それはなぜかということを検討することである。ここで言う接続詞的用法とは、次のように文頭で指示詞（省略される場合あり）と順接の接続辞を用いた条件節によって、接続詞的な表現を行うもののことを指す。

（1）（明日、雨が降る可能性があるのを聞いて）
　　　｜それなら／じゃあ／そしたら／すると｜、明日、山に行くのは無理かな。

　どのような形式をどういった頻度で用いるのかということにおいて、接続詞的用法は日本の各地域で等しい分布を示すわけではない[*1]。東京方言・大阪方言でも大きく様子が異なる。落語資料をはじめとする話し言葉資料を用いて具体的にその状況を確認し、そこに見る相違は何に基づいて起こるのかを検討する。それによって併せて落語の言語資料としての価値を見定めながら、近代日本語文法史の捉え方に対して一視点を提供することを試みてみようと思う。

1.2　接続詞的用法の範囲

　本稿では用法に重複領域のある次の4形式の接続詞的用法を取り上げる[*2]。本文で具体的に述べるように、これらの4形式は文脈によっては相互に入れ替えができ、各形式の使用に影響を及ぼしあっている可能性があるものである。
　〇ソレナラ／ソレデハ／ソウシタラ／ソウスルト[*3]
　なお、それぞれの接続詞的用法の使用多寡の意味合いを正確に把握するため、それらの構成要素となる接続辞についても並行して観察する。

　　接続辞を含む表現 ｛ 接続詞的用法：上記4形式
　　　　　　　　　　　 接続助詞：接続詞的用法以外で用いられる接続辞

　　　　　※「接続辞・接続助詞」は本稿に限っての便宜的な区別であり、積極的な弁別意図があるわけではない。

　先の例（1）は比較的に各構成要素本来の用法が維持されており、承前の内容を条件として成り立つ推論を後続させるものと言える。その一方で「それでは、始めます」などのように、指示詞も照応関係を失い、談話全体において後続表現がどういう意味合いを持つかを予め伝える談話標識としての方法もある。このように上記4形式を取るもののうちには、接続詞としての1語化の度合いという点においては様々なものあると見るべきである。が、まずはそれらを一括して接続詞的用法と捉え、分析に際して、適宜、それらの点についても注目する手順とする。

1.3 資料

　落語資料については、本書の第Ⅰ部［解説］に記載する大阪落語51話、東京落語76話を用いる。さらに、近代成立の方言談話資料・小説も並行して調査を行う[*4]ことにより、話し言葉の歴史に関与する部分を見定めていく。方言談話資料については以下の全範囲を対象として調査した。小説についてはサンプリング調査とする（両地域でそれぞれ800例ずつ）[*5]。それぞれの資料性を正確に問うには、質量ともに十分とは言えないが、本稿の課題に対する一定の示唆は得ることができるのではないかと考える。

○方言談話資料
・大阪：日本放送協会編（1981）『全国方言資料第四巻近畿編』「大阪府大阪市」（昭和28年録音）／国立国語研究所編（2002）『日本のふるさとことば集成』（国書刊行会）第13巻「大阪府大阪市」（昭和52年録音）
・東京：日本放送協会編（1967）『全国方言資料第二巻関東・甲信越編』（日本放送出版協会）「東京都」（昭和27録音）／国立国語研究所編（2002）『日本のふるさとことば集成』（国書刊行会）第6巻「東京都」（昭和55録音）

○小説
・大阪：上司小剣『鱧の皮』1914（大正3）年、『天満宮』1914（大正3）年（以上、『現代日本文学大系21』筑摩書房）／織田作之助『夫婦善哉』1940（昭和15）年（『夫婦善哉』岩波文庫）
・東京：夏目漱石『行人』1914（大正3）年（『現代日本文学大系18』筑摩書房）／永井荷風『腕くらべ』1917（大正6）年（『現代日本文学大系23』筑摩書房）

2. 矢島（2013・2016b）より
2.1 近世から続く接続詞的用法の使用状況

　近代の接続詞的用法の検討に先立って、近世からの連なりを確認するために、これまで矢島（2013）で検討したところを簡単に確認しておきたい[*6]。近世以降の上方・大阪語における順接条件形式を含んだ接続詞的用法の観察から得た知見のうち、本稿の検討に必要な内容に絞って要点を引くと次のとおりである。

　（2）近世以降の上方・大阪語の接続詞的用法

ソレナラ：近世では順接条件系の接続詞的用法の中心的形式であり、近代以降やや減少するが、ほぼ最大の勢力を保持し続ける。
ソウシタラ：近世後期の寛政期に初出、近代以降発達、定着する。本形式の発達は、条件表現史における、事実的条件文を構成するタラ拡大の動きと連動するものである。
ソレデハ：近代に使用が見られ、以降、一定の割合で使用される。「敬体」の文体での使用に特徴が見える。

さらに矢島（2013）では近世後期以降の江戸・東京語についても観察を行い、次のようなことを述べた。

（3）近世後期江戸語も寛政期までは上方と同様ソレナラを使用していたが、化政期以降、順次ソレデハが勢力を強め、近代以降は用法の拡大とともにソレナラを圧倒する。

つまり、近世の化政期以降から江戸語にソレデハ、上方語にソレナラ・ソウシタラの対立が生じてきたということである。江戸語では当初、上方系のソレナラを用いていながら化政期以降はソレデハが取って代わるわけであり、なぜそのようなことが起こるのか、その事情とともに注目すべき状況が展開していると言える。

2.2 表現の指向性

前節の（3）がどういう状況の中で起こるのかということに関わって、矢島（2016b）では否定疑問文等による行為指示表現の東西差を取り上げ、検討した。そこでは、江戸語の成り立ちについて明らかにされているところ（以下の4a）を踏まえながら、それぞれの地域言語に密着した表現指向の相違という観点から捉えることができるのではないかという試案を述べた（4b）。

（4）a. 寛政期ころまでの江戸の言語文化は、上方語などの影響を大きく受けながら形成されていたが、中央語としての立ち位置が明瞭になる

　　　　化政期以降、「下層民の言葉」が江戸語の性格を特色づけるものとして顕在化する。
　　b.　上方で多用される表現には［共有指向性／説明・打診型］、化政期以降の江戸で多用される表現には［一方向性／主張・提示型］の特徴が認められる。
※［共有指向性／説明・打診型］：
　事柄に対する話者の捉え方について、聞き手に共有されようかという姿勢で（＝共有指向性）、状況に依存した説明をしたり、直接性を避ける（ことを装う）態度。「発話の場は聞き手とともにある」述べ方。
※［一方向性／主張・提示型］：
　事柄に対して話者が認定済みである姿勢で（＝一方向性）、それに対する話者の見解を相手に提示する主張態度。「自分の認識・意向をわからせようとする」述べ方。
　（※の2項部分は、矢島2016bに基づいて改めてまとめたものである）

　両言語に、それぞれの談話への臨み方という点において違いがあることに注目した議論である。接続詞的用法の使用形式や頻度の違いにも、その談話の形づくり方の相違ということが現れていると考えたものである。
　本稿が観察する近代語資料でも、上に見る歴史の流れを反映した様相がそのまま見出される。以下、落語資料を中心に見出される接続詞的用法の使用状況の東西差を明らかにしながら、そのあたりの状況を見ていく。

3. 調査資料における使用状況
3.1　概況
　調査対象資料中の接続詞的用法及び接続助詞の使用状況を表1に示す。表1では接続詞的用法の内実は問うておらず、一括した概況がわかるのみであるが、ここからおおむね東京語資料におけるソレデハの多用、大阪語資料におけるソレナラ・ソウシタラの多用を見て取れる。前節に示した近世から続く接続詞的用法の歴史の中で、これらの資料の使用状況も捉えられることが見通せよう。

表1　資料別接続詞的用法の使用傾向

位相	資料	接続辞	接続詞的用法 東京	接続詞的用法 大阪	接続助詞 東京	接続助詞 大阪	総計	接続詞的用法 東京	接続詞的用法 大阪	接続助詞 東京	接続助詞 大阪	(計)
会話	落語	なら	8	20	29	16	73	7%	43%	7%	5%	8%
		では	94	8	28	1	131	86%	17%	7%	0%	15%
		たら		18	78	185	281	0%	39%	19%	59%	32%
		ては			91	8	99	0%	0%	22%	3%	11%
		と	5		98	41	144	5%	0%	24%	13%	16%
		ば	2		88	55	145	2%	0%	21%	18%	16%
		(他)			1	6	7	0%	0%	0%	2%	1%
	方言談話	なら		8	1		9	0%	40%	1%	0%	4%
		では	12	3	17	2	34	43%	15%	19%	2%	15%
		たら	4	9	14	55	82	14%	45%	16%	63%	36%
		ては			6		6	0%	0%	7%	0%	3%
		と	7		34	24	65	25%	0%	38%	27%	29%
		ば			17	6	23	0%	0%	19%	7%	10%
		(他)	5			1	6	18%	0%	0%	1%	3%
	小説	なら	1	4	17	5	27	8%	100%	20%	9%	17%
		では	10		11	6	27	77%	0%	13%	11%	17%
		たら			13	16	29	0%	0%	15%	30%	18%
		ては			9	1	10	0%	0%	10%	2%	6%
		と	1		21	23	45	8%	0%	24%	43%	29%
		ば			15	3	18	0%	0%	17%	6%	11%
		(他)	1				1	8%	0%	0%	0%	1%
地	落語	なら		1	5	4	10	0%	50%	4%	3%	3%
		では	1		8	5	14	33%	0%	6%	3%	5%
		たら			8	37	45	0%	0%	6%	24%	15%
		ては			5	2	7	0%	0%	4%	1%	2%
		と	2	1	86	79	168	67%	50%	66%	50%	58%
		ば			18	25	43	0%	0%	14%	16%	15%
		(他)				5	5	0%	0%	0%	3%	2%
	小説	なら	1		10	4	15	5%	0%	6%	2%	4%
		では		3	6	12	21	0%	75%	4%	5%	5%
		たら			11	13	24	0%	0%	7%	6%	6%
		ては			6	4	10	0%	0%	4%	2%	2%
		と	17		77	138	232	89%	0%	48%	61%	56%
		ば	1		45	45	91	5%	0%	28%	20%	22%
		(他)		1	6	12	19	0%	25%	4%	5%	5%
総計			172	76	879	839	1966					

※1　接続辞を「なら」と表示するものは「ソレナラ」、「では」は「ソレデハ」…がそれぞれ対応する。
※2　「%」は、各用法別に**資料ごとにそれぞれの接続辞が占める割合**を示す。分母が小さいのであくまでも参考データとして示すものである。
※3　黒枠・破線枠・点線枠等は、比較に際して便宜を考えて施したものである。以下の表でも同様である。

3.2 接続助詞と接続詞的用法との関係

　接続助詞と接続詞的用法は、「明日雨<u>なら</u>中止だ」と「明日は雨か。<u>それなら</u>中止だ」のように、同一状況に対していずれも用い得る。つまり、形式も用法も通い合うところがある。ただし接続助詞は、従属節を主節に対してどのようにつなぎ、組み立てるのかということに関与するものである。それに対して、接続詞的用法は発話単位レベルのものをつなぐ方法である。前者が一文内に従属して論理構成を示すのに対し、後者は一文からは自立し、「談話を形づくる言語的要素」（日本語記述文法研究会2009編）としてある。その機能レベルの相違が使用形式・頻度の点でどのような違いとなって現れるのかということが、表1には表れているはずである。

　表からその両者の相違点に注目してみると、東京語資料の接続詞的用法は、会話文ではソレデハに集中し、地ではソウスルトを多用するのに対して、接続助詞は地で若干トが多い他は各形式が併存している。一方の大阪語資料では、接続詞的用法はソレナラへの集中傾向が目立つ他、一部の資料でソレデハ・ソウシタラが少なからず用いられている。それに対して接続助詞は会話文ではタラへの集中傾向が目立ち、地ではトが多いという状況である。このように、総じて接続詞的用法と接続助詞との使用傾向は大きく相違している。つまり、接続詞的用法という談話を形づくる際の接続の方法は、節を組み立てる際のそれとは異なり、また地域によっても異なるのである。以下、接続詞的用法による談話の作り方にどのような地域性が見えるのかという視点から、本稿の課題を捉えていく。

3.3 資料・文体による相違

　次に、接続詞的用法に絞りつつ、落語・方言談話・小説の3資料間の相違について見ておく。東京語資料では、落語と小説とは、会話部分でソレデハを集中的に多用し、地ではソウスルトを用いる点で似通った様子を見せる。一方の大阪語資料の会話部分では、落語と方言談話両資料がソレナラ・ソウシタラ＞ソレデハと3形式の併存傾向を示すのに対して、小説のみソレナラ以外の使用が見えない。資料の成り立ちも目的も異なる以上、このように言語使用の状況に小異が認められるのもまた当然と言えよう。

しかし、それはそれとした上で、大きくは3資料とも、よく似通った使用傾向を示すこともまた事実である。接続助詞の使用比率と比べた場合の接続詞的用法の使用状況ということで言うと、東京語資料ではソレデハの多用、ソウシタラの非多用傾向が見え、大阪語資料ではソレナラの多用、ソウスルトの非多用傾向を示す点で同一の様子を示している。根幹部分は、両言語の実態を反映するものとして、基本的には捉えてよいということであろう。そのあたりを確認した上で、以下の検討においては3資料に共通する傾向に注目し、必要に応じて資料の相違について言及する方法とする。

4. 接続詞的用法の詳細
4.1　各形式と用法領域の関係

　以下の検討に先立ち、現代語を用いて、4形式相互の用法の重複関係に注目して整理し、全体像を押さえておく。日本語記述文法研究会編（2009：66）は、ソレナラ・ソレデハ・ソウシタラ・ソウスルトなどの「仮定条件の接続表現」について「ある事態が成立すると仮定して、その結果起こりうる事態を話し手が推論して後続部に述べる」ものであるとする。（1）は先行部を受けた話し手の推論を導く方法であり、4形式の重複領域にあるものである。

　（1）（明日、雨が降る可能性があるのを聞いて）
　　　　｜それなら／じゃあ／そしたら／すると｜、明日、山に行くのは無理かな。

　その他にも、日本語記述文法研究会編（2009：68）は「先行部の出来事をきっかけに後続部の事態が起こることを表す発見の用法」があるとする。この場合は、ソレナラ・ソレデハを用いることができない。

　（5）駅に着いたら中央改札口を出て下さい。そうしたら、支社の人間が迎
　　　　えに来ていると思います。　　　（日本語記述文法研究会編2009：69の挙例より）

　ソレナラとソレデハが、指示詞＋接続辞という語構成で、先行事態を体言性の指示詞ソレで取りまとめ、それに接続辞が直接に続く方法であるのに対して、

ソウシタラ及びソウスルトは指示詞＋動詞＋接続辞であり、先行事態を副詞性の指示詞ソウで取りまとめ、事柄の生起が対応している。すなわち「ソレナラとソレデハ」は先行事態を状態性で捉えるのに対し、「ソウシタラとソウスルト」は動作性で捉えることに特徴があるため、こういった相違を生じるものと考えられる。

なお、ソウスルトについては、後続表現の範囲に制約があることもよく知られている。すなわち、主文の末尾に、意志・命令や勧誘等の対人性のあるモダリティを取ることができない（浜田1991など）。

（6）（明日は悪天候との予報を聞いた上で）｛それなら／それでは／そうしたら／＊そうすると｝、傘を忘れないで持ってきてください。

こうしたことから、接続詞的用法を捉えるにあたっては、以下の図1に示すようにソウスルトのみを除いた3形式による重複領域を設定する必要がある。一方ソウシタラは、動的事態に限らず状態性の事柄の表現も自由に受ける上に、後続表現に特段の制約もない形式として用いられる（例6）。つまり、ソレナラとソレデハの重複領域はそのままソウシタラも表現可能とみなし得る。そこで、図1には3形式による用法の境界を取り払い、1領域となる捉え方を示している（なお図中では、以下の本文で引く用例の番号も併せて示している）。

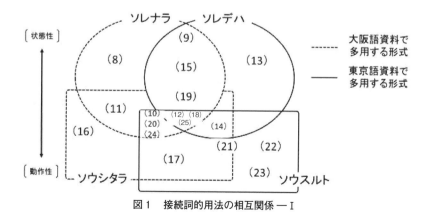

図1　接続詞的用法の相互関係 — I

なお、図に表していない用法として、文と文を接続する用法ではなく、談話レベルにおいて文脈の流れや発話展開の意味付けを行う働きをする談話標識化がうかがえる用法がある。

　（7）では、次のニュースです。　　　　　　　　　（浜田1991の挙例より）

　（7）は「転換を表す接続詞」と呼ばれることもある用法である。仮に指示詞を省略せず、「それでは」としたとしても、その指示詞と照応する特定の先行部があるわけではなく、談話を展開する機能のみが感じられる。ただし、浜田（1991）は（7）の「では」も、情報を受ける必要のない「ところで」に置き換わらないことなどを踏まえて、「必ず何らかの情報を受けている」意味合いを保持することも指摘する。本質部分は維持したまま、運用上で顕在化する特徴と言える。そうであるために、談話標識としての特徴は、実際に例の1つ1つにつくと、顕著に見出せるものとそうでないものと、その境界を見定めにくいものが含まれる。このことから、談話標識化の顕著な例についてはそれを指摘するに止め、あえてカテゴリーとして取り出すことはしない。

4.2　使用例に基づく用法の確認

　以下、各形式別にその用法上の特徴を他形式との互換可能性を一つの尺度として見ていく。各例ごと「→」以下に、他の形式の用法と重複の可能性が有るか否かについて、接続辞別に〇・＊・？・＃[*7]で記している。重複の可能性は現代標準語に照らして判断するものであるが、実際に当言語において交換可能であったかどうかを問う意図はなく、あくまでも用法の実体を見定め、また拡張の様子を測るために便宜的に設ける、統一的な補助線としての措置である。

□ソレナラの用法
　（8）「千早振る神世…」「ええ、それなら知ってるんでやすがね」
　　　　　　　　　　　　　　（東京落語・柳家小さん・千早振る）→ナラ固有

　ソレナラの本来的な機能は、（8）のごとく先行の事態が成り立つ条件下（「今

話題となっているのが「千早振る〜」の歌である」）に限って後続の事態が成立する（「知っている」）ことを述べることにある。先行事態の成立を決めつけず仮定的に提示して、承前の内容が成り立つ場合に限って後件成立が容認されるというソレナラ固有の用法（＝状況依存的・容認）は、ナラの本質[*8]に由来するものとみるべきであろう。

　その状況依存的成立という意味合いには幅があり、文脈次第で容易にその濃淡は変わり得て、他の形式で表現が可能な領域にも用いられる（例9〜12）。

（9）「貸してえな。濡れるの嫌や」「なら、俵（を）着て去んだらどやねん」
　　　　　　　（大阪落語・林家染丸・日和違い）→○タラ・デハ、＊ト
（10）前差しを思い入れ向こうへ突き出す、ほな俥屋のしゃっぽん立ちがせえだいになってくるから。
　　　　　　　（大阪落語・桂文雀・滑稽女子大学）→○タラ、＊デハ、○ト
（11）そないな、じゃらじゃらした（こと…）。ほな、丁寧に言うてもらわなんだらよかったんやがな、へえ。
　　　　　　　（大阪落語・林家染丸・日和違い）→○タラ、＊デハ・ト
（12）ようこける相撲とりやなあ。ほんなら勝ったり負けたりやおまへんでえ。あんたそれでは、負けたり負けたりや。
　　　　　　　（大阪落語・桂米團治・大安売り）→○タラ・デハ・ト

　（9）は話者が個人的に思う提案を後続表現に取る。（10）は不可避的に生起すると見込む事態を続け、（11）は「相手が丁寧に言ったせいで誤解が生まれた」という承前の事態を避けるためには、後件の内容の成立が必要であることを言うものである。後続表現で（9）のように他者に働きかけたり、（11）のように反事実的事態を続けるなど、個人的な認識を述べる表現領域はソウスルトとの重複がない。（10）（11）は、前件が成り立つ限りにおいて後件が起こることを話者が当然視する意味合いが強く、ソレデハとの重複が認めがたい。（12）は承前の内容に対して当然起こるはずの認識が続き、いずれの形式とも互換性を見出せよう。このようにして、同じくソレナラでつなぐ接続詞的用法例であっても、用法上の特徴を細分化して捉えることができる。

なお（8）の固有用法に顕著であるが、（9）～（12）も、ソレナラを用いた表現は、指示詞が照応する承前事態を理解し、ひとまず受け入れた上で、その状況下で限定的に成立する事態や認識を後に続ける言い方であり、その仕組みを根源に持つ点で共通している。このように相手も承知する事態を決めつけずに提示することで共有し、その条件下で自身の見解が成り立つことを説明する方法に対して［共有指向性／説明・打診型］の特徴が見出せるのではないかと考える。

□ソレデハの用法

　ソレナラとは対照的に、ソレデハではソレで指示する事態の成立は既定的なものとしてあり、副助詞「は」によって排他的に取り立てられる。その条件に対して、話者の受け入れがたい、非容認の姿勢が後続の事態・認識に表れるところに固有の特徴（＝既定的・非容認）が認められる。

（13）そりゃあもう<u>空前</u>の機械だったら、上の臼へ米を入れることを、まだ考えつかねえったが、<u>そいじゃあ</u>いけねえぜ。
　　　　　　　　　　　　　（東京落語・三遊亭圓右・焙じ茶）→デハ固有

　承前の内容が静的な事態（例13）ではなく、動的な事態（例14）として捉えられる場合にはソウシタラ・ソウスルトとの互換の可能性が広がってくる。

（14）おいおい、ガラスの棒が降るやつがあるかい。第一、<u>それじゃあ</u>傘がさせない。　　　（東京落語・柳家小さん・嘘つき）→＊ナラ、＃タラ・ト

　ただし（13）（14）に見るような非容認の表現性は副次的なものである。先の（12）にもソレデハを用いていたが、その例でもわかるように非容認の文意とは無関係に用いられることも少なくない。本来的にソレデハは、「は」によって話者自身の主張の根拠となる情報を提示することに特徴がある。先行事情に対してすでに自己の認識は定まっており、相手への示し方が一方向性となることにその特徴を見出すべきである。そして、この表現方法を好む指向性を［一

方向性／主張・提示型〕と捉えるものである。
　なおソレデハには先行事態を既定的に位置づける傾向があることによって、ソレが照応性を失って脱落しやすい状況が生まれ（後掲表2参照）、また、談話の進行において流れや発話開始の意味付けを行うのみの談話標識への変化がうかがえる例も増える。

(15)「一幕か二幕見りゃァいいんだ」「じゃァそろそろねェ」「サァ」「じゃァ出掛けやしょう」（東京落語・三遊亭圓右・鍋草履）→○ナラ・タラ、＊ト

□ソウシタラの用法
　ソレナラ・ソレデハが承前のできごとを静的事態（状態）として捉えるのに対して、ソウシタラ固有領域では動的事態として捉えるところに特徴が現れる。

(16) エー、ことによっと包みが届くかもしれないから、ま、そしたらばソノ預っておいてください。　　（東京談話・全国方言287）→タラ固有
(17) あれをわいがなア、ブラリシャラリ言うたってん。そいたあいつがあれを、シャラリブラリと、こう言いよんねん。
　　　　　　　（大阪落語・桂文團治・四百ブラリ）→＊ナラ・デハ、○ト

　いずれも、副詞ソウ＋動詞スル＋接続辞タラの命題的意味がそのまま色濃く残る固有の用法である。話者自身の意向を表したり、聞き手に行為要求をしたりなどモダリティ表現が後続する場合にはソウスルトとの互換性は認められず（例16）、動的事態を続ける場合には互換性が認められる（例17）。
　一方 (18)〜(20) は、前文までで表される内容全体を下敷きにしながら、後続表現に、動的事態の連続という意味合いが薄れた、話者の認識を表す表現を続けるものである。

(18)「和州吉野で銅（かね）の鳥居、芸州安芸の宮島・朱丹の鳥居、大阪（おおざか）天王寺石の鳥居、これを三鳥居ちゅうのじゃ」「ホーオー、ほた、みな同類でやすねェな」「盗っ人みたいに言いなはんな」

(大阪落語・笑福亭松鶴・天王寺名所) →○ナラ・ト・デハ

(19) あんたも坊主やったら、わたいも坊主やおまへんかいな。<u>ほた</u>、こと、丸う済むように…。

(大阪落語・桂米團治・ぬの字鼠) →○ナラ・デハ、＊ト

(20) じきにまあ聞きますわな、Bさんとこへマアあのー何いってもね、<u>ほたら</u>向かいへ行きまっしゃろ。「Bさん、なんぼでんねん。…

(大阪談話・ふるさと148D) →○ナラ、＊デハ、○ト

これらのソウシタラにおいては、タラのもつ継起性（矢島2013：44）を基盤にしつつ、時間的前後関係の意味が後退した「並列」の意味だけが前面に出ている。このように説明を並列し、累加していく方法を多用する傾向[*9]も［共有指向性／説明・打診型］の特徴の１つとして位置づけ得るものと考える。ソウ＋スル＋タラの語源的意味合いが稀薄化するとともに、接続詞としての１語化の度合いはかなり進んだ段階にあると言える。

□ソウスルトの用法

ソウスルトの固有用法としての特徴は、承前の内容と後述の事態が一体となって自動的に生起する関係にあることを表すことにある。

(21) 無闇に成田屋と褒めるんだ、構わねえから。<u>すると</u>これが大喜びでもってね、いくらか小遣えをくれるてんで。

(東京落語・柳家小さん・成田屋息子) →＊ナラ、？タラ、＊デハ

「無闇に「成田屋」と言って煽ててほめてやると大喜びで必ず小遣いをくれる」という文意である。前件と後件の<u>生起</u>が「一体的」であるという文意が強いほど、ソウシタラへの互換可能性が下がる。

(22) で、できっだったら隣町のお稲荷さん、行きてんだけど、どうもそかー、縄張りがちがーんだよね。|えー、ちがうから行かれないの| <u>ほっと</u>、お稲荷さん　持ってるお大尽がね隣町の方が裕福だとうらやましくっ

てしょうがねえんだよ。　　　　　　（東京談話・ふるさと103A）→ト固有

(22)のソウスルトの前文と後続表現は、承前の内容が理由となって後続表現が不可避的に自然と生起してしまう、いわば一体的出来事として存在する内容である。ソレナラ・ソレデハへはもちろん、ソウシタラへの置き換えも難しい、ソウスルト固有の用法と見る[*10]。

　もう一点、文体的にソウスルト固有用法とみるべきものとして、次のような小説の地の文の例がある。

(23)　…と自分は彼に云つて遣りたかつた。<u>すると</u>岡田が「それに二人切ぢや淋しくつてね」と又つけ加へた。
　　　　　　　　　　　　（東京小説・行人4）→地の文、＊ナラ・タラ・デハ

以上に見るような一体性、文体的制約もない箇所で、承前の事態に順当に起こる認識を続ける例などは、他の形式との重複領域にあると見るべきであろう。

(24)　まずまァ似ているとしてお聞き、いいかい。<u>すると</u>必ずやご婦人が私に惚れる。たしかに惚れる。
　　　　　　　　　　（東京落語・三遊亭小圓遊・素人車）→○ナラ・タラ、＊デハ

(25)　（今はけじめがなくなった）<u>そうすっと</u>、そえでねえ、あの落語を聞いてねえ、笑ってんの、「何のために笑ってんの」って。「ホントにお前さんわかってんのかい」って聞きたいよ。
　　　　　　　　　　　　（東京談話・ふるさと65A）→○ナラ・タラ・デハ

(24)(25)ともに話者の認識を後続表現に続ける例であるが、(24)はソレデハとのみ重複せず、(25)は他の3形式と重複を見せる領域での使用例である。

　上で見るごとく、ソウスルトには、文法的・文体的な面で、他の形式にない特徴があった。一体性をもってつなぐ構造を作ることが基本にあることによって、後続表現に自立性の高いモダリティ表現を取らず、同時にそういった個人的把握とは無縁の地の部分での使用に馴染むという特徴も生じていたと考える。

このように機能面で明確な特徴を持つ形式を用いようとする指向を、話者の表現姿勢や表現内容に見る［共有指向性／説明・打診型］、［一方向性／主張・提示型］といった指向性とは区別し、「機能分担指向」として押さえておきたい*11。

5. 接続詞的用法の使用状況
5.1 調査結果
　前節の区分に基づいて、資料別の使用状況を示してみる。次の方法で用例を弁別し、用例数を数えて表2に示す。
○表の示し方
・接続詞的用法の形式を、指示詞、接続辞で区別する。
・接続詞的用法を、他形式と重複の見えない「本来的用法」と、重複の見える「接続詞化Ⅰ～Ⅴ*12」と二分する。図2では、網掛け以外の部分がそれぞれの本来的用法に当たり、網掛け部分が接続詞化Ⅰ～Ⅴとなる。接続詞化Ⅰ～Ⅴの各形式相互の重複関係は次のとおりである。
　　接続詞化Ⅰ：ソレナラ・ソレデハ・ソウシタラ・ソウスルト重複
　　接続詞化Ⅱ：ソレナラ・ソレデハ・ソウシタラ重複
　　接続詞化Ⅲ：ソウシタラ・ソウスルト重複
　　接続詞化Ⅳ：ソレナラの接続詞化Ⅲ用法
　　接続詞化Ⅴ：ソレデハ・ソウシタラ・ソウスルトの非因果的用法

5.2 各用法の特徴と地域差
　表2から読み取れることを、以下順に確認していく。
❶本来的用法：例8, 13, 16, 22, 23
　この用法は、東京語資料で明確な多用傾向が見える。指示詞を省略しない特徴も併せ持つ。各構成要素の和がもたらす固有の意味を保持するために、指示詞は先行事態との照応関係を明瞭に示す必要性から、またナラ・デハなどの接尾辞もそれぞれの語源に即した機能を明示する必要性から、それぞれ本来的な形式を保持するのだと考えられる。

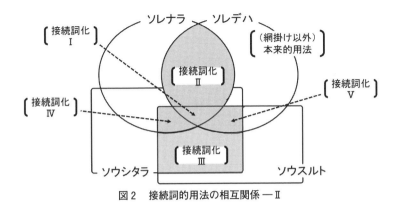

図2 接続詞的用法の相互関係—Ⅱ

表2 順接条件・接続詞的用法の用法別使用状況

資料	指示詞	接続辞	本来的用法		接続詞化Ⅰ ナラ・デハ・タラ・ト		接続詞化Ⅱ ナラ・デハ・タラ		接続詞化Ⅲ タラ・ト		接続詞化Ⅳ ナラ	接続詞化Ⅴ デハ・ト	(計)
			東京	大阪	東京	大阪	東京	大阪	東京	大阪	大阪	東京	
落語	φ	なら						4					4
		では			14		37						51
		たら								1			1
		と			2			1	⑤	1			8
	それ	なら	2	1	2	5	3	9			2		24
		では	10	1	8	1	22	6					48
		たら				1							2
	そう	たら				⑦		1		⑦			15
方言談話	φ	では			2		1	1				3	7
		たら								1			1
	それ	なら				1		7					8
		では					6	2					8
	そう	たら	2			④				⑤		1	12
		と	1		1				2			③	7
小説	φ	では			2		2						4
		と	⑰						1				18
	それ	なら	1				1	4					6
		では			3		3						6
総計			33	3	34	15	75	38	9	14	2	7	230

※1 検討対象とする形式以外(指示詞「これ・そんな」等・接続辞「ば・だって」類)を除いて示す。表1とはそのため数値が異なっている。
※2 指示詞・接続辞ともに辞書形で示す。また会話と地を区別せずまとめて示している。
※3 便宜的に、3例以上ある枠には、それぞれの形式ごとにマークを付している。

❷接続詞化Ⅰ：例12, 18, 25【承前事態×自動的に起こる認識】
　接続詞化Ⅱ：例9, 15, 19【承前事態×個人的に起こる認識】

　接続詞化Ⅰは4形式とも相互に互換が可能な重複領域であり、接続詞化Ⅱはソウスルトのみ互換性のない3形式に共通の領域である。両用法とも自動的または個人的に起こる認識を続ける合図、すなわち談話標識としての役割が認められる。この用法を、東京語資料では既定的・非容認を特徴とするソレデハ、大阪語資料では逆に状況依存的・容認を特徴とするソレナラ、並列を特徴とするソウシタラをそれぞれ選好する傾向があるということである。特に、承前事態をひとまず受け入れる意味合いを含むソレナラは指示詞を残しやすく、承前事態に既定的な位置づけを与えるソレデハでは指示詞が脱落しやすいという対照的な違いが調査結果に現れており、両形式の特徴も併せてうかがうことができ、興味深い。

　ところで、接続詞化Ⅱでは、大阪語資料では少数派に属するはずのソレデハが9例と少なからず用いられている。そのうちの8例は、(26)のようなデスマスを基調とする丁寧な口調での使用である。

(26) 先生、それではまた明日(みょうにち)上がります。面白いお医者さんやこと。
　　　　　　　　　　　　　　　　　　　　　　　　（大阪落語・桂文枝・たん医者）

　ソレナラは大阪語資料で24例用いられるが、そのうちデスマス調では7例あり、使用比率は低い。対するソレデハは、このような改まった会話で集中して用いられることから、ソレデハを用いることに対する認識において東西で異なった感覚があったものと推測される (2.1節（2）に引くとおり、矢島2013で、別の近代語資料を対象とした調査でも同様のことを指摘した)。

　なお、接続詞化Ⅱのうち表2ではカウント外としたものの中に「さらば・しからば」がある。

(27) a. エー、お三味線弾きにはちょっと次に控えて、お衝立(ついたて)を願います。
　　　ヘイヘイありがとうございます。エーさらば、アー、岩藤(いわふじ)にお初の掛け合いをお聞きに入れます。　　（東京落語・三遊亭圓右・まくらや）

b. 何、十七番、病気しておる。いかんねえ。<u>しからば</u>、飛んで十八番へかけなさい。
（東京落語・柳家小せん・専売芸者）

「さらば・しからば」などの接続詞は、近代東京語の話し言葉ではすでに衰退し、文語的な用法であった。このように、書き言葉的な性質を帯びた方法を用いる傾向が見えるのが東京語資料の方だということに注意したい[13]。同様のことが、他にも条件文や疑問文でも観察できることが報告されている[14]。「さらば・しからば」も僅少例ではあるが、偶然混入したのではなく、東京語資料の特徴の一面を映す可能性があることを指摘しておきたい。

❸接続詞化Ⅲ：例17, 21【承前事態×ソウシタラ・ソウスルト×事態】
　東京語資料ではソウスルト、大阪語資料ではソウシタラが基本である。ソウスルトに固有だった一体型の特徴、ソウシタラに固有だった並列型の特徴を基調としつつ、両性質の交錯するところで用いられているものである。両言語における順接条件（仮定・確定）の接続助詞の使用傾向がそのまま現れていて（表1参照）、東京語の各形式による機能分担指向の強さ、大阪語のタラ一形式への一極集中の様子が反映するものと理解される。

❹接続詞化Ⅳ：例10【承前事態×ソレナラ×事態】
　本来ソウシタラ等でつなぐのが順当なはずの、動的な事態を並列する箇所でソレナラを用いる方法である。矢島（2013）で用いた資料では、(28)のように、さらに前後の因果関係の意味合いが薄れた、ほぼ並列と言っていい用法へと機能が拡張した例も見出すことができる。

(28) a.（「…ようもようも、俺をば馬鹿にしやがった」）<u>そんなら</u>これへ、ぶつっ突き立てるちゅうと、起請から<u>血</u>がたらたらっと流れた。
（大阪落語・笑福亭松鶴（四代目）・一枚起請）
b.「あたしな、ディズニーランド行くっつったやんな、<u>んなな</u>、あのーバイト先の奥さんがな、この夏にな、ディズニーランド行ってきてな、あたしーとな、もう一人の人にな、お土産、くっくれてんやん」

(28a)は発話の引用の後に、噺家の独白による説明が続くものである。継起的に起きた事態を並列するつなぎの箇所でソレナラを用いている。(28b)も過去に生起した事態を引用した後に、ソレナラを介して別に生起した事態を並列して説明する。いずれもソレナラの本義にはない、ソウシタラ等が担うはずの確定条件を担う表現である。本来の用法からの推意が表面化し拡張したものと言える。このソレナラに認められる拡張が大阪語資料にのみ現れている。

❺接続詞化Ⅴ：【承前事態×ソレデハ・ソウスルト×非因果的事態】

ソレデハ・ソウスルトの中にも特段、前文と条件的因果関係にない事態をつなぐためだけに、接続詞的用法を用いているものがある。

(29) a. お正月ンなって、エじゃあ三が日のごみは捨てちゃあいけないってゆうなーなんかそういうところにねえ、昔のあれがねえ、残って、で、ふだんの日は守れねえから１年の初めの日に持ってきたっていうまでには相当の年月が経ってるわけだよね。　　（東京談話・ふるさと87A）

b. ああ、それで見てる人は不特定多数でいろんな方がいる。そーっと、まあヒマに明かして見ていてね、そういうの（＝クレームをつけること。稿者注）が趣味な人もいるんだよ。　　（東京談話・ふるさと73A）

すべて東京語の談話資料での使用例であり、ソレデハとソウスルトに各３例ずつ、見出された[15]。話者は事柄の成立に対しても、前文と後続表現の結び付けに際しても特に関与の形跡が見えず、単純に事柄が並列して生起する、そのつなぎとして接続詞的用法が用いられている。ソレデハ・ソウスルトの両形式に元々備わる、前件に対して後件を順当に導くという機能が稀薄化したものといえる。

用法としては本来的な機能から最も遠ざかっており、非規範的なものと位置付けられる。使用例は方言談話資料のみで落語資料には見出せないが、落語資料には一定以上の規範意識が働く、整った文体が用いられていることが関わっていよう。

5.3 接続詞的用法の地域差が物語ること

　接続詞的用法を構成する各形式の表現特性、並びに両言語資料中で多用される各用法別使用形式の相違について、以下のことを見てきた。

(30) <u>本来的用法</u>：東京語資料に多い。指示詞・接続形とも本来形を維持。
　　　ソレデハ…「既定的・非容認」。既定的主題に対して、受け入れがたい話者の認識・事態把握を続ける。
　　　ソウスルト…「一体性」（機能に制約あり、会話・地に広く使用あり）。先行部に対して一体的に生起する認識・事態を続ける。
　　　ソレナラ…「状況依存的・容認」。先行部が成り立つ場合に限って成立する話者の認識・事態を続ける。
　　　ソウシタラ…「並列」。先行部に対して、並列的に生起する認識・事態を続ける。
　<u>接続詞化Ⅰ・Ⅱ</u>：
　　　東京語資料…ソレデハ・ソウスルトを選好。指示詞の脱落傾向が強い。
　　　大阪語資料…ソレナラ・ソウシタラを選好。指示詞の維持傾向が強い。
　<u>接続詞化Ⅲ</u>：
　　　東京語資料…ソウスルトを選好。／大阪語資料…ソウシタラを選好。
　<u>接続詞化Ⅳ・Ⅴ</u>：
　　　東京語資料…ソレデハ・ソウスルトが用法拡張。
　　　大阪語資料…ソレナラが用法拡張。

以上のことから、両言語資料にはそれぞれ次の表現指向性がうかがえる。

(31) 東京語資料：ソレデハを用いて、既定的に捉える事態への話者の認識について主張を開始するという態度（＝［一方向性／主張・提示型］）によって、または一体性を表現するソウスルトを用いて文法機能を分担するという方法（＝機能分担指向）によって談話を構成する傾向が強い。
　　　大阪語資料：ソレナラを用いて、先行事態の成立にも関与しつつそれに対する認識を述べるという態度、またはソウシタラを用いて続け

て起こる事態を並列して説明するという態度（= ［共有指向性／説明・打診型］）によって談話を構成する傾向が強い[*16]。

　なお、東京語資料に本来的用法の多用傾向が認められることに関しては、本稿では十分に論じる余裕がなかった。本来的用法とは、指示詞と接続辞が組み合わさることで自動的に生じる原初的用法である。対する重複領域の接続詞化を示す用法のように、談話を形づくる言語要素として実際の話し言葉の中で育まれるものとは対照的である。東京語資料には「しからば・さらば」のような書き言葉的要素を持った表現が、比較的に現れやすい事実もあった。このように、東京語資料については、ある種、規範的な、汎地域言語的な物言いと相性のいい局面がそこここに見出せる。このことが持つ意味については、また、稿を改めて検討したい。

6. おわりに

　以上、近代話し言葉資料を用いた接続詞的用法の検討を行ってきた。近代東京語と近代大阪語に見られた、各用法における形式上の対立（ソレデハvs.ソレナラ・ソウシタラ）は近世から続くものであり、その状況は、両地域の表現指向の違いによってもたらされたものであると考えてみた。以上の見通しが当てはまる表現範囲を見極め、また議論の確度を高めるためには、資料の質・量ともに増やした調査に基づき、さらに検討を重ねる必要がある。

　本稿の検討を通じて、改めて落語の言語資料としての価値も確認することとなった。特にその会話部分は、方言談話資料、小説の会話文と根幹部分は共通した言語使用を見せるのであり、そこには近世以来連綿と続く話し言葉の歴史の一端が映されていると理解された。特に、近現代語を対象とする文法研究は、標準語を主たる対象として行われてきたと言ってよい。落語資料は、それに対して、東京方言・大阪方言に密着した言語として豊富な検討材料を提供する点で特徴的である。本稿では、その可能性のほんの一端に触れてみたに過ぎない。今後、さまざまな面から解明を進める必要がある。

注
1）『新日本言語地図』（大西編2016）の150図「（挨拶）ではまた」において、「では」の部分に東京地方ではジャー、ソンジャーが分布し、大阪地方でホナ、ナラ、ホンナラなどが分布している。それ以外にもソシタラやセバなど、接続詞的用法が各地域で様々な形式で使用されている様子が確認される。
2）4形式以外に、ソレナラ類と重複領域を持つソレダッタラがあるが、使用が限られるため除外する（調査範囲内で2例）。他、関連形式としてソコデ・ソレデ等があるが、用法の重複が一部に限られるので対象外としている。
3）指示詞の有無によって用法に差を生じる場合もある。例えば藤田（1993）では「そうすると」と「すると」とで相互に異なった用法域を持つことを詳しく明らかにしている。指示詞の有無や形態の問題については議論を分ける必要があると考え、本稿で一部について言及する他は詳しくは立ち入らない。またその立場から、各形式の表記は出自に基づいた基本形で統一している。
4）方言談話資料は話者の生年～言語形成期が落語の録音の時期と重なるものの、方言談話の録音自体は昭和中期にされたものである点で、検討に際しては成立期の違いを考慮する必要がある。小説も基本的には大正期に刊行されたものを取り上げたが、一部昭和期成立のものを含む。
5）1作家につき接続形式400例ずつを目安として、各作品の冒頭から東京・大阪のそれぞれ2作家分について調査した。大阪の小説は各作品の長さの関係で400例ずつの設定とは一部ずれている。なお400例は、順接条件表現のみならず、原因理由表現・逆接条件表現等すべての接続形式を含んでの設定である。
6）本稿で用いた調査資料のうち、矢島（2013）の調査資料と方言談話資料と落語の一部（計127演目のうち15演目）が重なるが、落語の大部分、小説ともに矢島（2013）では調査対象としていないものである。
7）「？」は文法的に不自然であること、「#」はその文脈のままの解釈では非文法的だが、それ以外の解釈では文法的であることを示す。
8）矢島（2013:44）で現代標準語の接続助詞ナラについての先行研究を取り合まとめ、「前件である状況が起こることを設定し、その場合に話し手が「成立するべき／はず」と考える事態を後件で表す」としている。前件で「～を設定し」て、「その場合に～成立する」後件という関係に、ソレナラの状況依存的な本来的用法の淵源があると見るものである。
9）久木田（1990）が、現代の「関西方言」の特徴として、ソレデ・ソシテを多用し、「状況を詳しく説明し、「聞かせる」展開」をする傾向があることを見出し、「客観説明累加型」と捉えている。(18)～(20)のソウシタラに見る特徴並びに同形式の大阪語資料

での多用傾向は、まさにその把握と通じるものである。
10) 接続助詞としてのトについて、蓮沼 (1993) は「前件＋後件」という「事態間に認められる関連性」について「観察者の視点」で語ることにトの本質があることを説く。接続詞的用法においてもその本質は維持され、先行部と後続部は一回的経験事態で起こるような偶然的関係ではなく、恒常性に基づいた生起関係にあることを表すことに特徴が現れる。
11) 本稿の調査範囲では、大阪語資料にソウスルトがほとんど用いられていなかったが、矢島 (2013) で対象とした資料中では一定数の使用例が確認される。ソウスルトは、ソレナラやソレデハの、地域差に結び付くような表現特性とはそもそも異なる特徴を持つものであることから、調査資料の性格に応じてまた異なった使用分布を示す可能性があると見る。
12) 変化を効果的に捉えるために、接続詞化Ⅳ・Ⅴでは、各形式の本来の用法から隔たりの大きい例のみをカウントする方法とする。具体的にはⅣ領域はソレナラの接続詞化Ⅲの用法例（例10）のみを数え、ソウシタラ・ソウスルトの例（例20・24）は接続詞化Ⅲでカウントし、Ｖ領域のうちソレデハ・ソウシタラ・ソウスルトの3形式の重複例（例14など）はそれぞれソレデハは本来的用法、ソウシタラ・ソウスルトは接続詞化Ⅲでカウントする。接続詞化Ⅴに属する用法例ついては以下の本文で詳述する。
13) 近代演説体は「文字言語をベースとした音声言語」（高野2014）が用いられるが、近代の演説資料では、本稿で接続詞的用法として取り上げる形式例をほとんど用いず（金澤・相澤編2015のうち演説に限るとソレナラバ3例、ソレデハ・ソウシタラ・ソウスルトは該当例がない）、シカラバを16例と多用する（サラバは0例）。東京語資料に、こういった汎地域言語の用いられる演説体と共通する形式が現れる点が注意される。
14) 矢島 (2015・2016a) で、例えば条件文では「～ために・ことで・以上は」など、疑問文では間接疑問文（例、明日は雨が降るかわからない）や注釈的用法（例、冷え込んだせいか窓が結露している）などのように書き言葉資料で多用される形式が、話し言葉資料においてはいずれも大阪語資料より東京語資料で多用傾向が見えることを述べた。
15) ソウシタラも、次の例などは同様に非因果的事態を続ける用法とみることができるかもしれない。
　　例、あすこ、古いんだよね。うん。そしたらネ、年越しそばの折りいれがあったよ。
　　　　　　　　　　　　　　　　　　　　　　　　　　（東京談話・ふるさと29A）
16) 引き続いて、なぜ東京語では［一方向性／主張・提示型］の、大阪語では［共有指向性／説明・打診型］の表現指向がうかがえるのかが問われるところである。対人コミュニケーションの取り方を特徴づける事情については、他の言語事象の使用傾向も含め

た検討を経た上で考えていく必要がある。

参考文献

大西拓一郎編（2016）『新日本言語地図―分布図で見渡す方言の世界―』朝倉書店
金澤裕之・相澤正夫編（2015）『大正・昭和戦前期　政治 実業 文化　演説・講演集―SP盤レコード文字化資料』日外アソシエーツ
久木田恵（1990）「東京方言の談話展開の方法」『国語学』162
高野繁男（2014）「演説体」『日本語大事典』朝倉書店
日本語記述文法研究会編（2009）「接続表現」『現代日本語文法7』くろしお出版
蓮沼昭子（1993）「「たら」と「と」の事実的用法をめぐって」益岡隆志編『日本語の条件表現』くろしお出版
浜田麻里（1991）「「デハ」の機能―推論と接続語―」『阪大日本語研究』3
藤田保幸（1993）「接続詞「すると」「そうすると」「とすると」「と」をめぐって」『詞林』13
矢島正浩（2013）『上方・大阪語における条件表現の史的展開』笠間書院
矢島正浩（2015）「近代日本語の諸文体と疑問文の用法との関係」日本語疑問文の通時的・対照言語学的研究共同研究発表会第8回（2015年12月19日、国立国語研究所）発表資料
矢島正浩（2016a）「条件表現の用法から見た近代演説の文体」相澤正夫・金澤裕之編『SP盤演説レコードがひらく日本語研究』笠間書院
矢島正浩（2016b）「否定疑問文の検討を通じて考える近世語文法史研究」大木一夫・多門靖容編『日本語史叙述の方法』ひつじ書房

【付記】本研究は、JSPS科研費18K00610の助成を受けたものである。

あとがき

　本書は、そのタイトルからも明らかな通り、明治後期（36〈1903〉年）以降、日本において録音・発売された東京と大阪の落語SPレコードという録音資料を材料として、そこに表れている言語表現に関してさまざまな角度から分析を進め、日本における近代語の実態の一端を明らかにしようとした試みである。なお、この研究に関しては、音盤の公開に関わる諸事情により、基となる音声資料そのものが基盤のデータとなっている訳ではなく、音声の聴き取りによる文字化資料の方が基盤のデータとなっているため、音声そのものに関する研究については、残念ながら欠けたものとなっている。

　本書を手にした方々の多くにとって、既にご存知の場合が多いと思うが、本書は次に挙げる著作と、「姉妹編」に近い関係となっている。

　　相澤正夫・金澤裕之編『SP盤演説レコードがひらく日本語研究』
(笠間書院、2016)

今回の「序に代えて」の部分や第Ⅰ部の中でも触れている通り、落語と演説は、さまざまな内容のものが録音されたSP盤レコードのうち、主に日本語の話しことばを媒介として作成された二大資料群であり、本書と前掲書により、そうした資料を活用した論文集が、二冊揃うこととなる。

　研究におけるこうした流れが生まれた一つの大きなきっかけは、2010年春に、『岡田コレクション』という演説・講演関係に限定した録音資料が、日外アソシエーツ社を通じて公開されたことにある。この辺りの経緯については、前掲書の「はじめに」や「資料解説」に詳しいので、そちらを参照していただきたいが、そもそもは、国立国語研究所の基幹型共同研究プロジェクト「多角的アプローチによる現代日本語の動態の解明」（リーダー：相澤正夫、2009〜2015年度）の一環として進められた活動が、そのままほぼストレートに、前掲書の形で結実していったのである。

　それに対して本書の方は、上記のプロジェクトとは、直接には関係していな

いものである。というのは、落語SPレコード資料自体については、既に1980年代頃から研究の分野で利用されてきたものであるからである。ただし、東京のものと大阪のものを纏めた形での、総合的な資料や研究は必ずしも進展してはいなかったため、上記の演説資料における活動・論文集が大きなきっかけとなって、改めて落語資料について見直してみようという方向性が生まれたのである。

そもそも、従来の日本語史研究の分野においては、近世前期までは主に上方語を、近世後期以降は主に江戸・東京語を対象とし、両者を恰も自然なひと繋がりのような流れと意識して分析するという方法が、当然のように行なわれてきた。確かに、例えば政治史のように、その時代への政治的な中心地に焦点を当てて記述してゆくということは必然的に求められるような場合には、そうした方法は至極当然なものとして受け入れられるであろうが、それに対して、言語の場合なども含めた文化史については、異なるアプローチも必要となる場合があり得る。その一例が、今回の対象となる近世・近代日本語史の場合であると考えられ、文化面での中心が江戸・東京に移ってゆく状況の中でも、従来の「上方」である関西地域においては、依然として活発な文化的活動が続いており、ここで育まれた文化や言語は、その後も現在に至るまで脈々と命脈を保ち続けていたのである。

ただし、コトの対象が話しことばを中心とする言語表現である以上、研究のために必然的に求められるものは言語資料であるが、この点で貴重なものとして遺されていたものが、庶民の楽しみや笑いを目的とする、謂わばサブカルチャー的な側面を有する各種資料であった。その具体例としては、近世後期の洒落本・人情本や近世末期から明治初期にかけての戯作類であり、また近代に入ってからは、文明の発展に伴ってその時時の新しいメディアを活用した、明治中期の速記本や明治後期のSP（蓄音機）レコード資料であった。

そして、こうした流れの集積地とでも言えるところに位置した落語のSPレコード資料の場合については、幸いなことに、比較的多くの量の東西資料が遺されていたため、本書の中で展開されたような各種分析が可能となり、そうした試みの中から、本書の「序に代えて」の部分で指摘された「（文法史の面で見

ると、）概して東京＞大阪という遅速で捕捉される言語使用の状況が見て取れる」といった、新しい知見がもたらされたと言えるのである。

　ただし、この「あとがき」の最初の部分でも述べた通り、落語の方の場合には、音声に関する研究の部分が欠けたものとなっており、必然的に、文字化された形でのデータが研究面での出発点となっているため、アプローチや研究内容の点で、前掲書とは異なる方向性が目指されることとなった。そして、そうした制約や性格を勘案した上で、近世や近代における日本語研究の分野で活躍なさっている方々にご参集を依頼し、それぞれの方から、この文字化資料を活用した興味深い研究アプローチに挑戦していただく形で、ご執筆を依頼したものである。
　もちろんメンバーの中には、従来から落語資料と関わってこられた方々もいるが、比較的多くの方々にとって、落語SPレコード資料やその文字化と接するのは初めてという状況であった。つまり、料理の世界で言えば、素材の方が先に用意された上で、「さあ、どのようにも自由に、それぞれのアイディアや腕で、創作料理を創り上げて下さい！」という、まるで往年の『料理の鉄人』におけるキッチンスタジアムのような世界が、ことば研究の分野において開かれたのである。
　こうした、成立までの経緯から分かる通り、ここに集められた十余の論文は、個々のメンバーによる、創意・工夫・努力の賜物であると言うことができる。そのため、書物全体としての統一性には欠けるという憾みも無しとはしないが、データを活用してのアプローチという点では大きな広がりが感じられるものである。また、今後の更なる活用により、従来の研究の枠組みを超えるような新しいアプローチや活用法があり得るという点で、将来に向けて更に大きな可能性を秘めているものとも言える。なお、今回活用した落語資料に関しては、国立国語研究所による『日本語歴史コーパス（CHJ）』プロジェクトの一環として、比較的近い将来に、音声部分をも含めた公開の形が計画されている。

　最後になるが、SP盤レコードによる主に明治期の東京・大阪の落語の文字化という、これまでほとんど類例のない資料に接する中で、それぞれに独自の

視点から日本語史研究への活用の可能性を切りひらき、論文の形に纏め上げて下さった執筆者の方々には、編者として改めて深甚の感謝を捧げたいと思う。

　また、前作と同様、これまでほとんどなかったようなこうした新しい試みに対して、それを前向きに評価して下さり、論文集という形で公にすることを積極的に支持して下さった笠間書院の皆さまに心からの御礼を申し上げるとともに、今回も緻密かつ大胆に種々の具体的アドヴァイスを行いながら、知的で美しい本の形に仕上げて下さったご担当の重光徹さんに、メンバー一同より心からの御礼を申し上げます。

2019年7月
金澤裕之

●執筆者略歴（五十音順）

揚妻祐樹（あげつま・ゆうき）　藤女子大学文学部教授
論文　「肉声の語り　尾崎紅葉『伽羅枕』における「発話」「心話」「地」の処理」『藤女子大学国文学雑誌』95（2016）、「時代小説におけるノデアッタ・ノダッタ」『形式語研究の現在』（和泉書院、2018）、「尾崎紅葉『金色夜叉』の〈語り〉　演劇的な〈語り〉」盛岡大学『日本文学会誌』31（2019）

岡部嘉幸（おかべ・よしゆき）　千葉大学大学院人文科学研究院教授
論文　「現代語からみた江戸語・江戸語からみた現代語　ヨウダの対照を中心に」『近世語研究のパースペクティブ　言語文化をどう捉えるか』（笠間書院、2011）、「「非情の受身」のバリエーション　近代以前の和文資料における」『バリエーションの中の日本語史』（くろしお出版、2018）、「洒落本の江戸語と人情本の江戸語　指定表現の否定形態を例として」『国語と国文学』96-5（2019）

小野正弘（おの・まさひろ）　明治大学文学部教授
著書　『日本語オノマトペ辞典』（編著、小学館、2007）、『日本近代語研究　6』（共編著、ひつじ書房、2017）、『くらべてわかるオノマトペ』（東洋館出版、2018）

金澤裕之（かなざわ・ひろゆき）＊編者　目白大学外国語学部教授、横浜国立大学名誉教授
著書・論文　『大正・昭和戦前期　政治・実業・文化　演説・講演集　SP盤レコード文字化資料』（共編、日外アソシエーツ、2015）、「録音資料による近代語研究の今とこれから」『日本語の研究』11-2（2015）、『SP盤演説レコードがひらく日本語研究　言語文化をどう捉えるか』（共編著、笠間書院、2016）

川瀬　卓（かわせ・すぐる）　白百合女子大学文学部准教授
論文　「前置き表現から見た行為指示における配慮の歴史」『歴史語用論の方法』（ひつじ書房、2018）、「副詞「どうやら」の史的変遷」『語文研究』124（2017）、「副詞「どうぞ」の史的変遷　副詞からみた配慮表現の歴史、行為指示表現の歴史」『日本語の研究』11-2（2015）

金水　敏（きんすい・さとし）　大阪大学大学院文学研究科教授
著書　『ヴァーチャル日本語　役割語の謎』（岩波書店、2003）、『日本語存在表現の歴史』（ひつじ書房、2006）、『文法史』シリーズ日本語史3（共編著、岩波書店、2011）

坂井美日（さかい・みか）　日本学術振興会特別研究員
論文　「上方語における準体の歴史的変化」『日本語の研究』11-3（2015）、「甑島方言の格について」『鹿児島県甑島方言からみる文法の諸相』（くろしお出版、2019）、「熊本市方言の格配列と自動詞分裂」『日本の格標示と分裂自動詞性』（くろしお出版、2019）

清水康行（しみず・やすゆき）　日本女子大学文学部教授
著書・論文　『円朝全集』全13巻＋別巻2冊（共編、岩波書店、2012-2016）、「今世紀初頭東京語資料としての落語最初のレコード」『言語生活』372（1982）、「一九〇三年二月録音の東京落語平円盤資料群について」『国語と国文学』79-8（2002）

野村剛史（のむら・たかし）　東京大学名誉教授
著書　『話し言葉の日本史』（吉川弘文館、2011）、『日本語スタンダードの歴史　ミヤコ言葉から言文一致まで』（岩波書店、2013）、『日本語「標準形」の歴史　話し言葉・書き言葉・表記』（講談社、2019）

宮内佐夜香（みやうち・さやか）　中京大学文学部准教授
論文　「近世後期における逆接の接続助詞について　上方語・江戸語の対照」『中京大学文学会論叢　1』（2015）、「逆接確定条件表現形式の推移についての一考察　中世後期から近世にかけて」『日本語文法史研究　3』（ひつじ書房、2016）

宮地朝子（みやち・あさこ）　名古屋大学大学院人文学研究科教授
著書・論文　『日本語助詞シカに関わる構文構造史的研究　文法史構築の一試論』（ひつじ書房、2007）、『ことばに向かう日本の学知』（共編著、ひつじ書房、2011）、「日本語史研究と文法性判断」『日本語文法』17-2（2017）

村上　謙（むらかみ・けん）　関西学院大学文学部教授
論文　「近世上方における二段活用の一段化とその後の展開」『国語と国文学』93-5（2016）、「近世語研究の学史的展開」『近代語研究　第18集』（武蔵野書院、2015）

森　勇太（もり・ゆうた）　関西大学文学部准教授
著書・論文　『発話行為から見た日本語授受表現の歴史的研究』（ひつじ書房、2016）、『ワークブック　日本語の歴史』（共著、くろしお出版、2016）、「中世後期における依頼談話の構造　大蔵虎明本狂言における依頼」『歴史語用論の方法』（ひつじ書房、2018）

矢島正浩（やじま・まさひろ）＊編者　愛知教育大学教育学部教授
著書・論文　『近世語研究のパースペクティブ　言語文化をどう捉えるか』（共編著、笠間書院、2011）、『上方・大阪語における条件表現の史的展開』（笠間書院、2013）、「タラ節の用法変化」『国語国文学報』76（2018）

SP盤落語レコードがひらく近代日本語研究

2019年（令和元）8月31日　初版第1刷発行

編者　金澤裕之
　　　矢島正浩

装幀　池田久直
発行者　池田圭子
発行所　有限会社 笠間書院
〒101-0064　東京都千代田区神田猿楽町2-2-3
☎03-3295-1331　　FAX03-3294-0996
振替00110-1-56002

ISBN978-4-305-70879-3　　組版：ステラ　印刷／製本：モリモト印刷
落丁・乱丁本はお取りかえいたします。
出版目録は上記住所までご請求下さい。http://kasamashoin.jp/